100 geniale ZEICHEN TRICKS

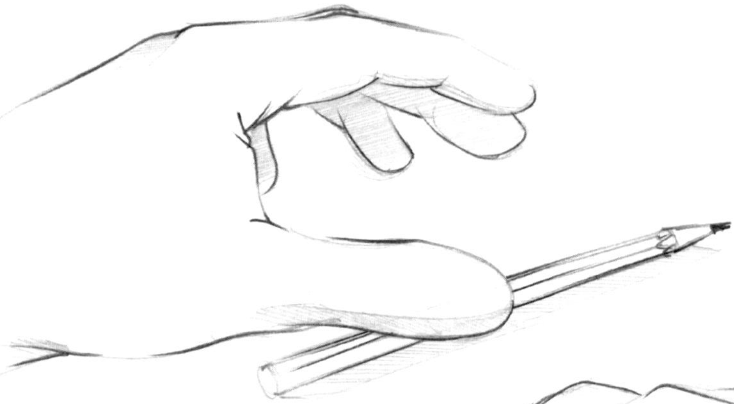
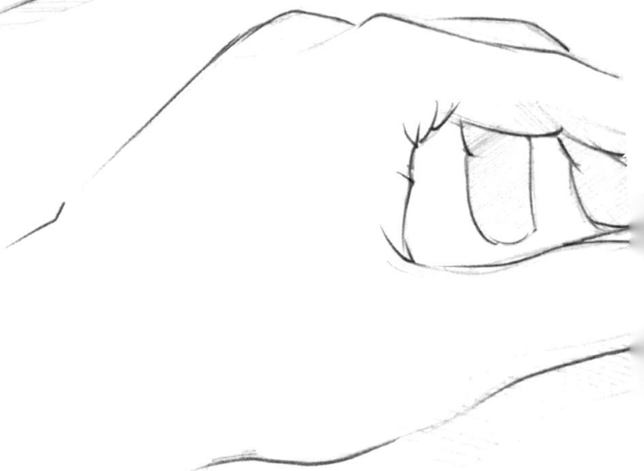
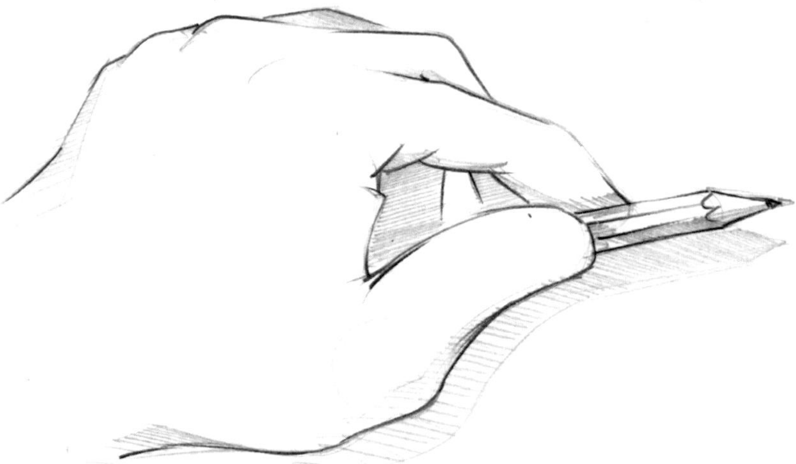

ANDREAS M.
MODZELEWSKI

100 geniale ZEICHEN TRICKS

EMF

EIN BUCH DER
EDITION MICHAEL FISCHER

DER INHALT

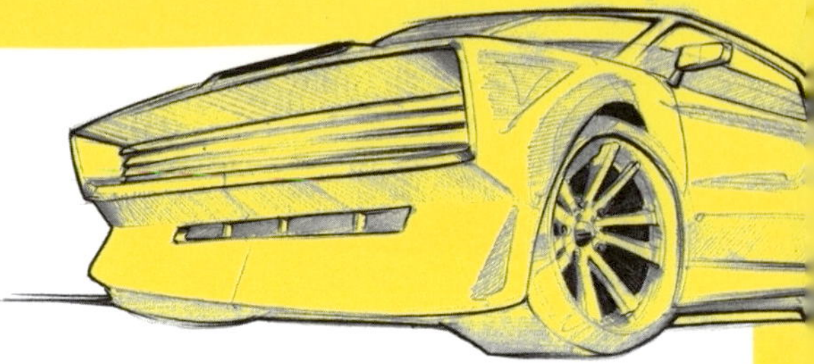

DIE AKADEMIE RUHR

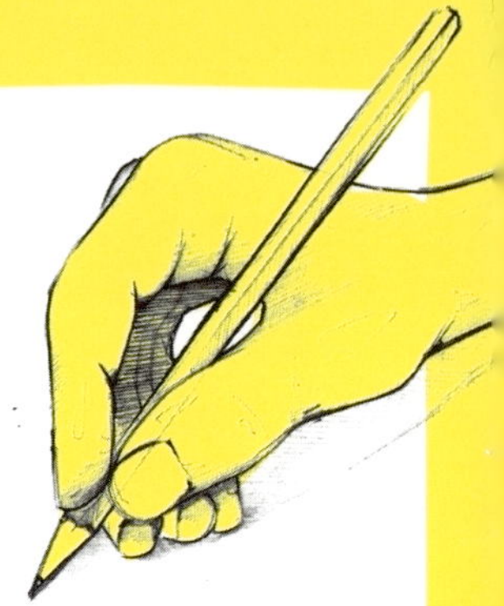

Zeichnungen, in denen Perspektive, Ausdruck und Proportion stimmen, wirken auf uns unglaublich stark. Da muss bestimmt eine Menge Talent dazugehören ... oder?

Wir von der Akademie Ruhr sagen – Zeichnen kann jeder! Bei uns ergänzt sich das Knowhow unserer Zeichenexperten aus den verschiedensten kreativen Bereichen. Ob Architektur, Modezeichnung, Portrait oder das perfekte Produktkonzept – mit Begeisterung vermitteln wir unseren Kursteilnehmern/innen das nötige Wissen rund um alle Zeichentechniken.

Seit 15 Jahren bieten wir Fortbildungen für Designer/innen und Planer/innen an. Uns ist es dabei wichtig, individuell auf jeden Einzelnen einzugehen und hinsichtlich der bereits vorhandenen Zeichenkünste weitere Fähigkeiten für das Zeichnen in der Freizeit, die Studienbewerbung oder die berufliche Fortbildung zu vermitteln.

In unseren Fortbildungen arbeiten wir mit namenhaften Unternehmen der Design- und Architekturbranche zusammen und helfen Planungsbüros und Designabteilungen ihre Entwurfsprozesse zu verbessern.

Wichtig hierbei sind uns besonders gute Schnellskizzen und Präsentationstechniken für Verkaufsgespräche und Meetings.

In unseren Mappenkursen unterstützen wir alle Architektur-, Kunst- und Designinteressierten auf dem Weg zu ihrem Traumstudium mit Tipps für Bewerbungsgespräche sowie die richtige Präsentation und Erstellung der Bewerbungsmappe. Gemeinsam erarbeiten wir die individuelle Mappe und sind sehr stolz darauf mit einer 99% Annahmequote fast allen ihr Traumstudium ermöglichen zu können.

Über die Jahre sind wir so zu einer Institution in der gestalterischen Weiterbildung geworden und konnten einen Erfahrungsschatz anhäufen, an dem wir alle Zeichenbegeisterten mit diesem Buch sehr gerne teilhaben lassen möchten.

Informationen zur Akademie, unseren Kursen und weitere Kontaktmöglichkeiten findest du auf unserer Webseite. Dort kannst du dich umfassend über unser Kursprogramm informieren und auch viele weitere Beispielskizzen anschauen.

www.akademieruhr.de.
www.mappenvorbereitungskurs.de

EINLEITUNG

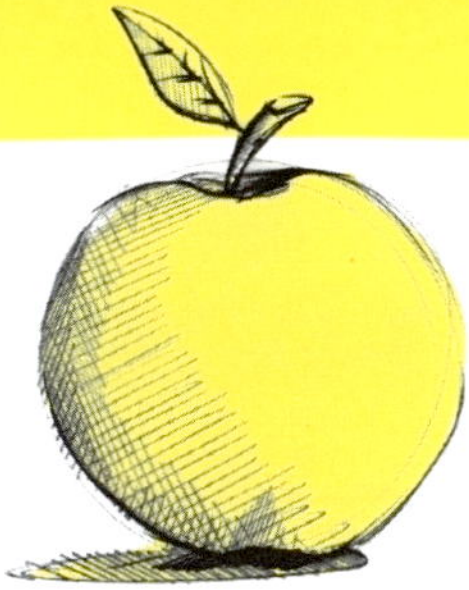

Jeder kennt es, das Wahrzeichen Australiens – das große Opernhaus von Sydney. Seine geschwungenen Linien erzeugen den Eindruck eines majestätischen Segelschiffs, welches im Hafen vor Anker liegt. Weniger bekannt allerdings ist, wie die erste Idee zu diesem außergewöhnlichen Bau entstand.

Der dänische Architekt Jørn Utzon hatte die entscheidende Eingebung zu seinem Design in einer Bar. Er nahm einen Kugelschreiber und skizzierte die Grundformen des Opernhauses auf das Einzige, was er zur Hand hatte – eine Cocktailservierte. Plötzlich war das in der Welt, was vorher nur in seinem Kopf existierte. Der Rest ist Geschichte.

Was uns dies sehr gut vor Augen führt, ist die schöpferische Kraft, die Handskizzen haben können. Bei allem technischen Fortschritt, von Computergrafiken, über künstliche Intelligenz und Augmented Reality, sind sie immer noch Grundlage eines jeden Designprozesses. Dies gilt nicht nur in der Architektur. Zeichnungen sind die älteste Möglichkeit Ideen festzuhalten und zu teilen. Bis heute sind sie die beste geblieben. Dieses Buch soll dich ermutigen dieses vielseitige Werkzeug für deine Ideen zu nutzen und dir einen leichten Einstieg in das Handwerk des Zeichnens bieten.

Mit diesen 100 Tipps geben wir dir eine breite Palette von Möglichkeiten an die Hand, Perspektive, Komposition und Materialien optimal zu nutzen. Hierbei haben wir die klassischen Designbereiche Architektur, Automobildesign, Industriedesign und Produktdesign in verständlichen Anleitungen aufgegriffen. Mithilfe dieses Buches bringst du deine Konzeptzeichnungen schneller auf den Punkt und vermeidest häufig gemachte Fehler. Du verleihst deinen Zeichnungen das gewisse Etwas und hebst dich vom Einheitsbrei ab.

Neben der Präsentation verschiedener Techniken sollen dir diese Tipps zudem ein Ansporn sein, die eigenen Fähigkeiten stetig auszubauen und motiviert in eine neue Richtung zu entwickeln. Beginnend mit den grundlegenden Techniken, helfen wir dir dich Schritt für Schritt in deinen Fähigkeiten zu steigern.

Dieses Buch ist dein täglicher Begleiter auf dem Weg zur perfekten Zeichnung. Wir wünschen dir viel Spaß und Erfolg dabei!

Andreas M. Modzelewski
& das Akademie-Ruhr-Team

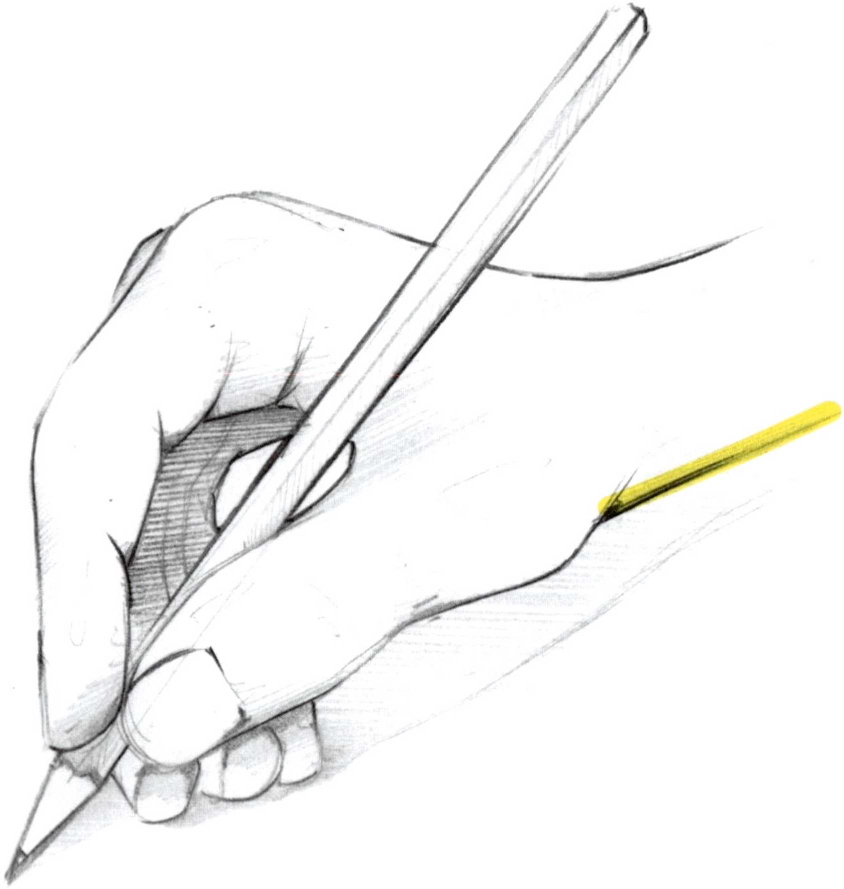

#01 HALTUNG

SKIZZIERHALTUNG

Beim Zeichnen von Skizzen führst du den Stift locker und dynamisch. Dazu hältst du den Stift etwas weiter hinten, als du es vom Schreiben gewohnt bist. Daumen, Zeige- und Mittelfinger streckst du ein wenig. Achte darauf, dass die Bewegung aus dem Ellbogen- und Schutergelenk kommt.

SCHREIBHALTUNG FÜR DETAILS

Beim Zeichnen von Details sind hohe Kontrolle über den Stift und Sicherheit bei der Strichführung wichtig. Hierzu hältst du den Stift in deiner gewohnten Schreibhaltung und führst ihn lediglich mit den Fingern und dem Handgelenk. Der Unterarm liegt still auf dem Tisch.

Achte darauf, dass du genug Platz auf deinem Arbeitstisch hast und mit dem ganzen Körper arbeiten kannst!

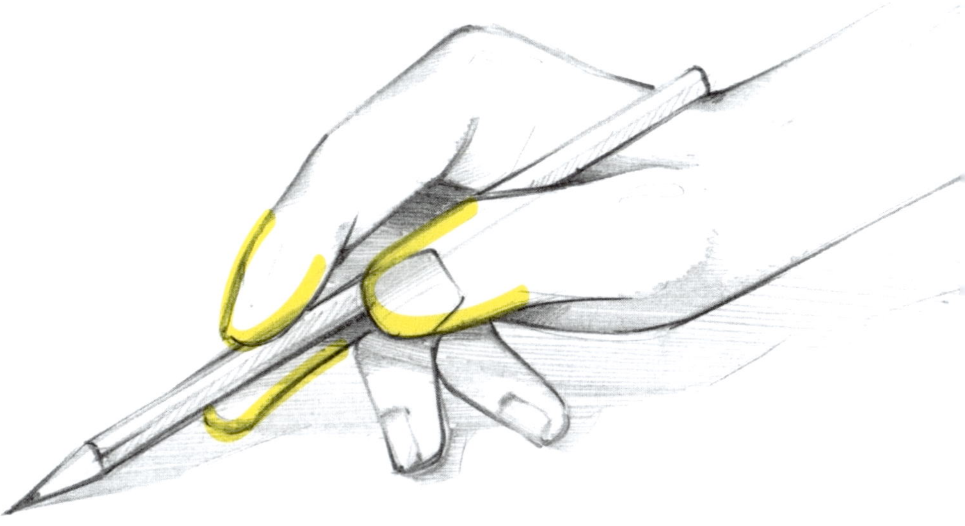

ÜBUNG

Übe das Halten des Stiftes für die beiden Optionen (Skizze und Details) und orientiere dich dabei an den beiden Grafiken hier. Die obere Grafik zeigt die Schreibhaltung für Details, die untere die Skizzierhaltung.

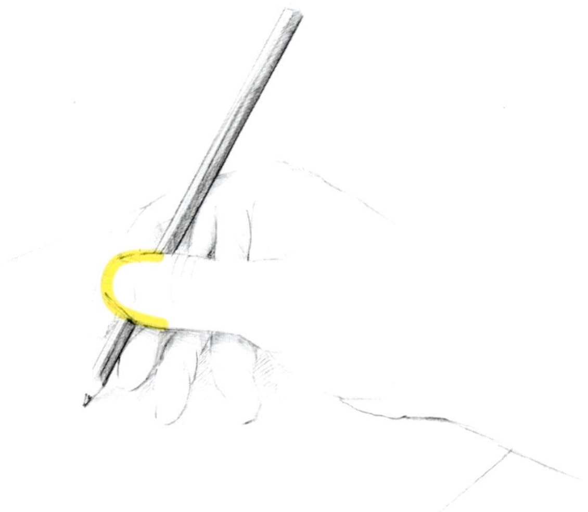

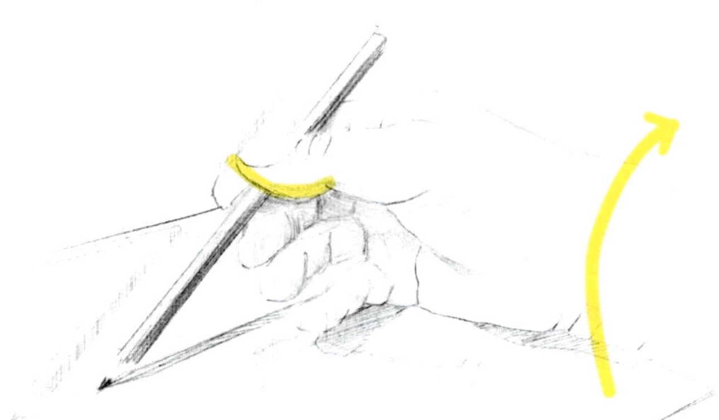

SKIZZIERE HIER

Skizziere in beiden Stifthaltungen immer das gleiche Objekt. Achte auf die Zeit und das Ergebnis. Beobachte bei welchen Bereichen der Skizze du automatisch in die Schreibhaltung wechselst.

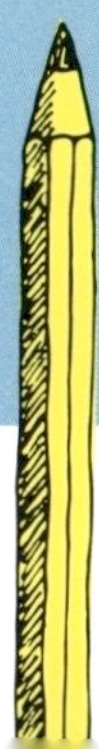

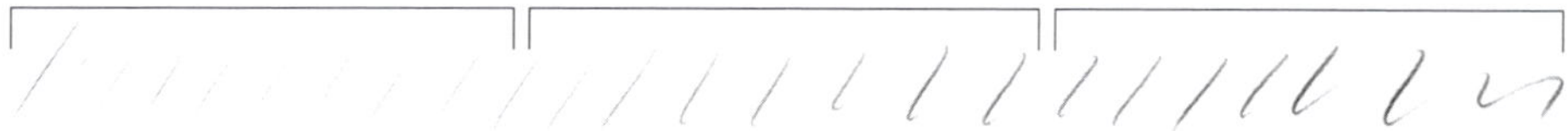

VORSKIZZE SICHTBARE KANTEN DETAILS/KONTRAST

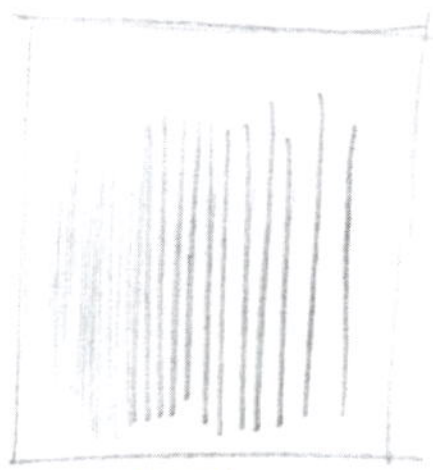

2H

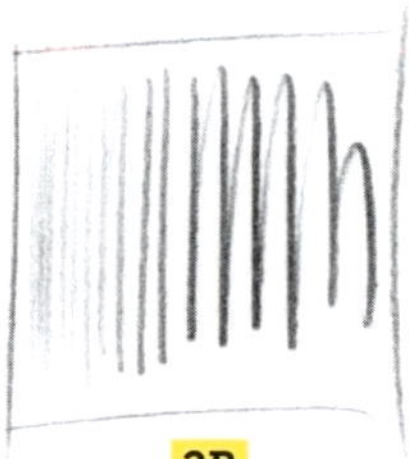

2B

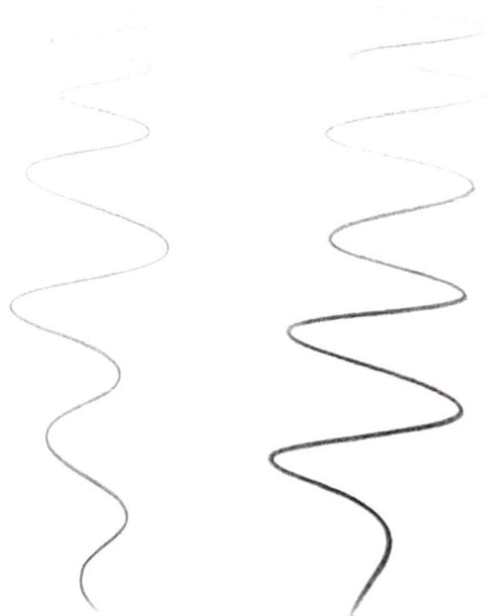

2H 2B

WOWEFFEKT!

Eine besonders eindrucksvolle Varianz im Strich lässt sich erzielen, indem du mit dem 2H-Bleistift vorskizzierst und anschließend die Kontraste mit dem 2B-Bleistift ausarbeitest!

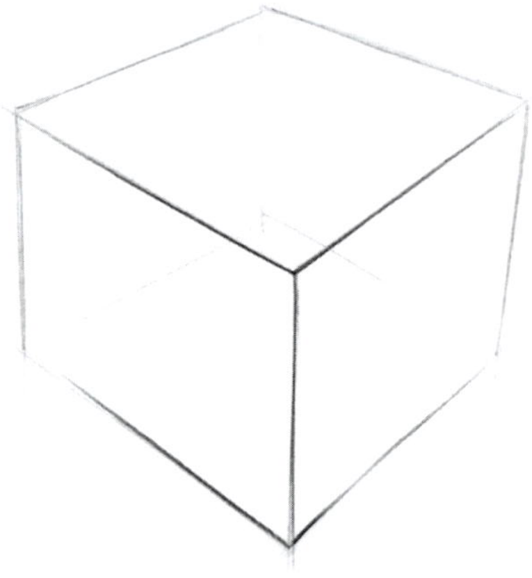

#02

BLEISTIFTE – ZWEI GENÜGEN

Es gibt verschiedene Härtegrade bei Bleistiften. Das Spektrum reicht bei den weicheren Minen vom B-Bleistift bis hin zum 9B-Bleistift. Das B steht für "black", also einen dunkleren Strich. Bei den härteren Bleistiften reicht das Spektrum entsprechend vom H-Bleistift bis hin zum 9H-Bleistift. Das H steht für "hard", der Strich ist leichter, weil nicht so viel Graphit abgegeben wird. Je höher die Zahl, desto dunkler wird der Strich bei den B-Bleistiften und desto heller wird er schließlich bei den H-Bleistiften. Dazwischen gibt es noch die mittleren Härtegrade HB ("hard black") und F ("firm"), die sich besonders gut zum Schreiben eignen.

2B

Ein besonders großes Spektrum an Strichstärken kannst du mit dem 2B-Bleistift erreichen, der sich deshalb besonders für das Skizzieren und Zeichnen eignet. Mit ein bisschen Übung und Feingefühl lernst du schnell, besonders feine und leichte Linien sowie kräftige und intensive Linien zu zeichnen. Den Unterschied dabei machen der Druck und die Haltung, mit welcher der Stift geführt wird.

2H

Alternativ eignet sich zu Beginn, bei noch fehlender Übung, auch ein 2H-Bleistift, da sich mit diesem weniger intensive und feine Linien gut zeichnen lassen. Kontraste können anschließend wieder mit dem 2B-Bleistift gezeichnet werden. Auch bei der Nachbearbeitung der Skizzen durch Marker oder Ähnliches eignet sich eine Vorskizze mit dem 2H-Bleistift.

ÜBUNG

Zeichne diese Übung mit dem 2B-Bleistift nach und achte auf die unterschiedlichen Strichstärken.

Der 2H-Bleistift nimmt sich zurück und lässt Spielraum für andere Zeichenwerkzeuge. Daher: Solltest du nach der Vorskizze mit anderen Zeichenwerkzeugen wie Marker, Aquarellfarben oder Buntstiften die Zeichnung vervollständigen, dann ist der 2H-Bleistift das ideale Werkzeug dafür.

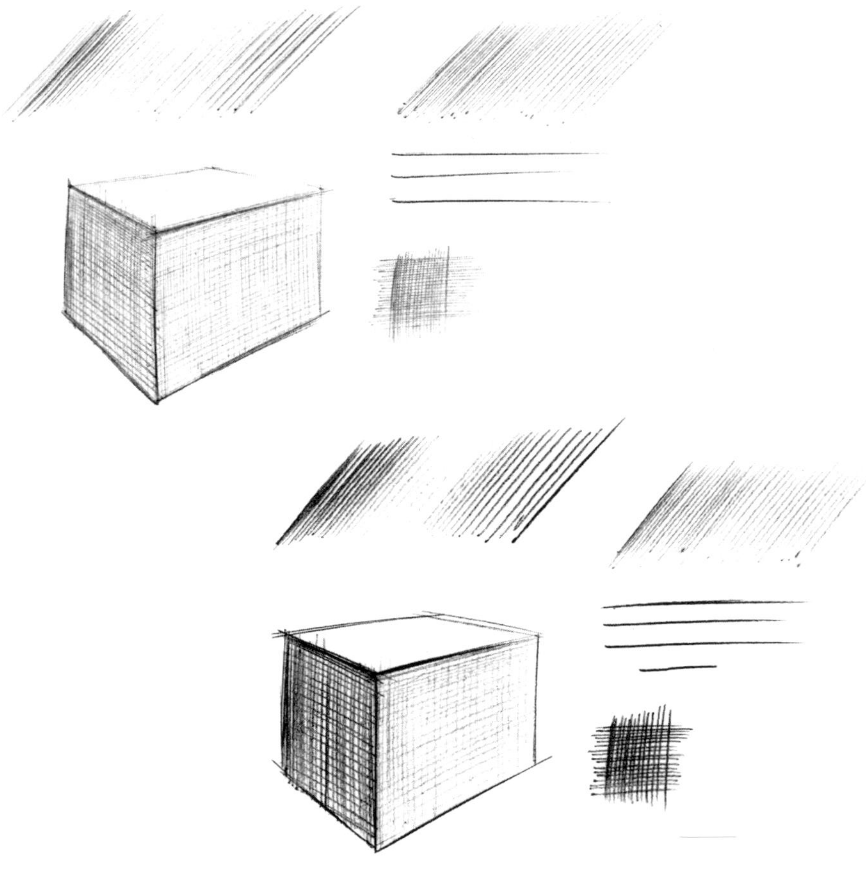

SKIZZIERE HIER

Zeichne die Übung auf der linken Seite nach und achte auf die unterschiedlichen Strichstärken.

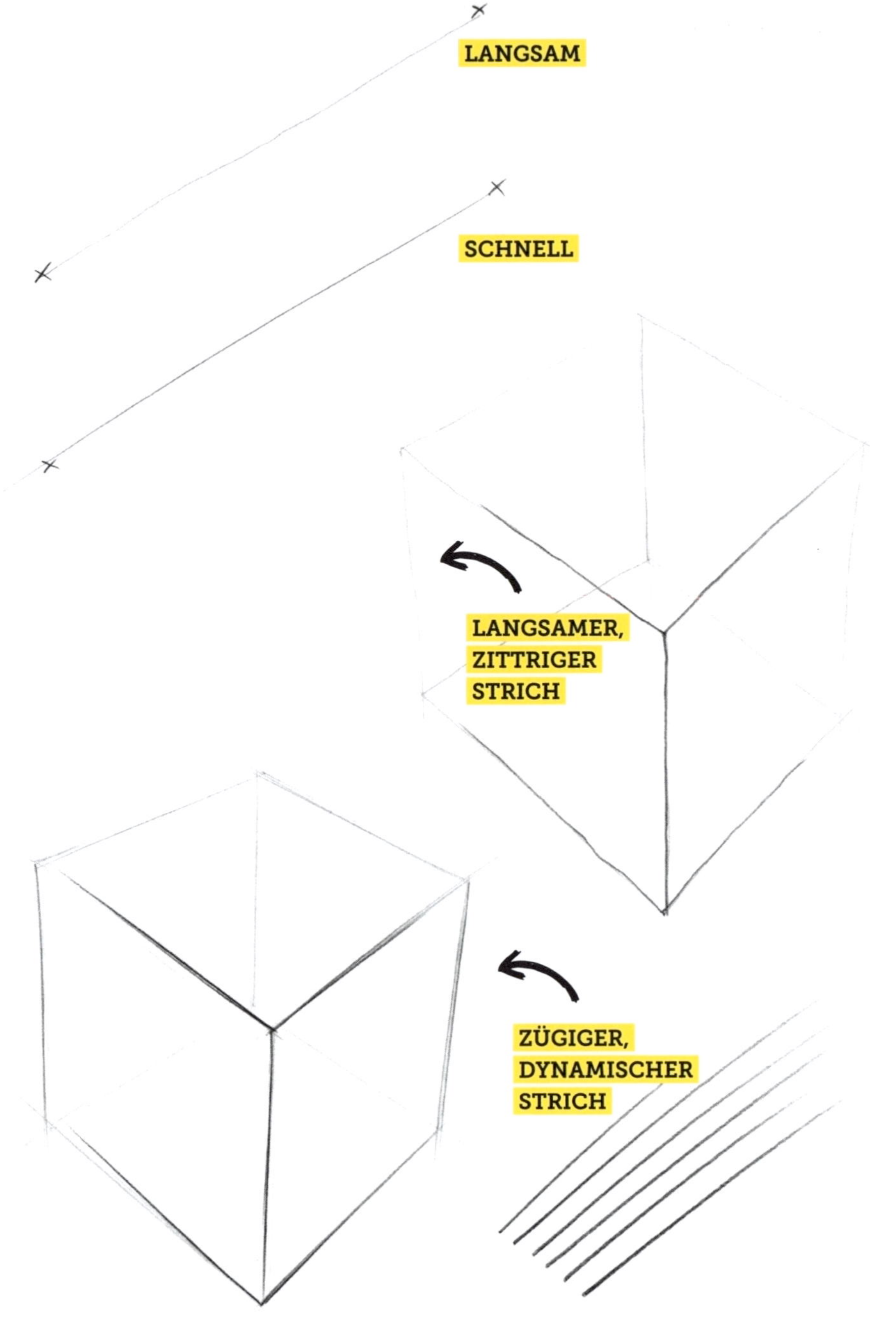
LANGSAM
SCHNELL
LANGSAMER,
ZITTRIGER
STRICH
ZÜGIGER,
DYNAMISCHER
STRICH

#03 DRUCK & TEMPO

Langsam gezeichnete Linien vermitteln schnell Unsicherheit und führen zu einem verkrampft wirkenden Zeichenergebnis. Achte beim Zeichnen mit dem Bleistift deshalb unbedingt darauf, den Stift zügig zu führen und deine Linien schnell zu zeichnen.

Indem du den Druck des Stiftes auf das Papier variierst, kannst du bereits **Tiefenwirkung** erzeugen: Drückst du den Bleistift beim Zeichnen etwas fester auf das Papier, so wird mehr Graphit abgegeben und die Linien werden dunkler. So entsteht ein Spiel aus helleren und dunkleren Linien, womit Schatten angedeutet werden und Tiefe entsteht.

Achte darauf, zu Beginn mit wenig Druck vorzuzeichnen, sodass deine Linien hell gezeichnet sind. So hast du später mehr Spielraum, um deiner Skizze mit dunkleren Strichen Kontrast und Tiefe zu verleihen!

ZUERST: SUCHENDE, LOCKERE LINIEN

DANN: ZÜGIGE, DYNAMISCHE LINIEN

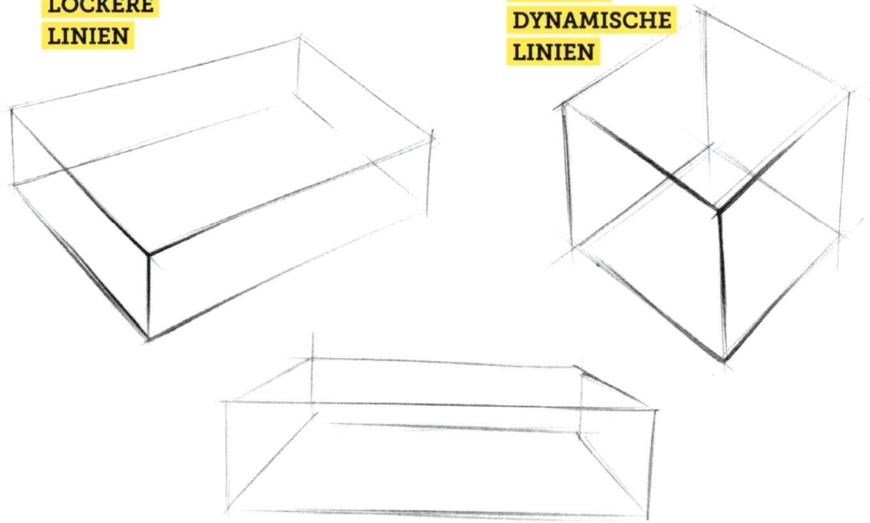

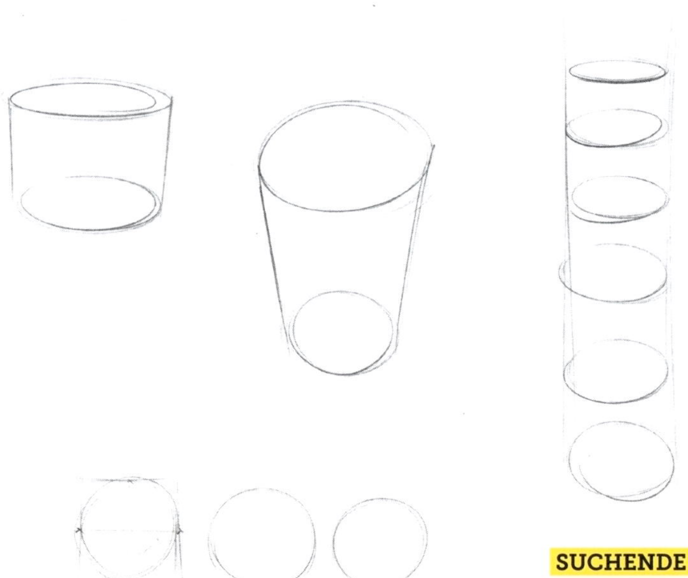

BERÜHRUNGSPUNKTE

SUCHENDE LINIEN BEIM ZEICHNEN VON ELLIPSEN

#04 STRICHARTEN

DYNAMISCHE LINIE

Die dynamische Linie ist die Strichart, die du generell für deine Zeichnungen nutzen solltest. Dabei führst du den Stift zügig und locker über das Blatt. Das Eindrucksvolle an dieser Linienführung ist die gekonnte Wirkung, die durch den lockeren und gezielten Strich erweckt wird, und deine Zeichnung wirkt dynamischer als eine Zeichnung, die mit langsamen und unsicheren Linien gezeichnet wurde.

SUCHENDE LINIE

Hierbei wird die zu zeichnende Linie oder Form so lange schwebend über dem Papier gezeichnet, bis die gewünschte Form erreicht ist. Erst dann wird der Stift auf das Papier gesetzt. Gerade beim Zeichnen von besonders langen oder geschwungenen Linien lässt sich diese Technik gut anwenden. Auch beim Zeichnen von Ellipsen ist diese Technik bestens geeignet, da es oft nicht auf Anhieb gelingt, die Ellipse in der gewünschten Form zu zeichnen und man so zunächst „im Trockenen" die Form finden kann.

WOW EFFEKT!

Die dynamische Linie erfordert etwas Übung: Sollte sie nicht auf Anhieb gelingen, ist es wichtig, dran zu bleiben und nicht in alte Muster zu verfallen – es wird sich lohnen, Übung macht den Meister!

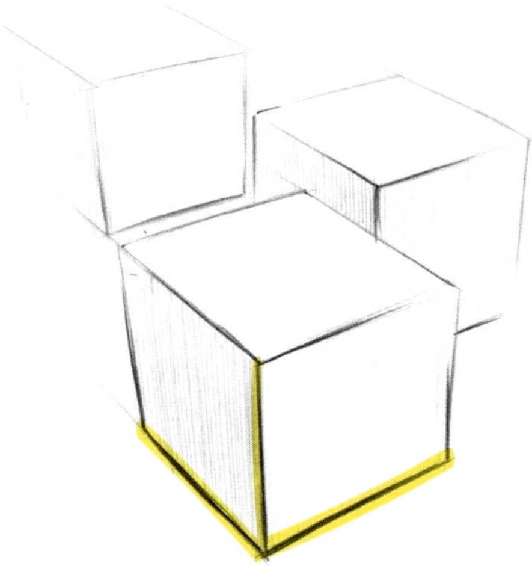

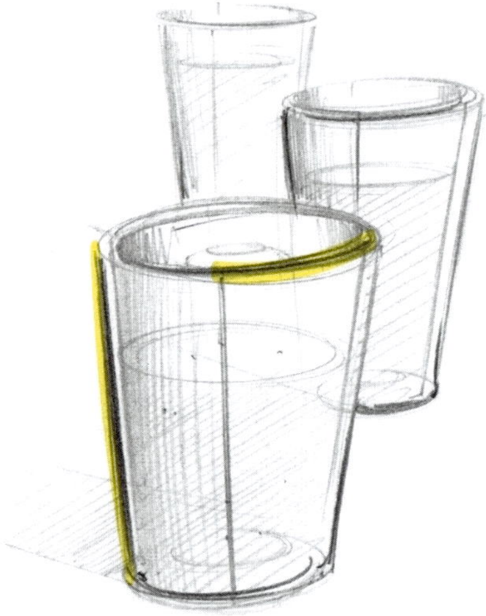

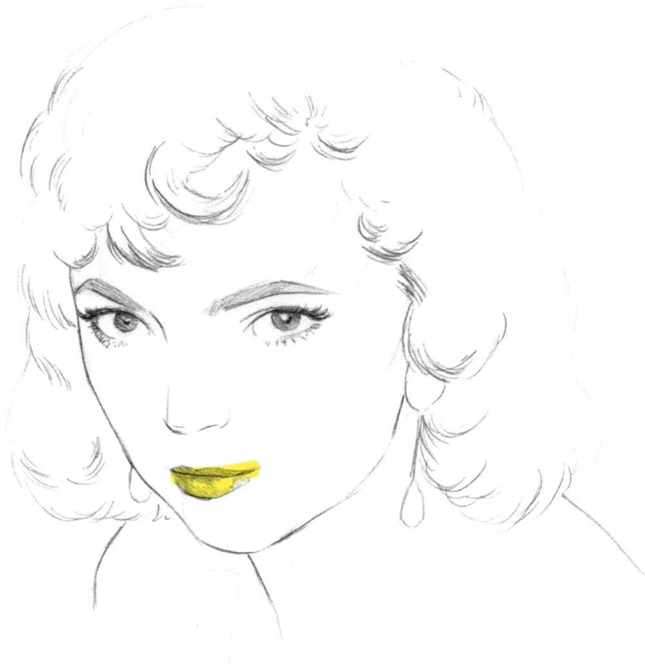

#05
KONTRASTE

Die Variation der Kontraste macht deine Zeichnung nicht nur lebendiger, sondern zugleich auch verständlicher. Kontraste sorgen für Tiefe in deiner Zeichnung und verstärken die Perspektivwirkung.

VORDERGRUND

Zum einen kannst du Teile und Kanten in deiner Zeichnung, die im Vordergrund stehen, mit etwas mehr Kontrast versehen. Dadurch fallen sie dem Betrachter als Erstes ins Auge. Dieses Prinzip lässt sich mit dem Phänomen vergleichen, dass der Hintergrund immer mehr verblasst, wenn man weit in die Ferne blickt.

SCHATTEN

Aber auch Teile und Kanten, die im Schatten liegen, kannst du mit etwas mehr Kontrast versehen und dunkler zeichnen. Mit diesem einfachen Mittel entsteht bereits der Endruck eines vollwertigen Schattens, der eine enorme Wirkung hat.

WOWEFFEKT!

Dieses Spiel mit der Strichstärke führt dazu, dass der Betrachter die Skizzen erkundet und sich so durch die Zeichnung führen lässt – dabei bestimmst du, welche Details sofort ins Auge fallen!

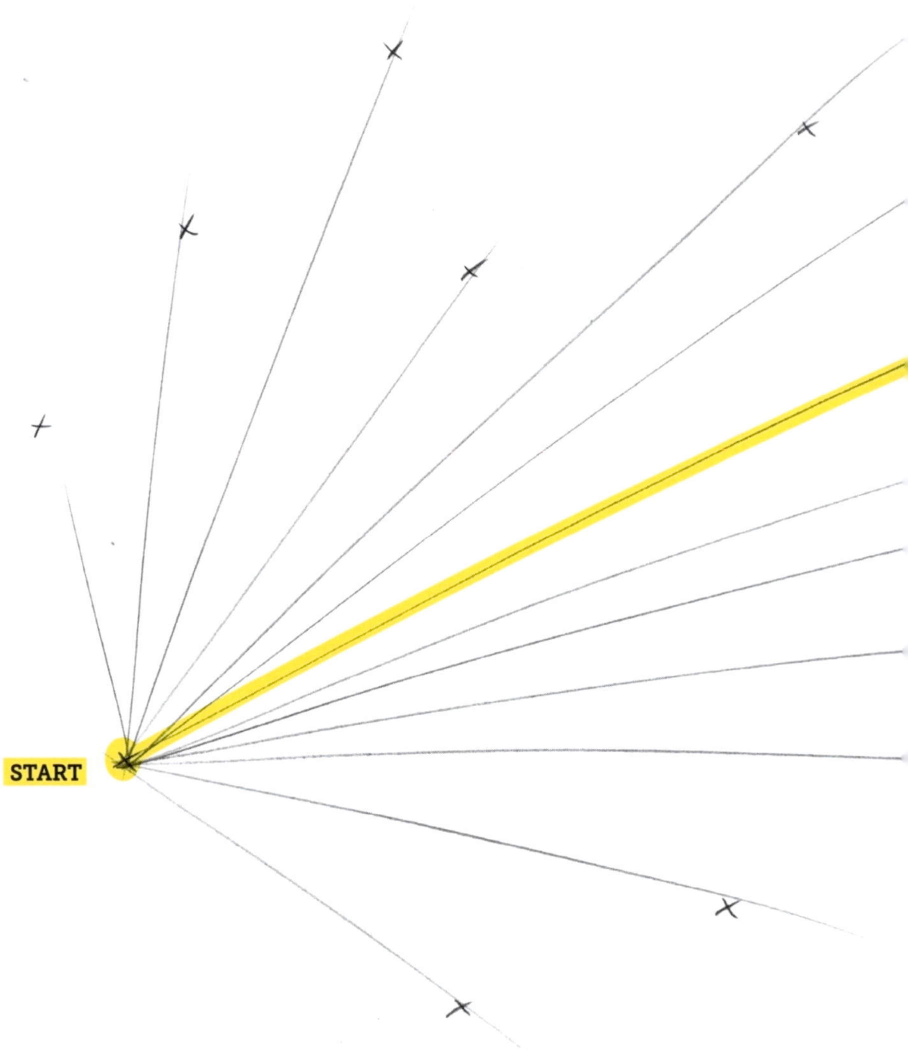
START

#06 LINEAL

Verzichte beim Zeichnen und Skizzieren auf ein Lineal. Eine freihändig gezeichnete Linie ist authentischer und wirkt damit unmittelbar überzeugend. Mit einem Lineal ist es schließlich jedem möglich, eine gerade Linie zu zeichnen. Das Zeichnen ohne Lineal erfordert gerade bei langen Linien etwas Übung, belohnt deine Skizze aber mit besonderem Charakter.

Eine ideale Übung für den geraden Strich ohne Lineal ist das **Kreuzzielen**: Zeichne einen Ausgangspunkt auf die untere Hälfte des Blattes. Anschließend platzierst du beliebig viele kleine Kreuze auf dem Blatt. Nun setzt du den Stift am Ausgangspunkt an und zeichnest einen lockeren, zügigen Strich zu einem deiner Kreuze. Visiere dabei immer das Kreuz an und achte nicht verkrampft auf die Bewegung deiner Hand – wie beim Dart-Spiel konzentrierst du dich ganz auf das Ziel und achtest dabei nicht auf deine Wurfhand oder den Pfeil.

WOWEFFEKT!

Eine Handskizze muss keineswegs einen perfekten Anschein erwecken, sondern wird gerade durch das „Unperfekte“ unverwechselbar einzigartig!

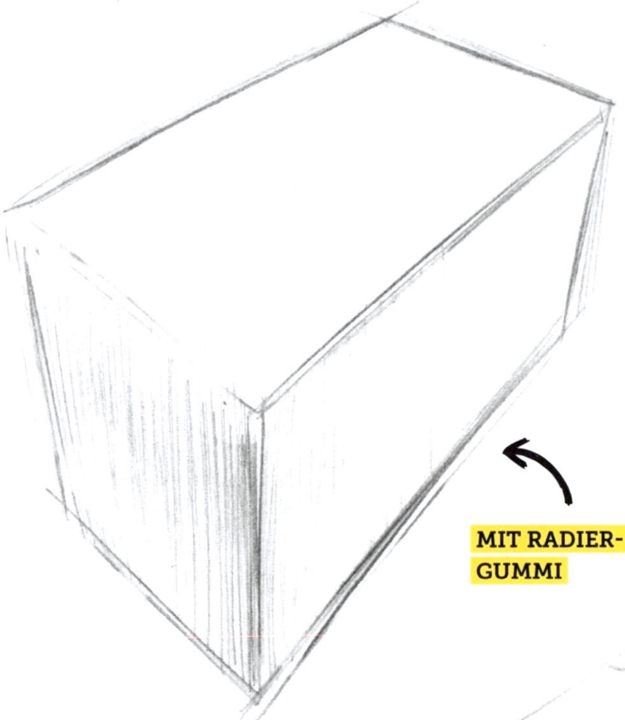

MIT RADIER-
GUMMI

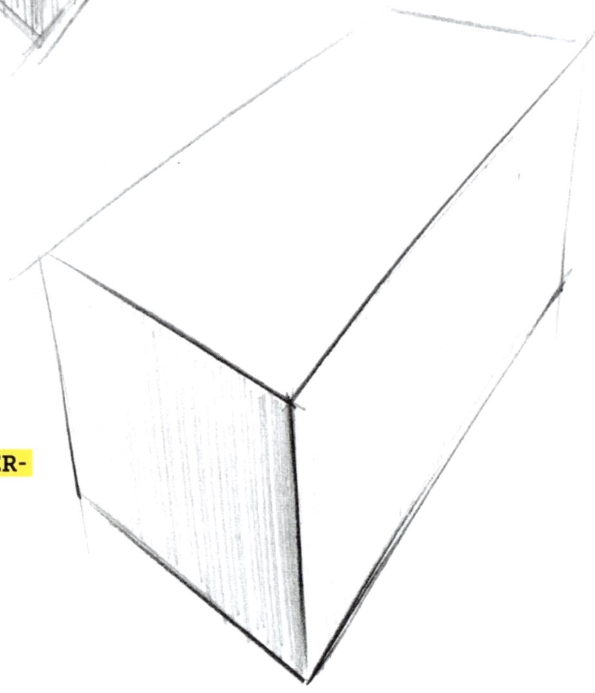

OHNE RADIER-
GUMMI

#07

ZEICHNEN OHNE RADIERGUMMI

Genauso wie auf das Lineal solltest du auch auf ein Radiergummi verzichten, denn durch ein Radiergummi hemmst du deinen **Lernprozess**.

Stattdessen hilft dir jeder falsch gezeichnete Strich dabei, den darauffolgenden besser zu platzieren und so deine Zeichnung zu modellieren: Zunächst zeichnest du mit wenig Druck. Wenn du dann deinen idealen Strich gefunden hast, zeichnest du diesen entschlossen mit mehr Druck.

WOWEFFEKT!

Die vorgezeichneten, „falschen" Striche verleihen deiner Zeichnung Authentizität und Spannung – erst sie machen den einzigartigen Charakter einer Handskizze aus!

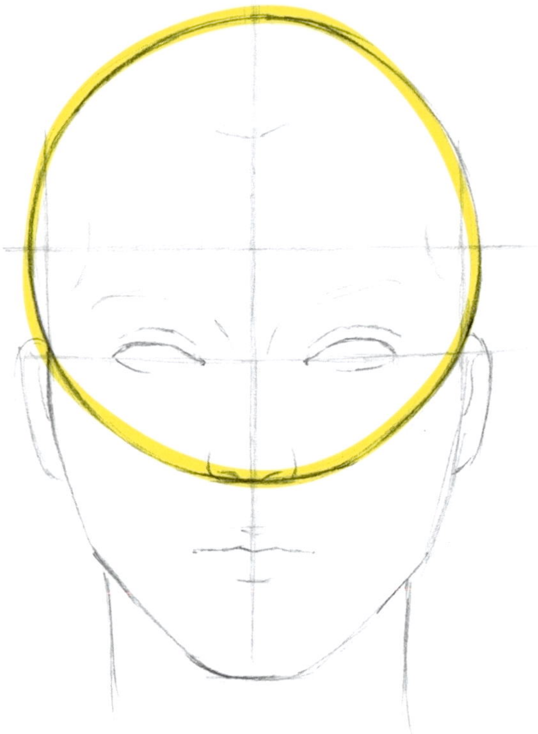

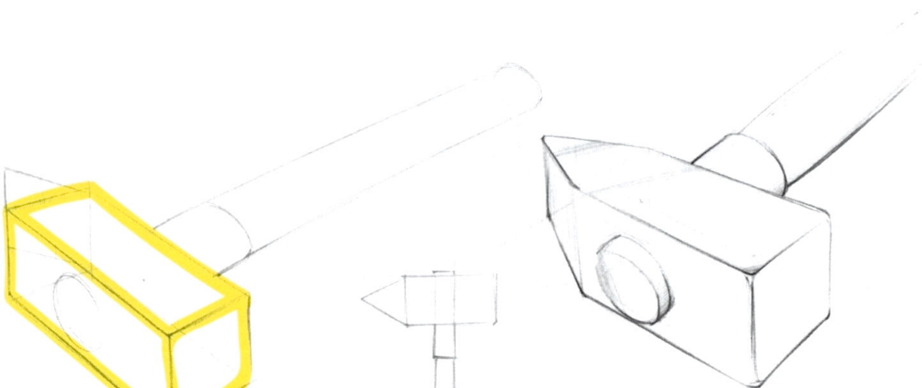

#08 GRUND- FORMEN

Zeichnen erfordert Beobachtung und dreidimensionales Verständnis. Jedes Objekt, aber auch eine ganze Szenerie, lässt sich beim genauen Betrachten und Analysieren in einfache Grundformen und Grundkörper aufteilen.

So lässt sich mit den Grundformen **Quadrat**, **Kugel**, **Pyramide** und **Zylinder** jede noch so komplexe Form sicher konstruieren. Zu Beginn jeder Zeichnung ist es deshalb wichtig, dass du dich vorab mit dem zu zeichnenden Objekt auseinandersetzt und es untersuchst: Analysiere zunächst, wie es in seiner Struktur aufgebaut ist, d. h. in welche Grundformen es zerlegbar ist, um es anschließend aus diesen aufzubauen.

Einfache Objekte wie etwa ein Apfel oder ein Tisch lassen sich aus einem Kreis oder einem Rechteck aufbauen. Auch ein Hammer ist noch vergleichsweise einfach zu gestalten, aus Zylinder, Rechteck und Dreieck. Je komplexer das zu Zeichnende jedoch wird, wie in etwa ein menschlicher Kopf, umso wichtiger sind die Grundformen – berherrscht du diese in Perspektive, so kannst du jedes beliebige Objekt zeichnen!

ÜBUNG

Beinahe jedes Motiv besteht also aus geometrischen Grundformen. In diesem Motiv des Bauhausarchivs in Berlin habe ich viele dieser Formen als Hilfsformen für die Zeichnung benutzt. Lerne auch du die Grundformen für deine Zeichnungen zu nutzen!

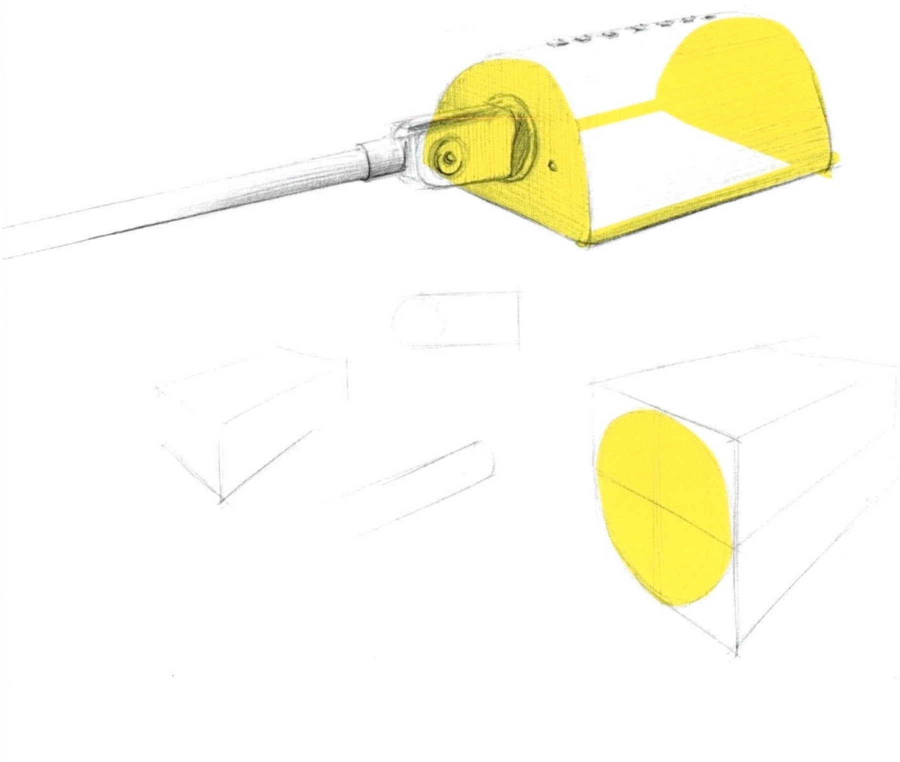

SKIZZIERE HIER

Entwirf aus einem Dreieck, einem Zylinder und unterschiedlich großen Rechtecken mehrere Gebäude. Arbeite bei deiner Vorskizze ausschließlich mit den geometrischen Grundformen.
Hier wäre der 2H-Bleistift das ideale Zeichenwerkzeug.

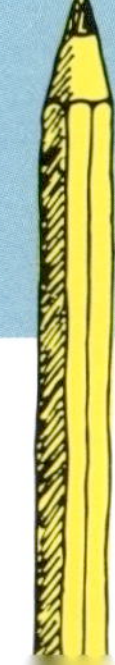

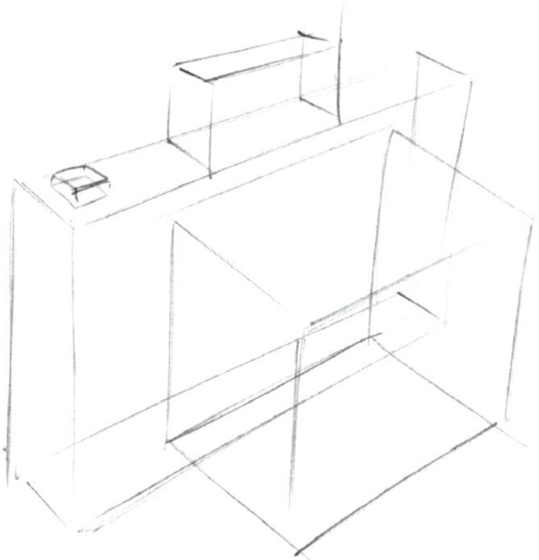

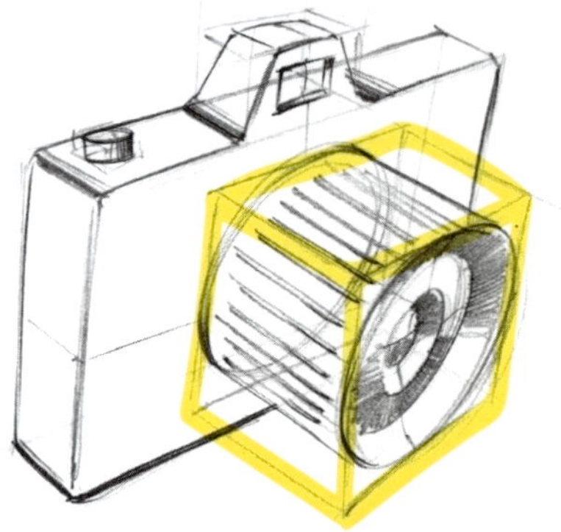

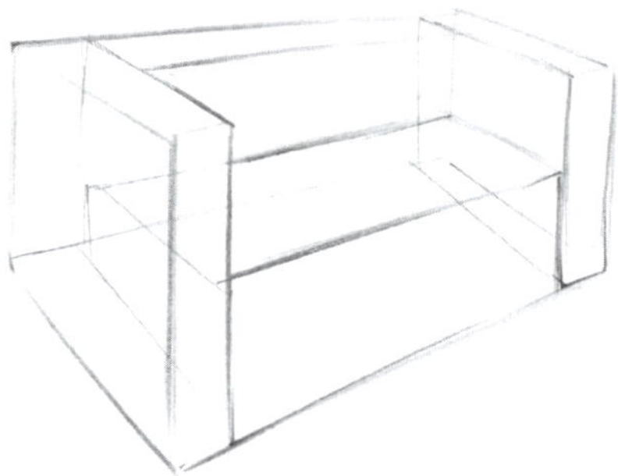

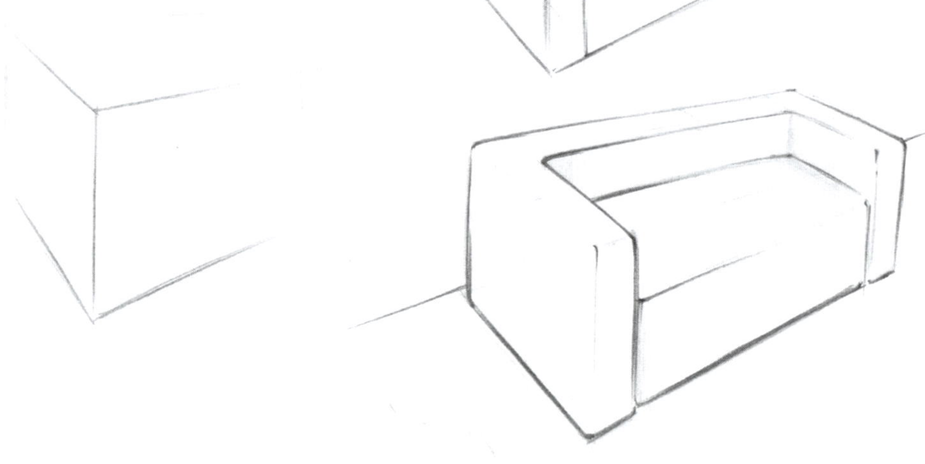

#09

DER KUBUS

Beginne jedes Objekt deiner Zeichnung mit einer Grundfläche. Sie liefert das Fundament für die zu zeichnende Grundform, den Kubus des Objektes.

Hast du eine **Grundfläche** gezeichnet, zeichnest du anschließend jeweils an den Ecken senkrechte Linien. Diese stecken die Höhe der **Grundform** ab. Den so entstandenen, fertigen Kubus kannst du anschließend modellieren und als Ausgangsform für jedes beliebige Objekt nutzen. Solltest du ein Motiv zeichnen, das nicht nur aus einfachen Rechtecken besteht, sondern auch aus runden Teilen oder Ellipsen, so lassen sich die Quadrate auch nutzen, um Ellipsen in Perspektive zu platzieren. Auch für runde Objekte ist der Kubus also die Ausgangsform.

Größere und komplexere Objekte werden durch Addition mehrerer Kuben gezeichnet: Solltest du z. B. eine Digitalkamera zeichnen, so kann die erste Vorskizze aus zwei Rechtecken bestehen, wobei das Rechteck für das Objektiv mithilfe von Ellipsen weiterentwickelt wird.

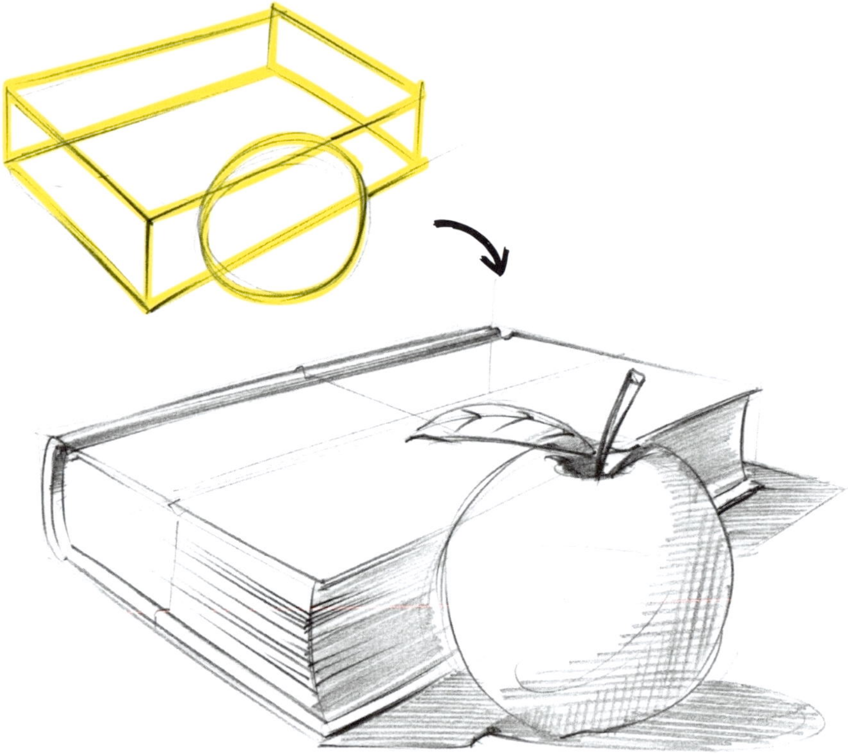

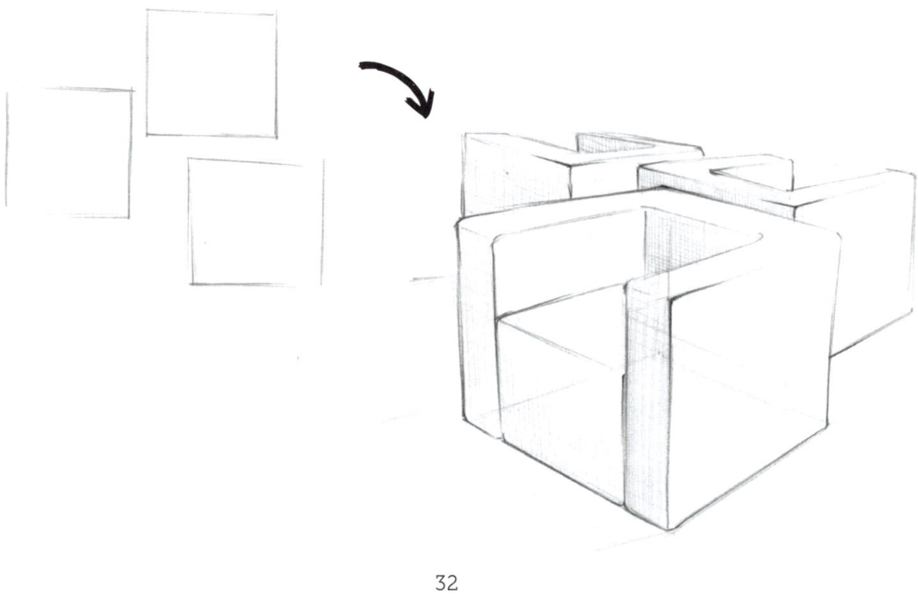

#10

DIE UNSICHTBARE VERPACKUNG

Vor allem beim Zeichnen in Perspektive und von komplexen Gegenständen oder verdeckten Kanten kann die zuvor gezeichnete "unsichtbare Verpackung" dabei helfen, nicht den Überblick zu verlieren sondern die Skizze korrekt fortzuführen.

Für eine Zeichnung eines Apfels, der vor einem Buch liegt, beginnst du mit einer einfachen **Kugel** und einem **Rechteck**. Diese „unsichtbaren Verpackungen", die Kugel und das Rechteck, erleichtern dir das Platzieren und stellen sicher, dass die Perspektive stimmt.

Achte dabei darauf, die Vorzeichnung mit leichten Strichen, d. h. mit wenig Druck anzufertigen, um die nötigen Grundformen auf das Papier zu bringen, ohne dass dich die Striche bei der weiteren Ausarbeitung stören!

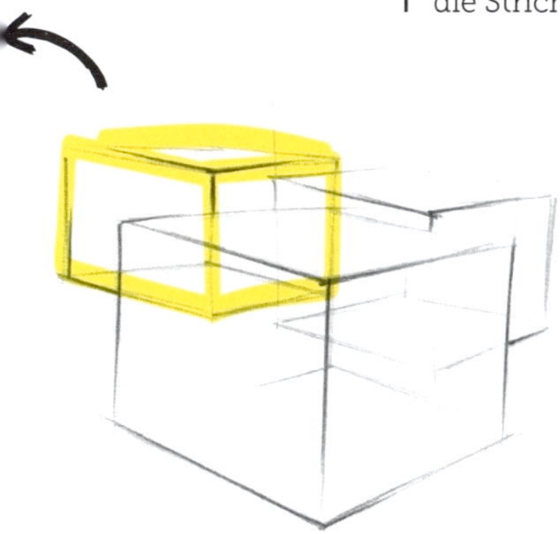

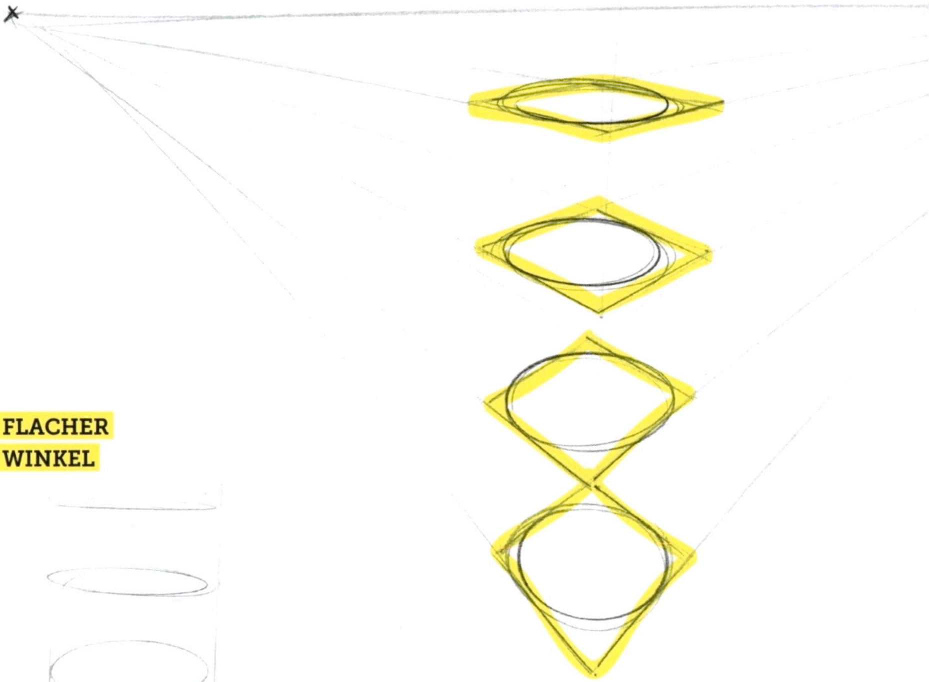

FLACHER WINKEL

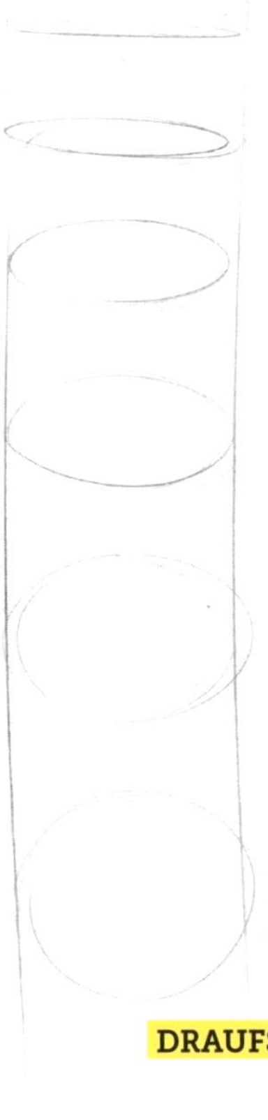

DRAUFSICHT

FLACHER WINKEL

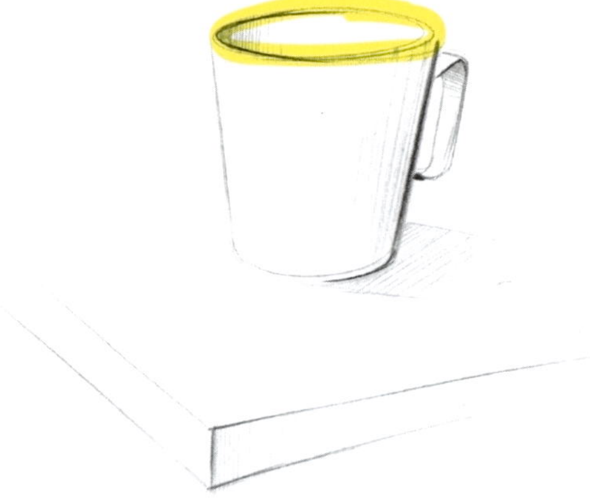

#11

DER KREIS IN PERSPEKTIVE

Betrachtet man einen Kreis exakt von oben, so ist er als ein perfekt runder Kreis zu sehen. Ändert man jedoch den Betrachtungswinkel auf den Kreis, so wird der perfekte Kreis zu einer **Ellipse**.

Das heißt: Je weiter die Augenhöhe sich der Ebene des Kreises annähert, desto stärker wird die Perspektivwirkung und der Kreis neigt sich optisch immer weiter zur Form einer Ellipse. Befindet sich die Augenhöhe schließlich auf der gleichen Ebene wie der Kreis, so ist nichts mehr von der Ellipse zu sehen. Im Alltag lässt sich dieser Effekt z. B. bei der morgendlichen Kaffeetasse analysieren.

Den Grad, wie weit sich der Kreis zu einer Ellipse neigt, kannst du mit einem Quadrat konstruieren. Dazu zeichnest du ein Quadrat in 2-Punkt-Perspektive und zeichnest anschließend die Elipse entsprechend in das Quadrat. Je weiter das Quadrat unter der Horizontlinie liegt, umso mehr formt sich die Elipse zu einem Kreis.

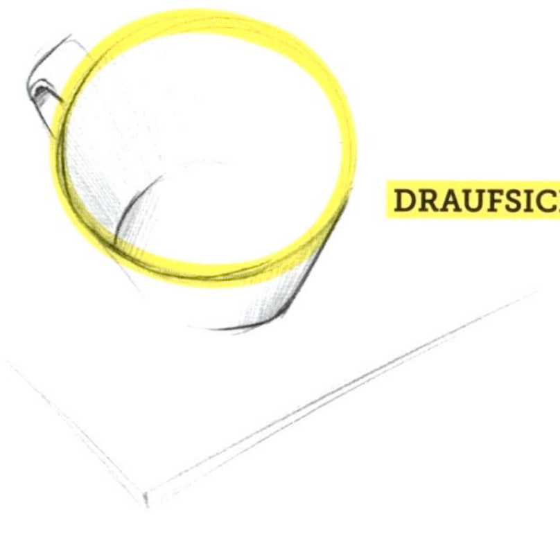

DRAUFSICHT

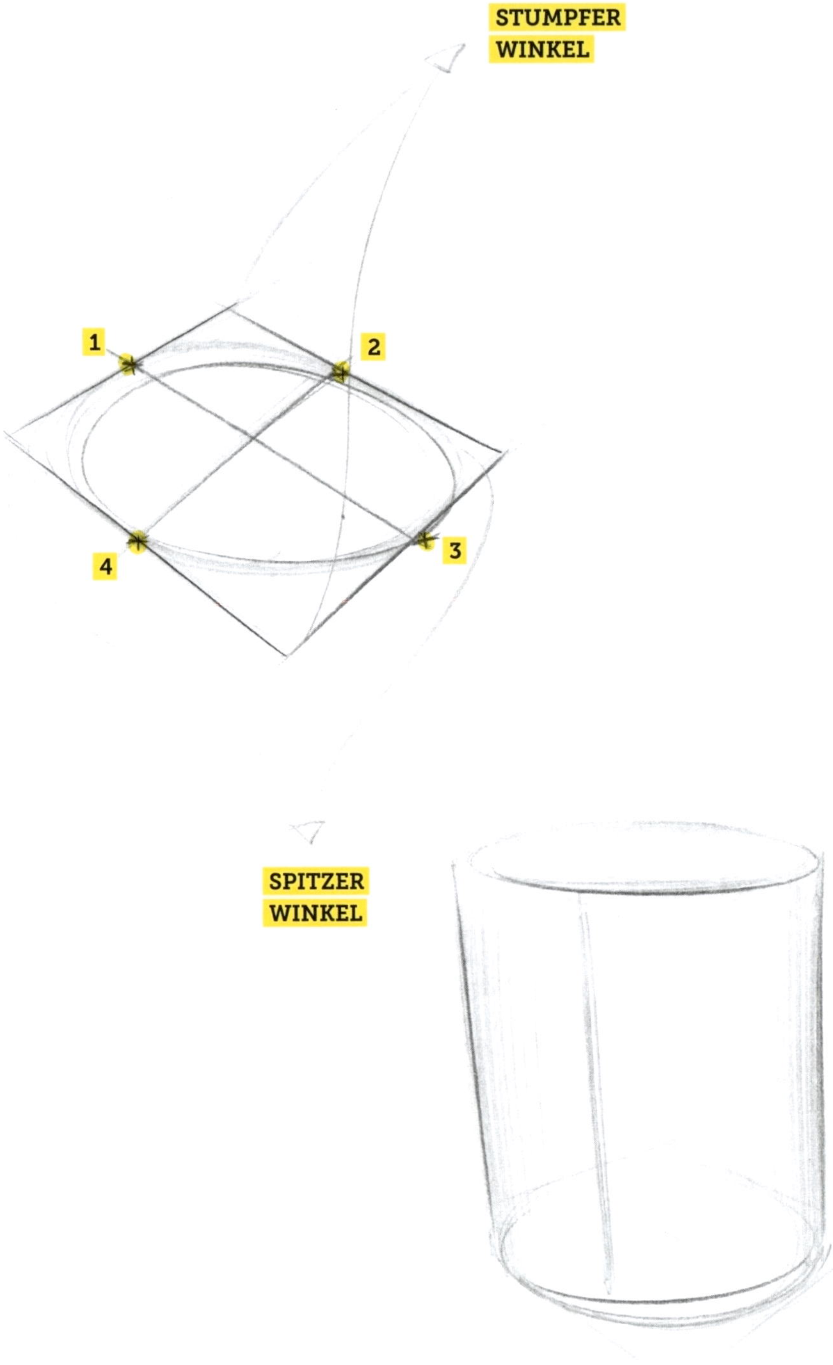
STUMPFER
WINKEL
1
2
3
4
SPITZER
WINKEL

#12

DIE ELLIPSE

Nicht nur Quadrate sind als Grundformen wichtig. Unverzichtbar sind auch Kreise und Zylinder, da sie Bestandteil vieler Objekte sind.

Eine bewährte Methode, um diese beiden Grundformen in Perspektive zu zeichnen, ist die **4-Punkt-Technik**. Sie basiert auf der Tatsache, dass ein Kreis mit dem gleichen Durchmesser wie die Seitenlängen eines Quadrates immer vier Berührungspunkte mit eben diesem hat.

Um einen Kreis in Perspektive zu zeichnen, zeichnest du dir also zunächst ein Quadrat als Hilfsrahmen. Da ein Quadrat in Perspektive immer zwei spitze und zwei stumpfe Winkel hat, ergibt sich so die Krümmung des Kreises zur Ellipse. In den spitzen Winkeln des Quadrates läuft die Ellipse spitz zu, wohingegen sie in den stumpfen Winkeln offen ist.

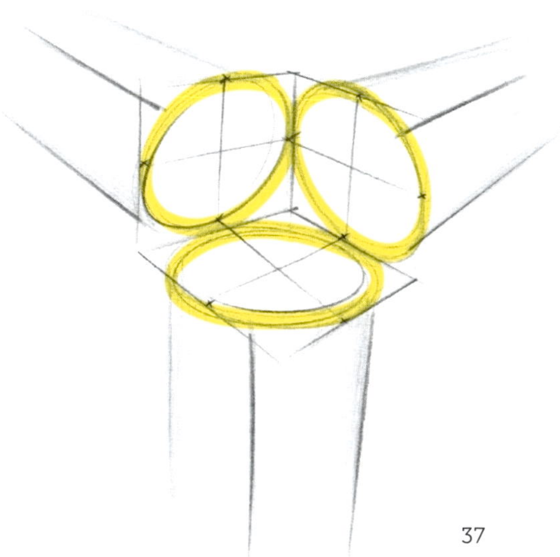

ÜBUNG

Von oben betrachtet ist ein Zylinder ein Kreis. Je nach Neigung entsteht aus dem Kreis eine Ellipse. Wie bei einer Tasse, die mit jedem Schluck leerer wird und die du immer mehr neigen musst, um an den Inhalt zu gelangen.Hier wäre der 2H-Bleistift das ideale Zeichenwerkzeug.

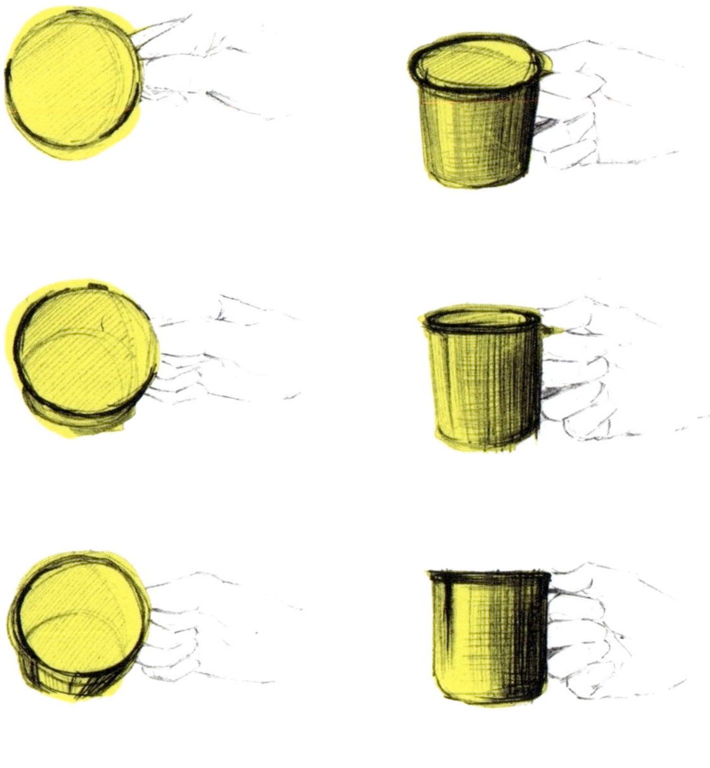

SKIZZIERE HIER

Stelle die Darstellung vom Zylinder nach, indem du dich umschaust, wo in deiner Umgebung bei einem Gegenstand ein Kreis zu einer Ellipse wird oder wo sich ein Zylinder versteckt.

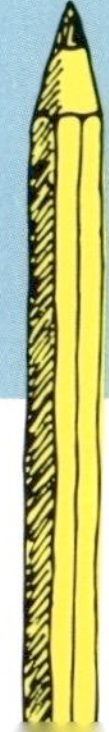

1

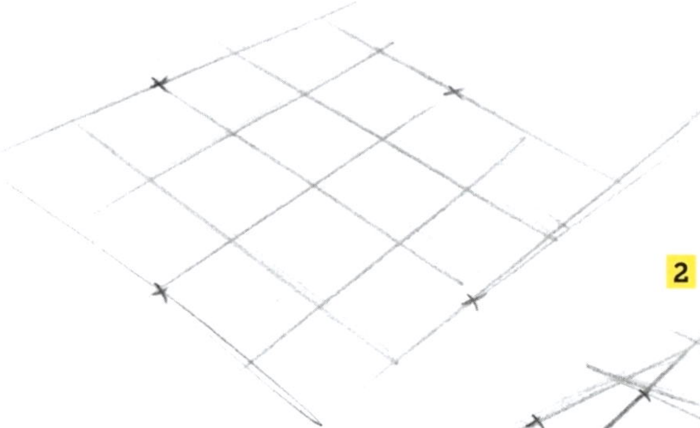

2

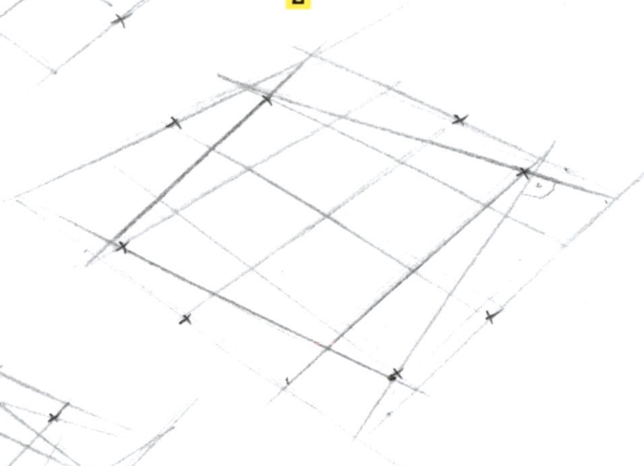

3

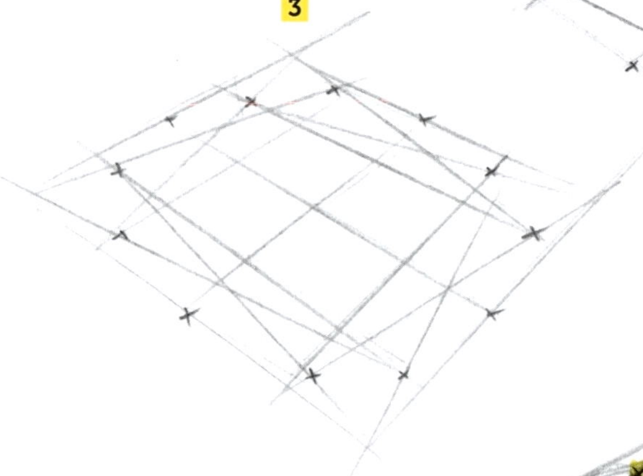

4

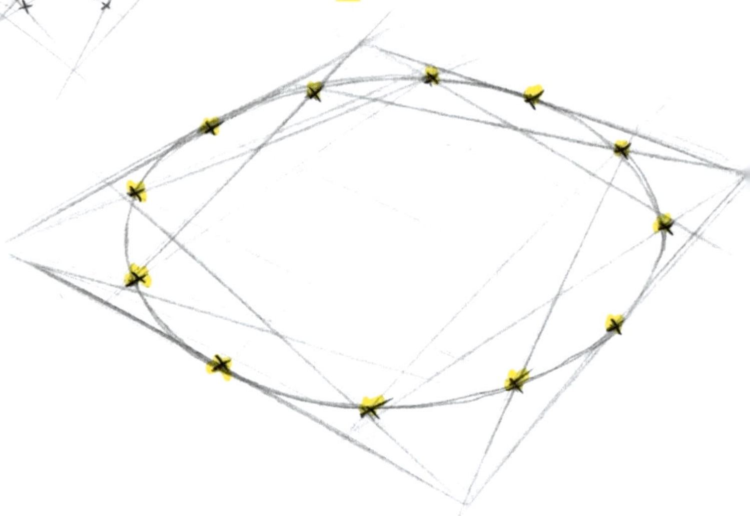

#13

DER PERFEKTE KREIS

Zusätzlich zu den vier Punkten der 4-Punkt-Technik ermittelt man bei der präziseren **12-Punkt-Technik** acht weitere Punkte. Diese Art und Weise, einen Kreis in Perspektive zu zeichnen, ist zwar aufwendiger, jedoch wesentlich genauer.

Unterteile dein Quadrat dafür zunächst in 16 gleichgroße Quadrate. Anschließend markierst du die üblichen 4 Berührungspunkte des Kreises mit dem Quadrat. Jetzt wanderst du ausgehend von jeder der vier Ecken in die daneben liegende Ecke und springst anschließend entlang der Außenkante des Quadrates ein Kästchen weiter. Zwischen diesem Punkt und der Ausgangsecke kann nun eine Linie gezeichnet werden. Es entstehen 8 rechtwinklige Dreiecke, deren Hypotenuse an der Seite ihres spitzen Winkels den Rand des ersten Kästchens kreuzt. Dieser Punkt kann nun markiert werden und bildet einen Berührungspunkt mit dem Kreis. Das Verfahren widerholst du acht Mal und konstruierst so einen perfekten Kreis in Perspektive.

Die Technik eignet sich besonders gut für das Zeichnen von Details, da sie wesentlich genauer ist als die 4-Punkt-Technik. Jedoch reicht es für eine lockere Skizze oder zur Konstruktion einer Grundform oft aus, die 4-Punkt-Technik zu verwenden.

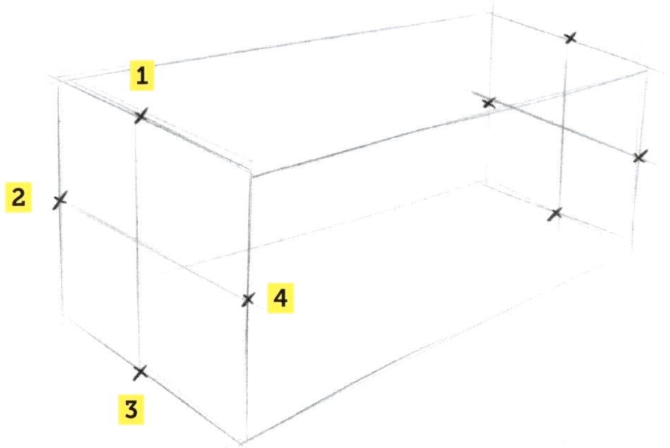
1
2
3
4

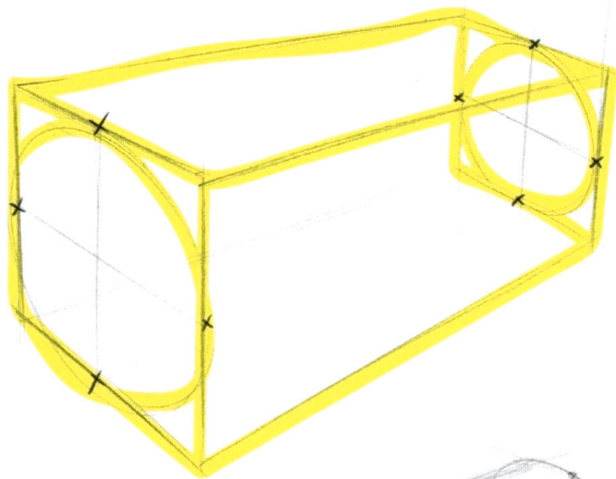

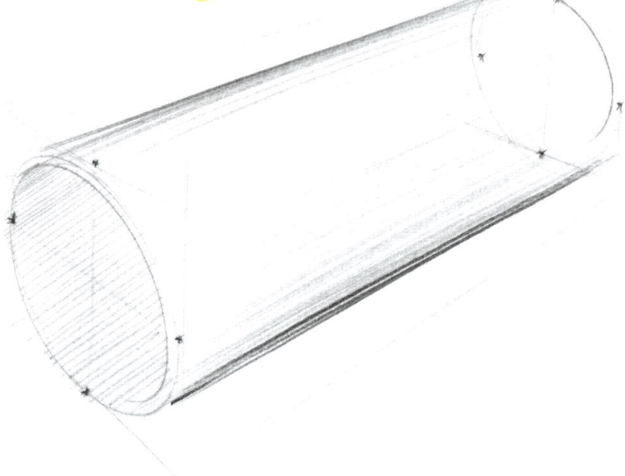

#14
ZYLINDER

Genauso wie mit den Ellipsen verhält es sich mit dem Zylinder. Dabei wird als **Grundfläche** wieder ein Quadrat in der gewünschten Größe gezeichnet und anschließend zu einem **Kubus als Grundform** erweitert.

Im nächsten Schritt wendest du wieder die 4-Punkt-Technik oder die 12-Punkt-Technik an beiden Enden des Kubus an und konstruierst dir so zwei Kreise oder Ellipsen. Die beiden Ellipsen verbindest du abschließend mit zwei Linien an ihren äußersten Rändern zu einem Zylinder.

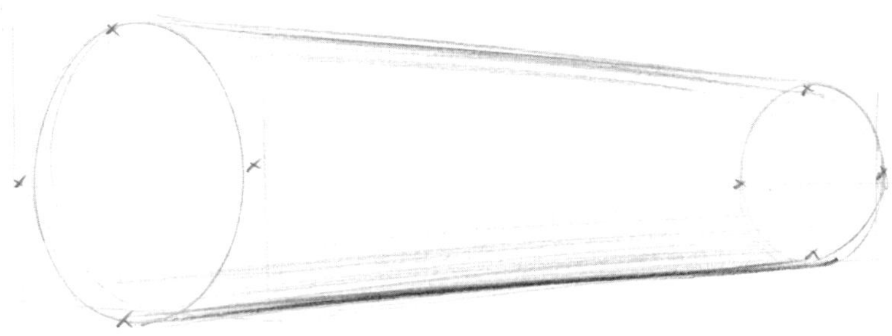

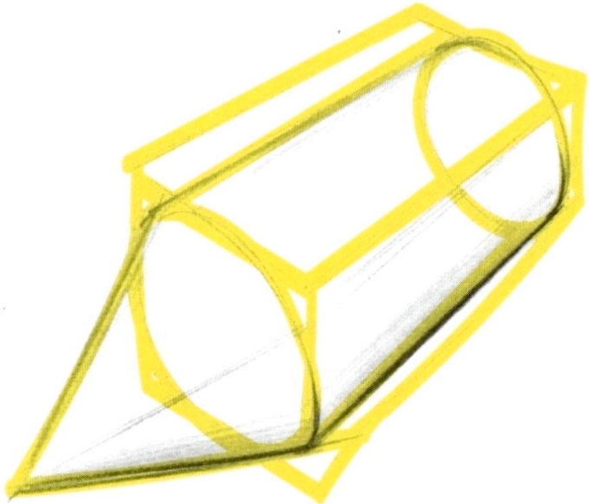

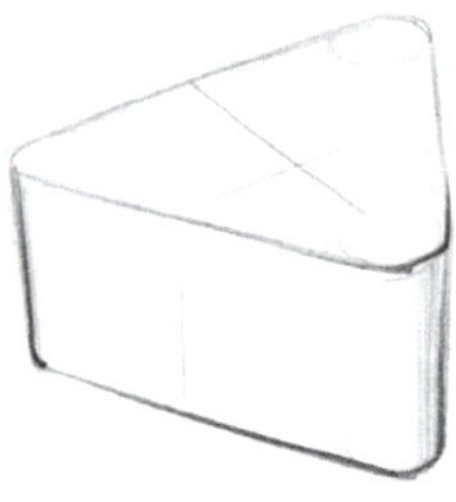

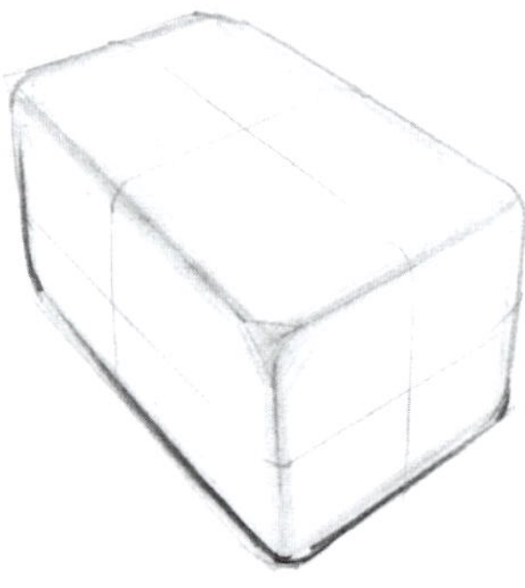

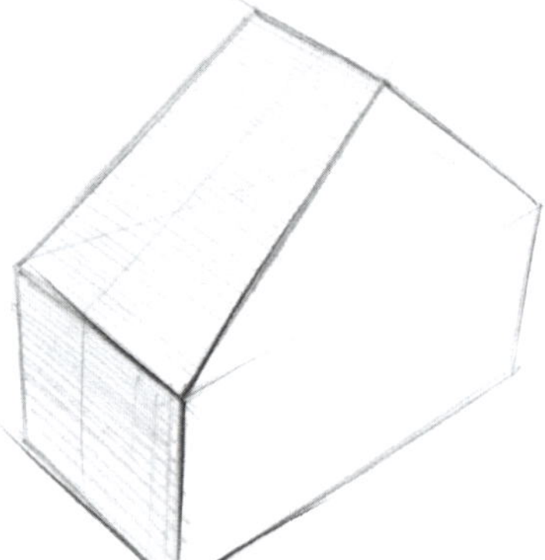

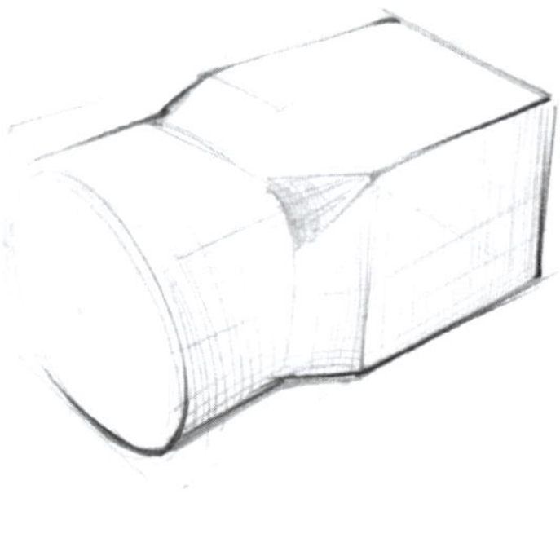

#15

FORMKOMBI-NATIONEN

Die Kunst des Zeichnens besteht oft darin, verschiedene **Grundformen** zu verbinden. Das ist zum Beispiel der Fall, wenn du komplizierte Produkte oder auch Gebäude in Landschaftszeichnungen skizzieren willst.

Für ein Haus mit einem Giebeldach baust du lediglich ein Dreieck auf ein Rechteck. Etwas komplizierter wird es jedoch, wenn du eine runde Form auf eine eckige Form bauen möchtest. Sollten diese Formen ineinander überlaufen, so gibt es verschiedene Möglichkeiten, diesen Übergang zu skizzieren. Betrachte dazu genau das zu zeichnende Objekt.

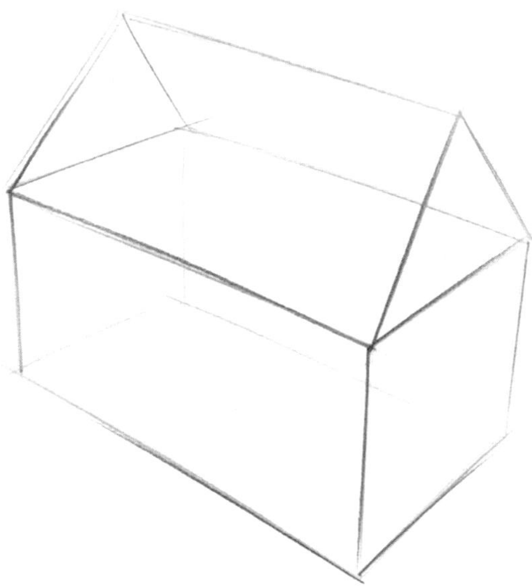

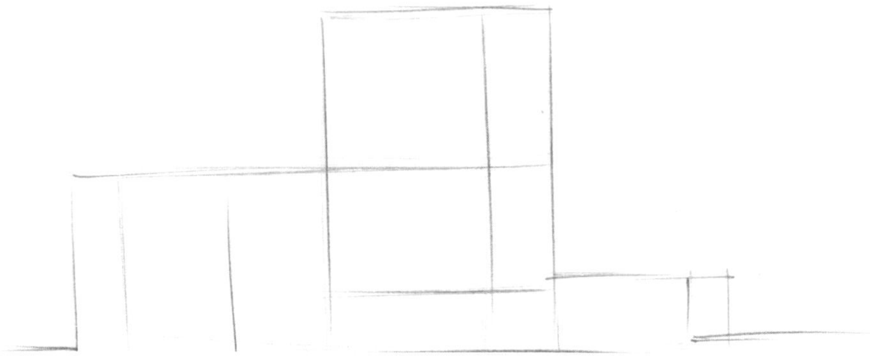

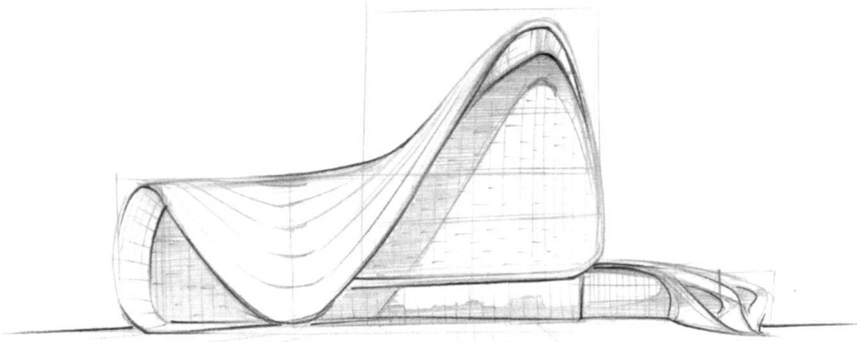

#16
ORGANISCHE FORMEN

Ähnlich wie bei Formkombinationen verhält es sich mit organischen Formen. Auch bei organischen Formen konstruierst du das Objekt zuvor mit verschiedenen Grundformen, die du anschließend **modellieren** und ausarbeiten kannst.

Dieses Prinzip lässt sich bei technischen Gegenständen wie etwa einem Akkuschrauber oder für architektonische Entwürfe anwenden. Jedoch kannst du mithilfe diesen Prinzips auch Gesichter und ganze Körper konstruieren und zeichnen.

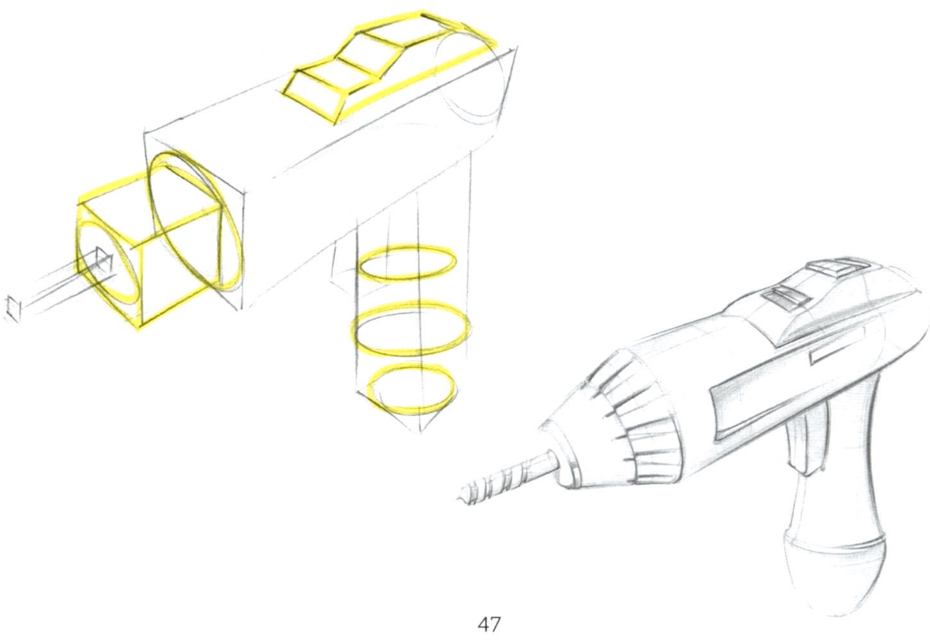

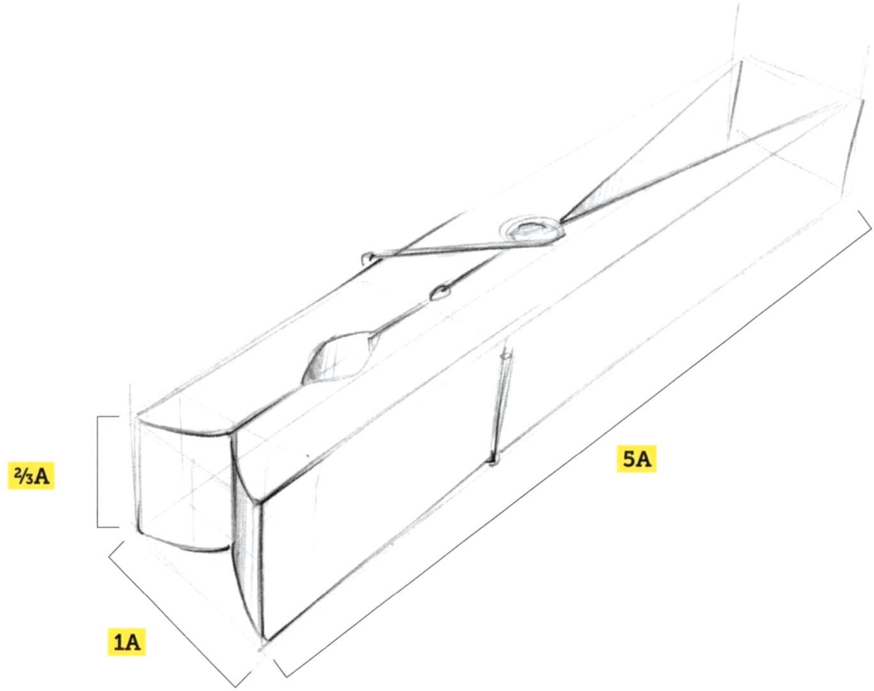

⅔A
5A
1A

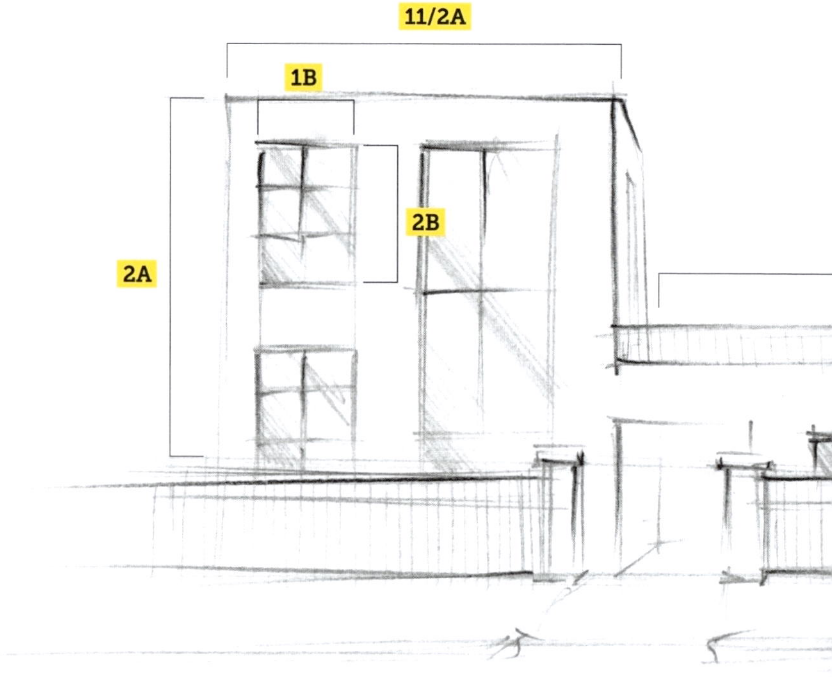

11/2A
1B
2B
2A

#17 VISIEREN

Im künstlerischen Sinne ist mit Visieren das „**Sehen**", „**Analysieren**" und „**Vergleichen**" gemeint. Angewendet wird es z. B. beim perspektivischen Untersuchen einer Wäscheklammer. Hierbei untersuchst du das Verhältnis von der Höhe zur Breite und zur Länge. Hast du dir beispielweise das Maß der Höhe rausgesucht, so kannst du untersuchen, wie oft die Höhe in die Breite und in die Länge passt.

Für deine Zeichnung bedeutet das, dass du dich immer an **konstanten Grundformen** wie z. B. einem Quadrat orientieren kannst und so entsprechend die richtigen Proportionen in deiner Zeichnung festlegst.

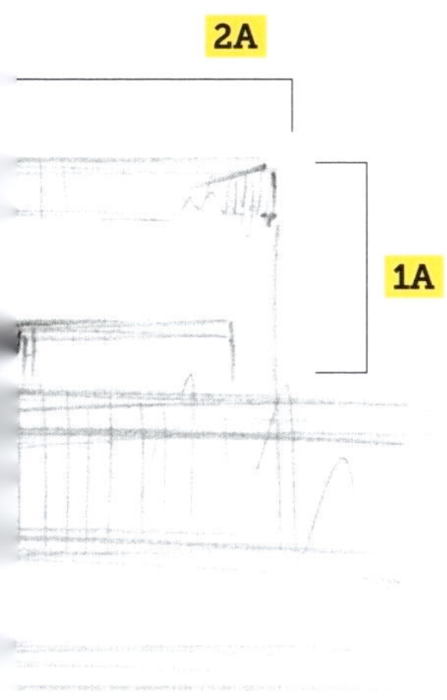

WOWEFFEKT!

Dieses Vorgehen lässt sich auf jedes beliebige Objekt anwenden und kann so nicht nur bei Architekturskizzen sondern in etwa auch bei Naturstudien zum Einsatz kommen!

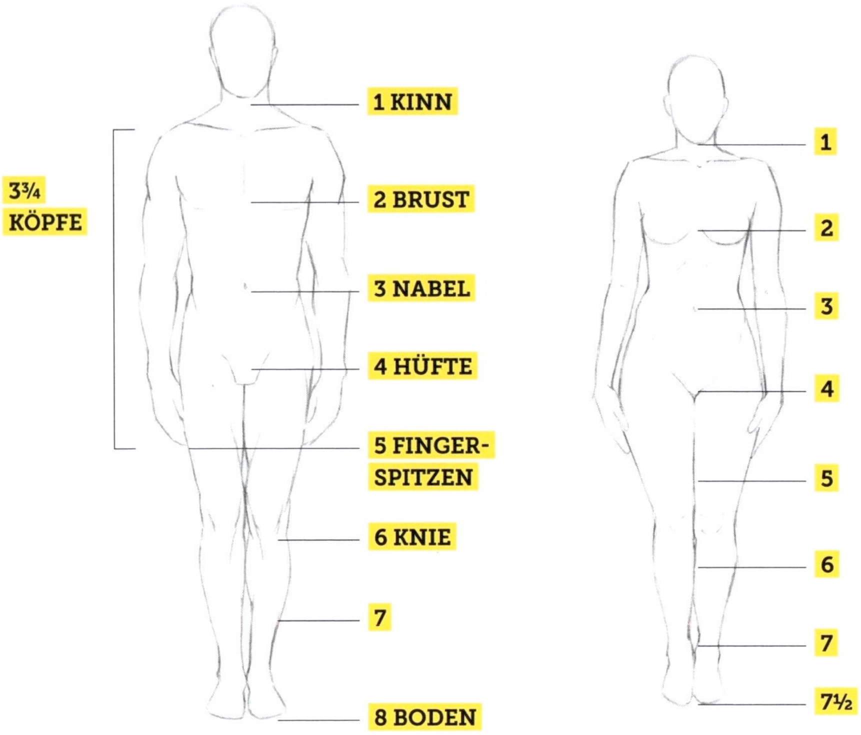
1 KINN
3¾
KÖPFE
2 BRUST
3 NABEL
4 HÜFTE
5 FINGER-
SPITZEN
6 KNIE
7
8 BODEN
1
2
3
4
5
6
7
7½

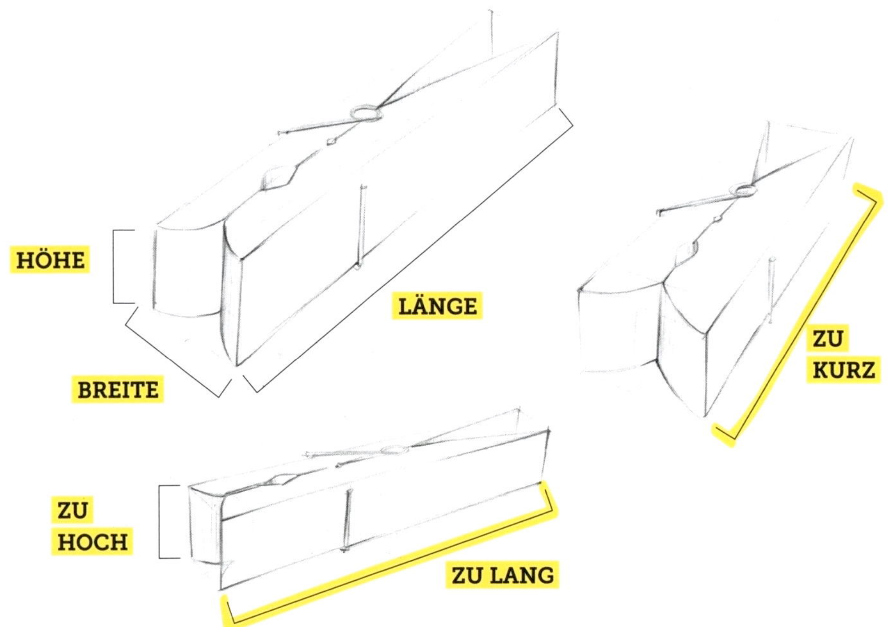
HÖHE
LÄNGE
BREITE
ZU
KURZ
ZU
HOCH
ZU LANG

#18 PROPORTIONEN

Die richtigen Proportionen des Gezeichneten sind für eine realistische Darstellung essentiell. Das Wichtigste ist dabei das Beobachten und Analysieren.

Auch beim Analysieren kann wiederum mit Grundformen gearbeitet werden, um diese als Maßstab und **Hilfskonstruktion** zu nutzen. Eine gute Übung hierzu ist es, sich alltägliche Gegenstände vorzunehmen, diese zu analysieren und direkt auch zu zeichnen.

WOW EFFEKT!

Beim Zeichnen von Alltagsgegenständen wirst du schnell merken, dass du die Objekte jetzt unter ganz neuen Aspekten betrachtest und Details entdeckst, die dir zuvor nicht bewusst waren. So wird dich das Zeichnen auch im Beobachten schulen.

ÜBUNG

Es gibt Gegenstände und Architektur, die wir kennen und bei denen es uns nicht schwerfällt, uns ihre Dimensionen vorzustellen. Aber oft zeichnet man etwas und der Betrachter hat keine Vorstellung von den Proportionen. Dieses Problem findet sich oft im Bereich des Produktdesigns. Die Designer fügen bewusst Gegenstände oder Personen ins Bild, um der Vorstellungskraft des Betrachters eine Hilfestellung zu leisten.

Hier habe ich einen einfachen Würfel genommen, um das Problem zu erläutern. Ohne den Kontext Mensch wäre es nicht einfach zu erraten, wie groß ich mir den Würfel vorgestellt habe. Sobald aber die Silhouette oder Hand ins Spiel kommen, stellt sich die Frage gar nicht erst.

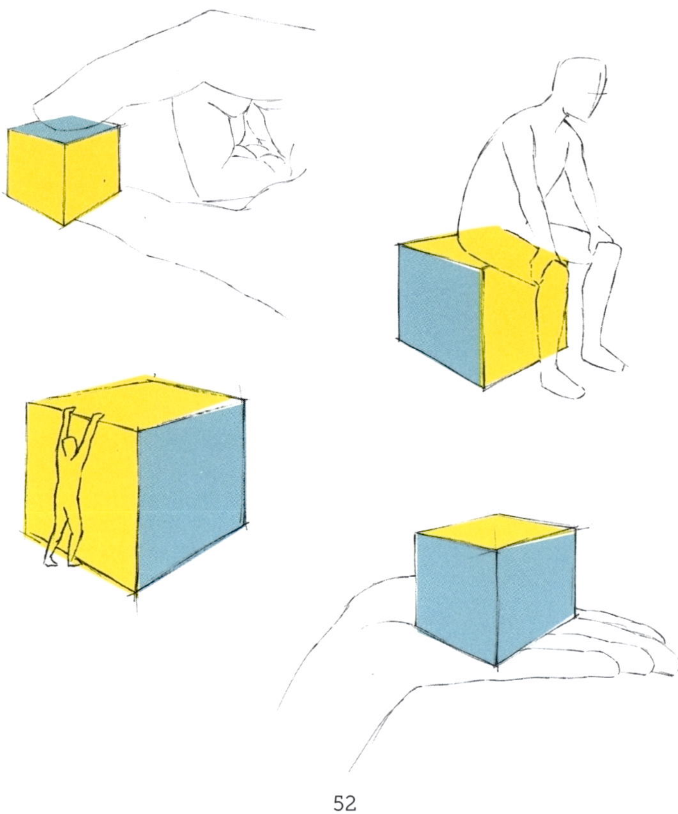

SKIZZIERE HIER

Suche dir eine geometrische Form aus und kommuniziere mit Kontext die Größenverhältnisse. Teste dich selbst, indem andere deine Zeichnung betrachten und die Dimensionen deiner Zeichnung zu verstehen versuchen.

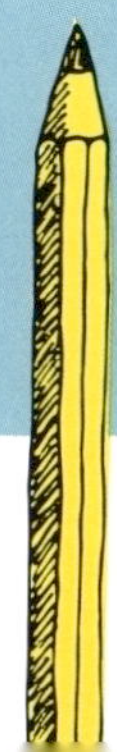

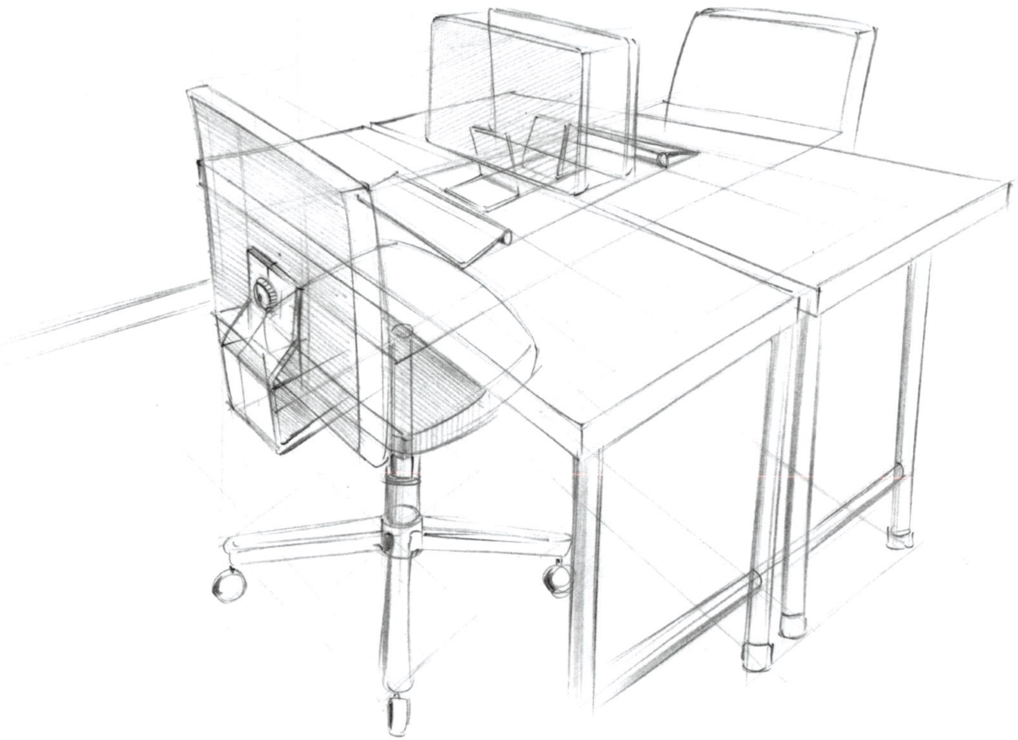

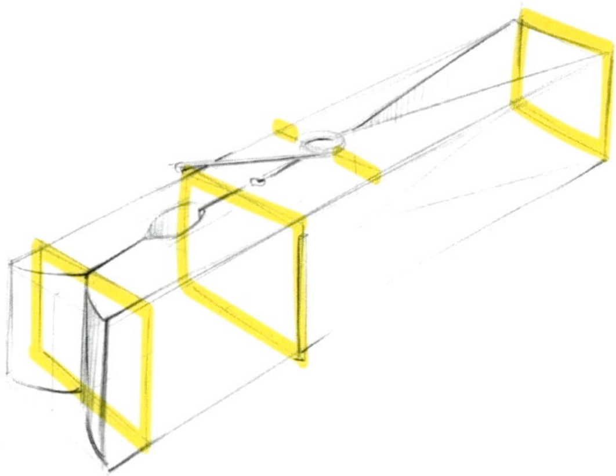

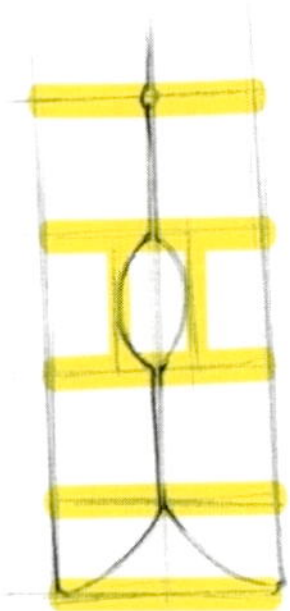

#19

HILFSLINIEN

Wenn es darum geht, ein komplexes Objekt oder eine komplexe Szenerie zu zeichnen, vereinfachen dir Hilfslinien das Vorgehen enorm.

Hilfslinien helfen dir dabei, **Positionen und Abstände** einzelner Bestandteile der Zeichnung richtig zu erkennen und zu zeichnen. Auch versteckte Kanten solltest du als Hilfslinien zeichnen, da sie eine zusätzliche Orientierung für die fortlaufende Zeichnung darstellen.

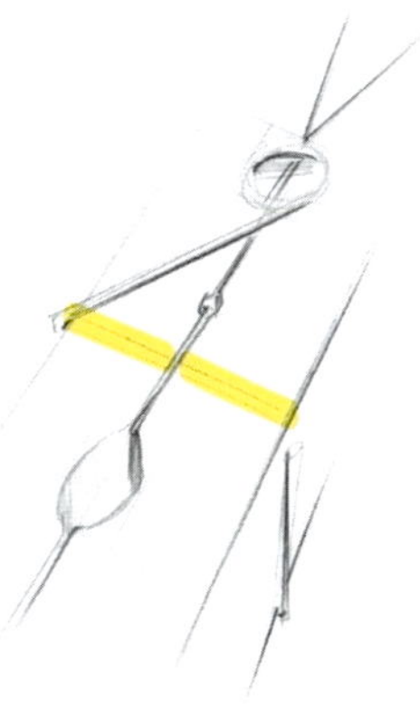

WOWEFFEKT!

Hilfslinien helfen nicht nur dir. Hilfslinien helfen auch dem Betrachter, das Gezeichnete noch besser zu verstehen, und geben deiner Skizze damit einen essentiellen Mehrwert!

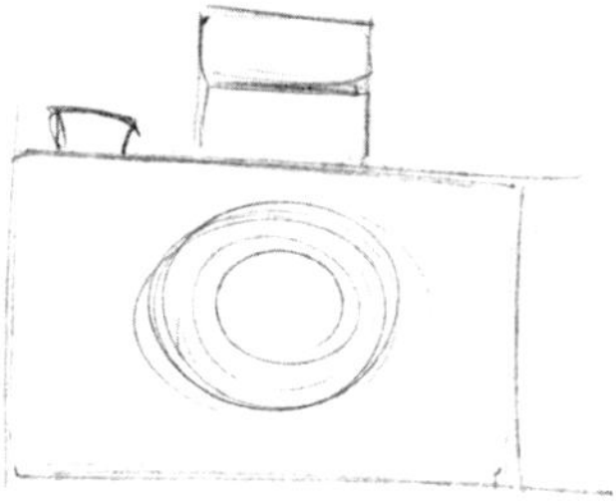
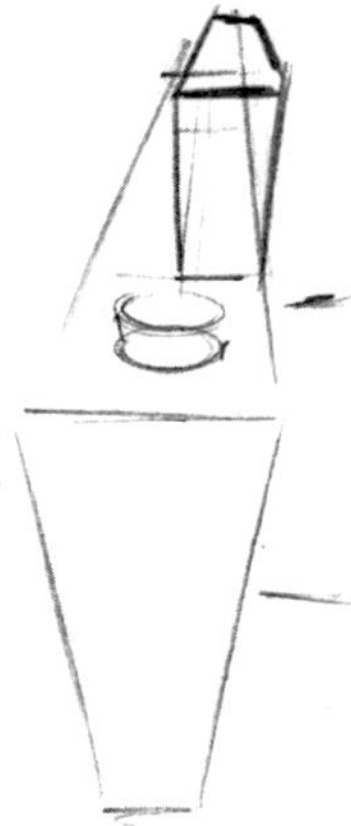
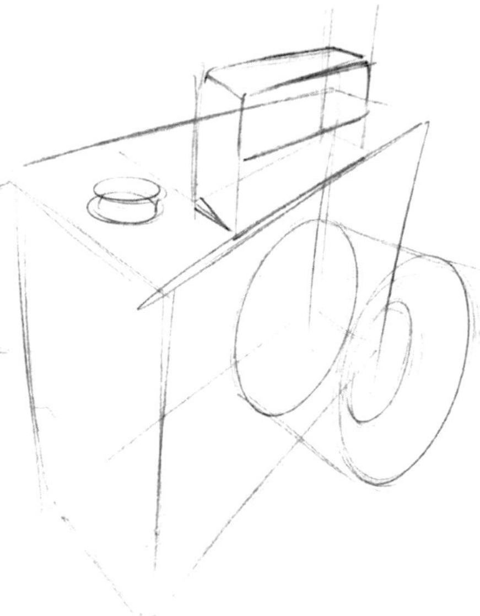
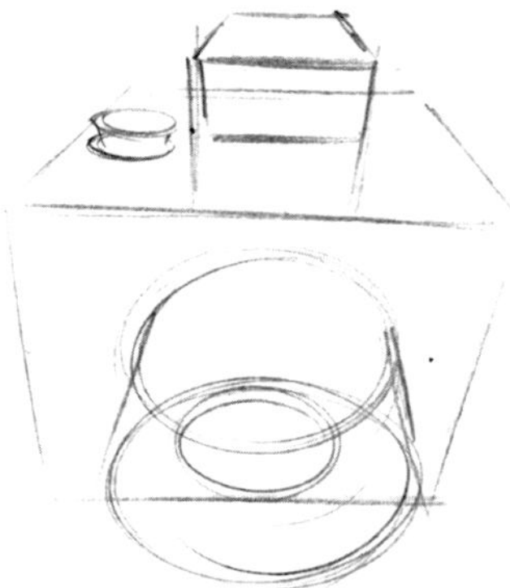
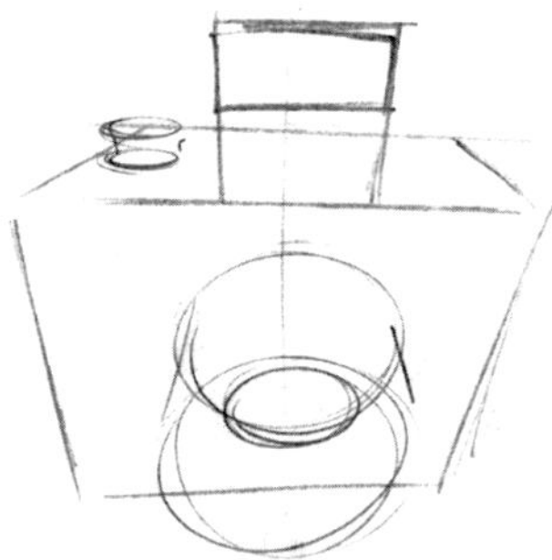
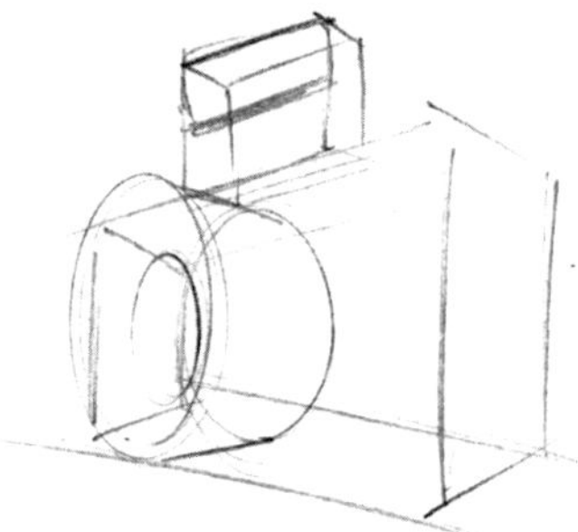
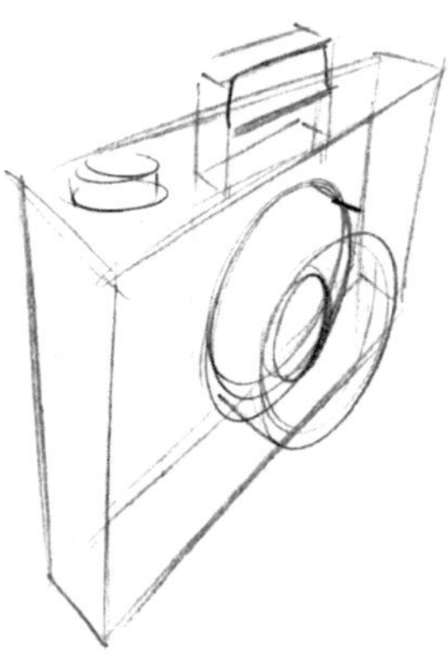

#20 VORSKIZZE

Zu Beginn jeder Skizze solltest du kleine Vorskizzen machen, die dir bei der Komposition auf dem Blatt hilfreich sind. Vorskizzen helfen dir dabei, von Anfang an die **Proportionen und Verhältnisse** deiner Objekte richtig einzuschätzen und zu erkennen.

Im Beispiel der Kamera wurden viele verschiedene Perspektiven in verschiedenen Positionen gezeichnet. Dadurch fällt die Auswahl der Perspektiven deiner finalen Skizzen leichter. Außerdem sammelst du so Erfahrung mit den zu zeichnenden Proportionen.

Sobald du mit der Vorskizze Gegebenheiten der Objekte erfasst und dir verständlich gemacht hast, kannst du mit der eigentlichen Skizze beginnen.

WOWEFFEKT!

Verzichte beim Anfertigen der Vorskizze auf unwichtige Details und beschränke dich auf die Elemente des Objektes, die dieses ausmachen – erkunde seine „Essenz"!

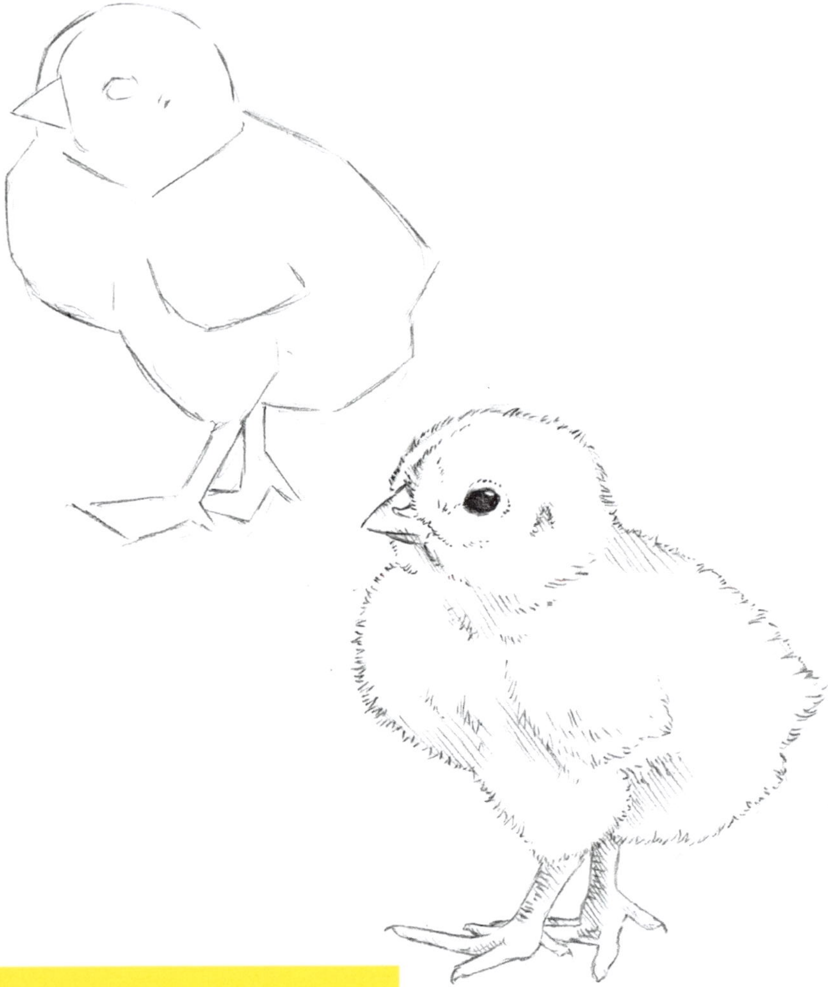

WOWEFFEKT!

Achte auch bei der Skizze darauf, mit leichten Strichen, also mit wenig Druck auf das Papier zu beginnen. So hast du im Anschluss die Möglichkeit, gezielt dunklere Striche zu zeichnen und so mit Kontrasten zu arbeiten!

#21 SKIZZE

Nachdem du die Vorarbeit durch Beobachtung, Analyse und Vorskizze geleistet hast, kannst du mit der eigentlichen Skizze loslegen.

Auch bei der finalen Skizze oder Zeichnung solltest du wieder mit den **Grundformen** beginnen, der „durchsichtigen Verpackung", wie hier am Beispiel des Kükens gezeigt. Erst nachem du deine Zeichnung in ihren Grundzügen angefertig hast, arbeitest du die Details aus.

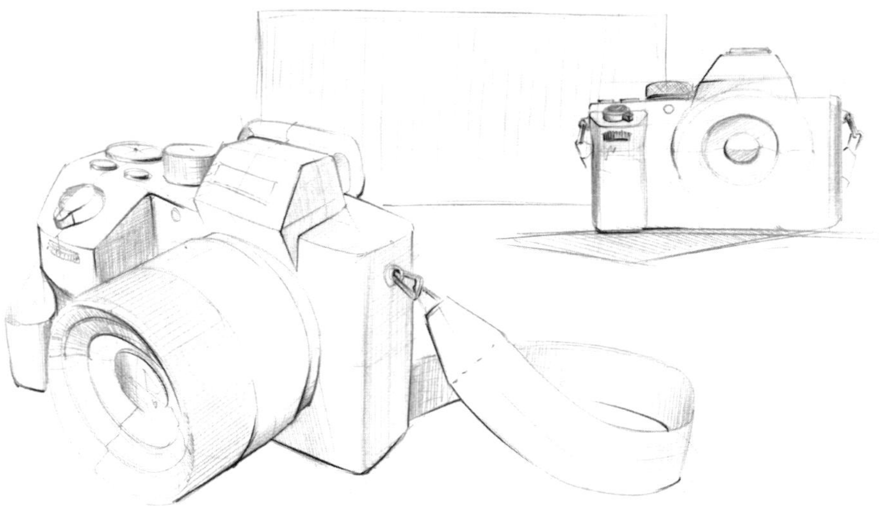

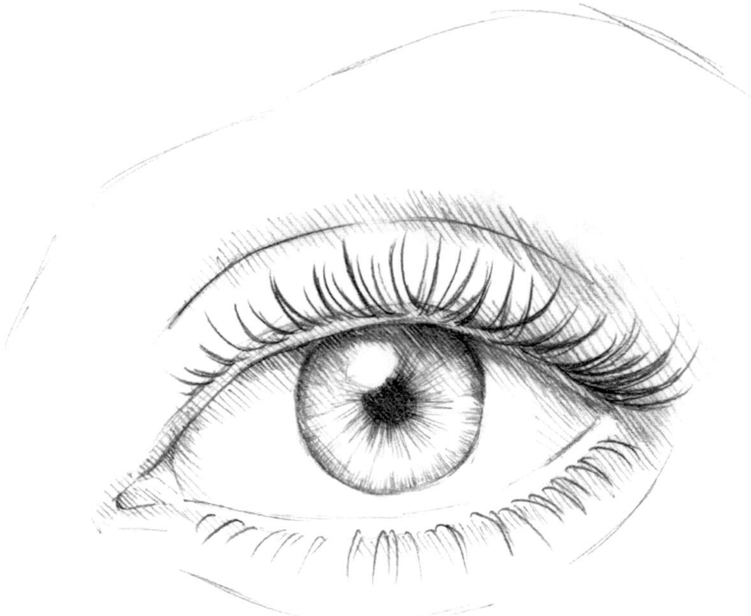

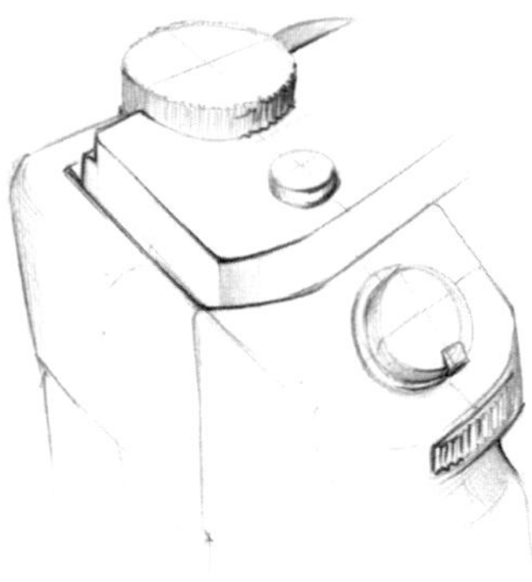

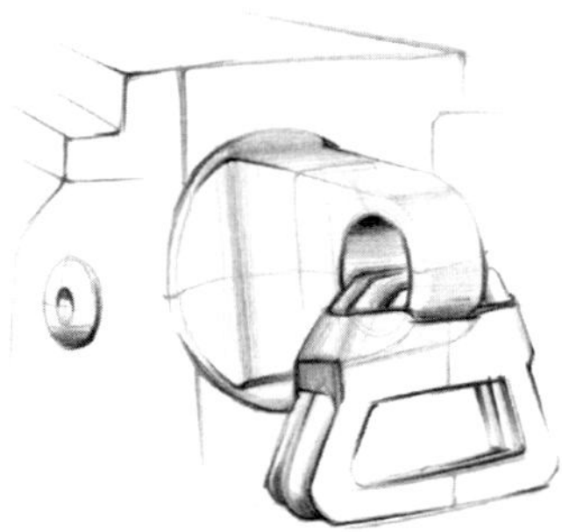

#22

DETAILS

Generell beginnt man eine Zeichnung nicht mit den Details, sondern arbeitet sich von der Vorskizze und Skizze weiter bis zu den Details. Auch solltest du deine Zeichnung nicht komplett mit der gleichen Intensität ausarbeiten, sondern einen **Fokus** auf bestimmte Details setzen. Details wie z. B. Verstellrädchen oder die Befestigung für den Tragegurt an einer Kamera können so hervorgehoben werden.

Auch beim Zeichnen von Portraits kannst du so Details, wie etwa die Reflektion des Lichtes auf der Iris oder die Augen insgesamt, in den Fokus des Betrachters rücken.

WOWEFFEKT!

Auf diese Weise führst du die Aufmerksamkeit des Betrachters bewusst auf die Stellen deiner Zeichnung, die im Mittelpunkt stehen sollen.

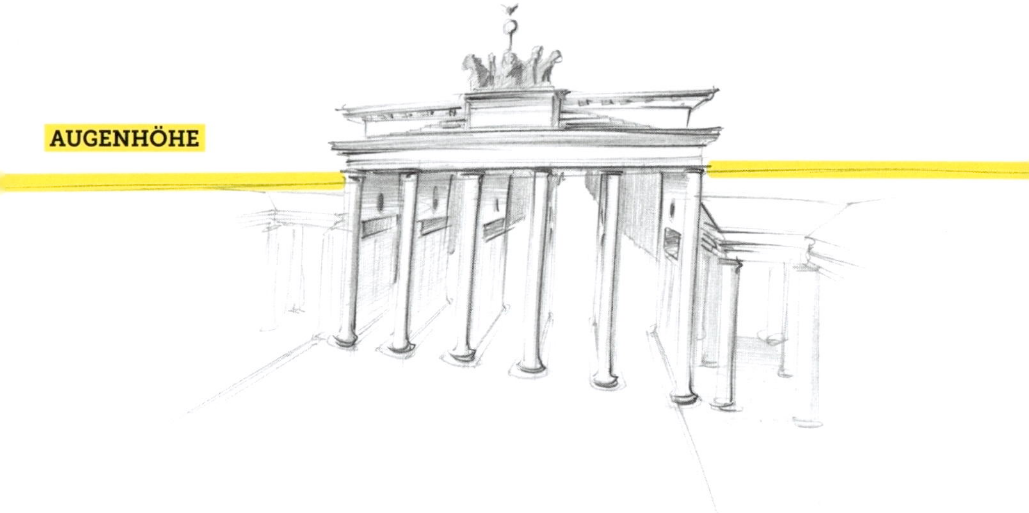

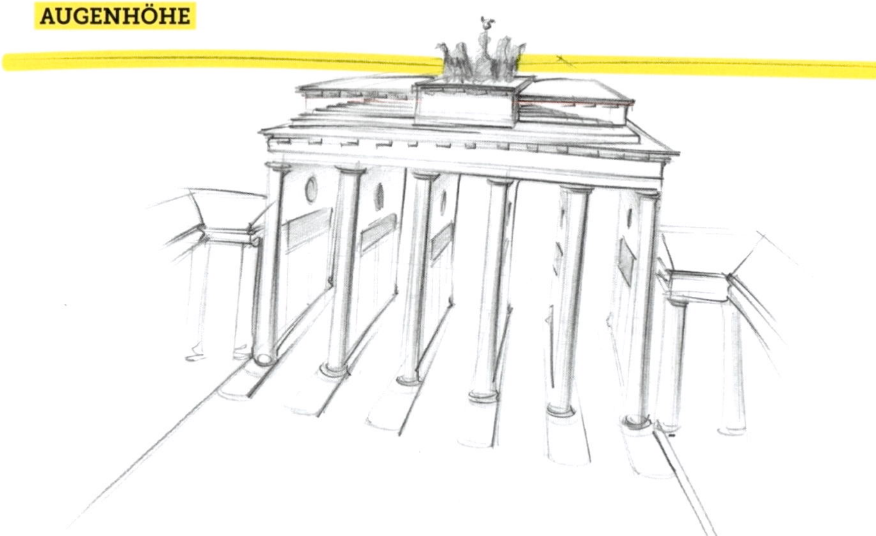

WOWEFFEKT!

Spiele mit der Wahl deiner Fluchtpunkte auf der Horizontlinie und zeichne deine Objekte aus neuen, interessanten Blickwinkeln!

#23

HORIZONT

Die Horizontlinie befindet sich auf der Augenhöhe des Betrachters. Auf ihr werden die Fluchtpunkte gewählt, die maßgeblichen Einfluss auf die perspektivische Darstellung haben.

Wählst du für deine Zeichnung eine Perspektive, die die Betrachtung eines Gebäudes durch das menschliche Auge darstellt, so entspricht die Höhe der Horizontlinie der **Augenhöhe** eines Menschen. Wird ein Gebäude oder Objekt jedoch in **Vogelperspektive** dargestellt, so wird die Horizontlinie etwa auf Augenhöhe des Vogels gezeichnet, die z. B. zehn Meter über dem Boden betragen könnte. Zeichnest du entsprechend in der **Froschperspektive,** so befindet sich die Horizontlinie knapp über der Grundfläche, auf der das Objekt steht, bei einem Gebäude also einige Zentimeter über dem Boden.

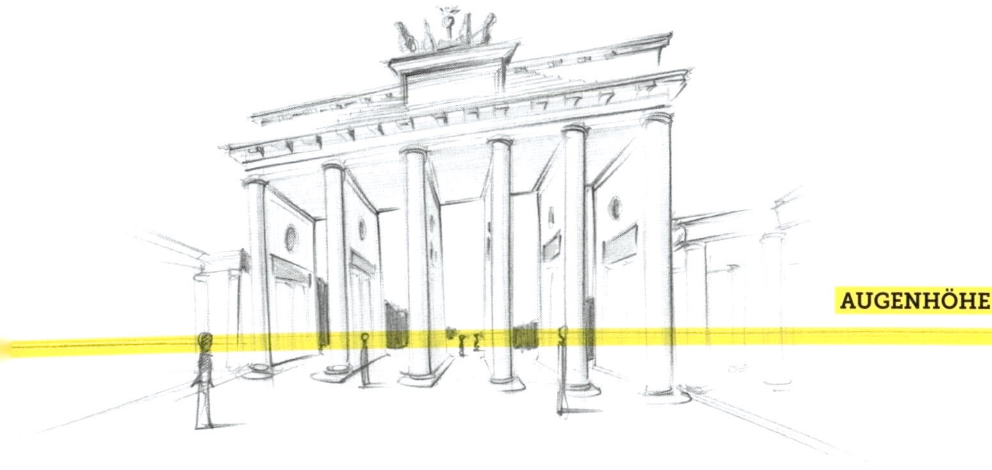

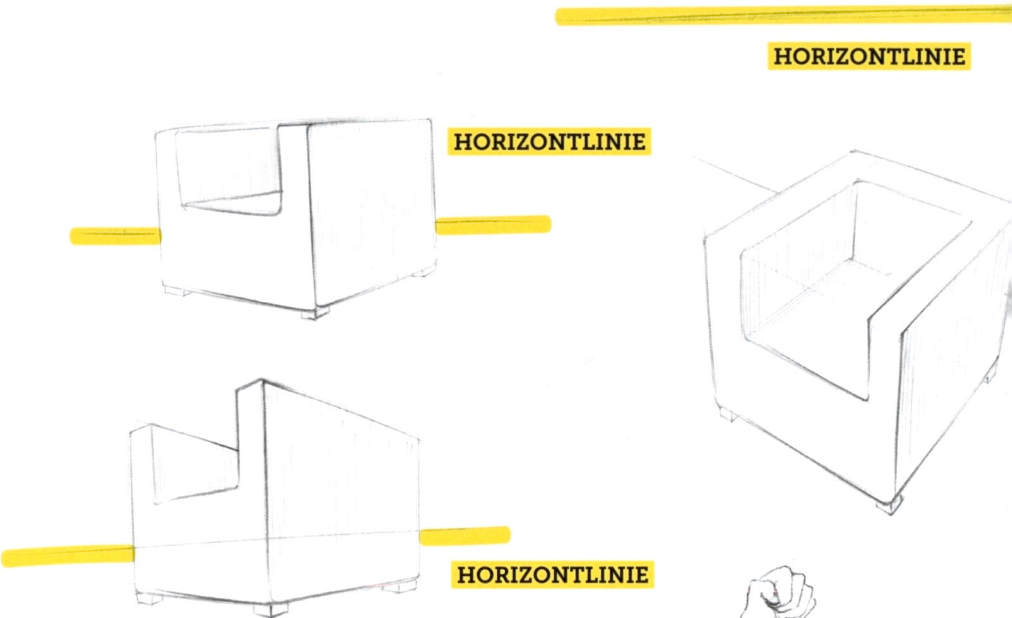
HORIZONTLINIE
HORIZONTLINIE
HORIZONTLINIE

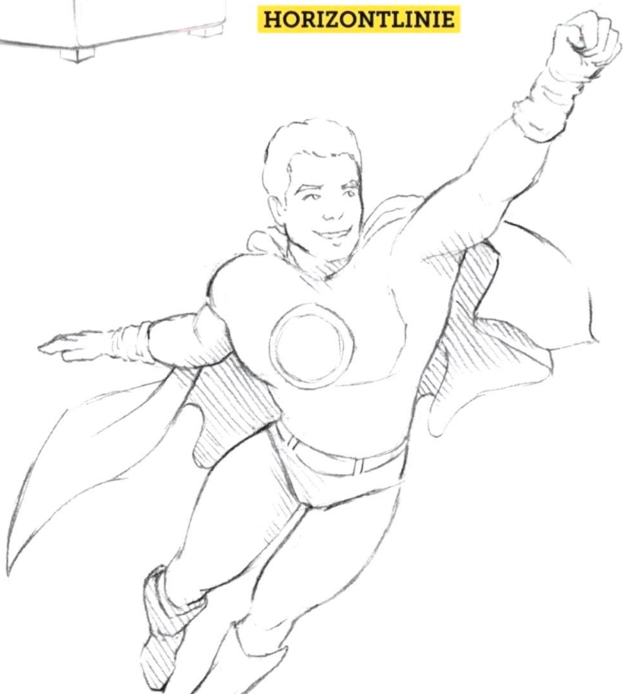

#24 AUGENHÖHE

Die Augenhöhe bestimmt, von welcher Höhe aus ein Objekt oder eine Situation betrachtet wird. Um sie zu bestimmen, zeichnest du zunächst die **Horizontlinie** ein. Wenn du das Objekt nun von unten darstellen willst, zeichnest du dieses über der Horizontlinie. Entsprechend wird das Objekt unter der Horizontlinie gezeichnet, um es von oben darzustellen.

Es hängt also auch von der Augenhöhe ab, welche Details des zu zeichnenden Objekts sichtbar sind und welche nicht. Um alle visuellen Informationen zum Objekt liefern zu können, reicht es deshalb oft nicht aus, dieses in nur einer Perspektive zu zeichnen. Zeichne verschiedene Perspektiven, um jedes Detail zeigen zu können.

Eine ungewöhnliche Augenhöhe erzeugt eine eindrucksvolle Wirkung. So kannst du z. B. einen Stuhl aus einer am Boden liegenden Perspektive skizzieren. Der Stuhl wirkt dadurch größer und imposanter, als es seine eigentliche Erscheinung anbieten würde.

WOWEFFEKT!

Besonders beim Zeichnen von Comics kommt die ungewöhnliche Augenhöhe zum Einsatz. So kann beispielsweise ein Superheld gezeichnet werden, der gerade loszufliegen scheint.

2-PUNKT-PERSPEKTIVE

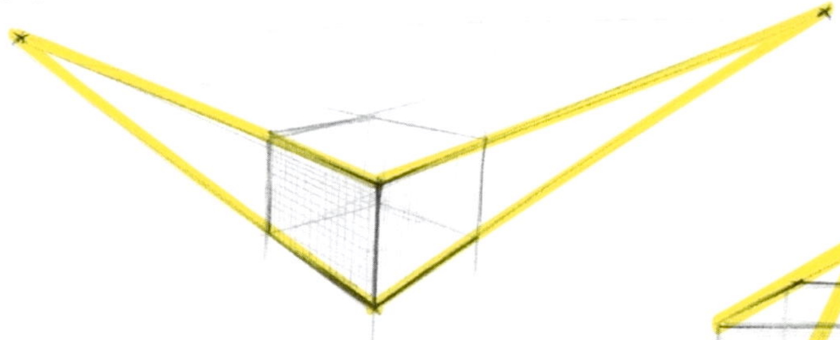

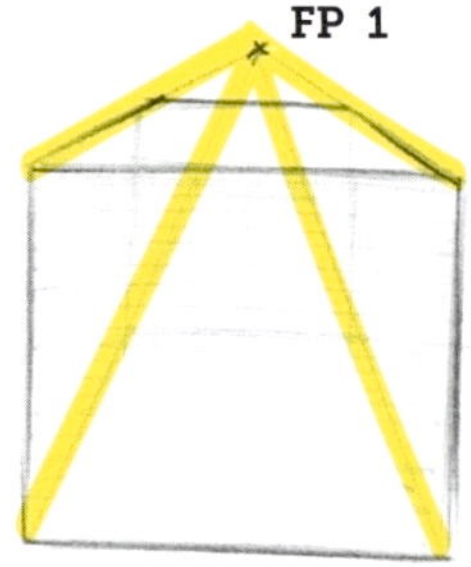

1-PUNKT-PERSPEKTIVE

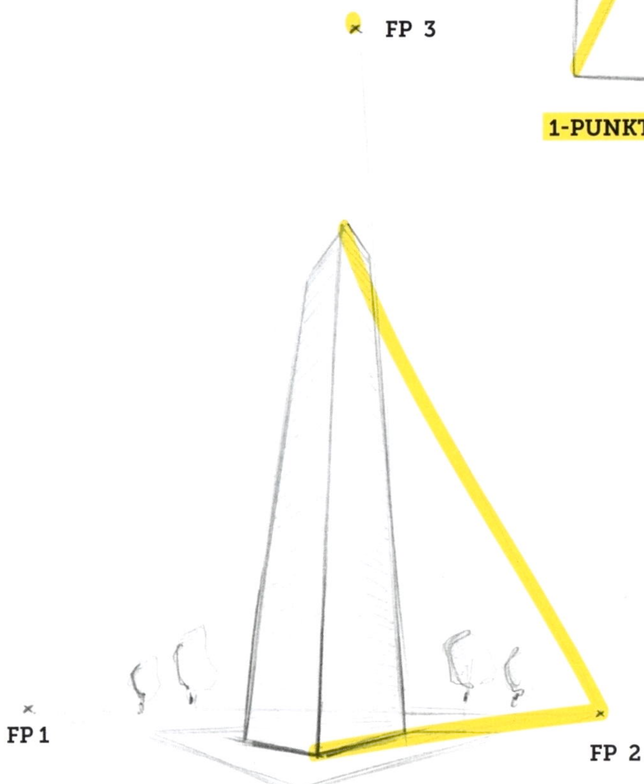

3-PUNKT-PERSPEKTIVE

#25 FLUCHT-PUNKTE

Es gibt drei wesentliche Perspektiven , die sich jeweils für verschiedene Zwecke besonders gut eignen. Namentlich sind das die **1-Punkt-Perspektive,** die **2-Punkt-Perspektive** und die **3-Punkt-Perspektive.** Wie die Bezeichnungen schon sagen, unterscheiden sie sich in der Anzahl der Fluchtpunkte.

Fluchtpunkte werden immer auf der Horizontlinie eingezeichnet, mit Ausnahme des dritten Fluchtpunkts bei der 3-Punkt-Perspektive. Sie helfen dir dabei, die gewünschte Entferung zum Objekt richtig zu skizzieren. Wählst du die Fluchtpunkte bei der 2-Punkt-Perspektive und der 3-Punkt-Perspektive näher beieinander, so ist die Enferung des Betrachters zum gezeichneten Objekt kürzer. Ist der Abstand der Fluchtpunkte hingegen größer, so wird der Abstand zum gezeichneten Objekt auch größer.

Generell gilt: Alle geraden Linien, die in der Wirklichkeit parallel zueinander laufen, treffen sich immer in einem Fluchtpunkt. So laufen die rechten vorderen Kanten des im Beispiel gezeichneten Quadrates alle zum rechten Fluchtpunkt, wohingegen die linken vorderen Kanten zum linken Fluchtpunkt laufen.

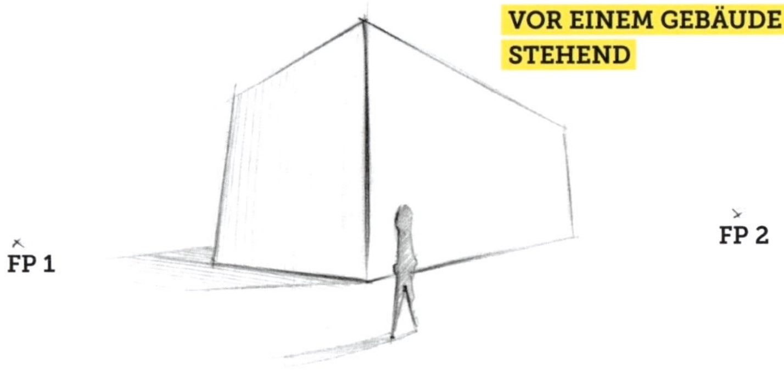

VOR EINEM GEBÄUDE STEHEND

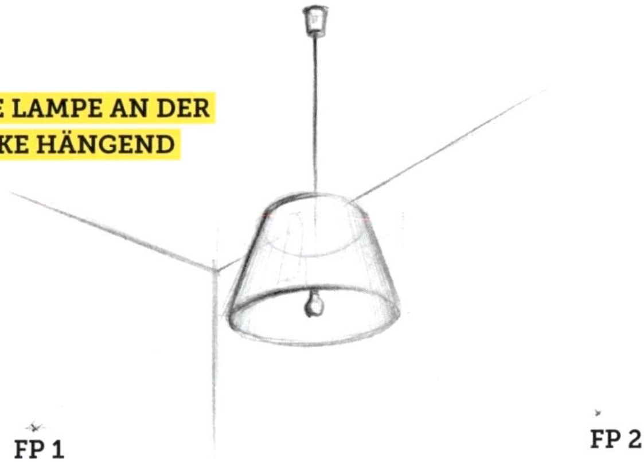

EINE LAMPE AN DER DECKE HÄNGEND

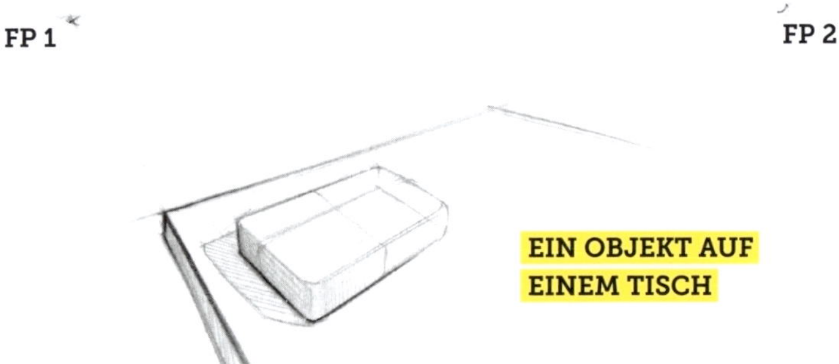

EIN OBJEKT AUF EINEM TISCH

#26

BLICKPUNKT

Wenn du ein Objekt oder eine Situation aus einem bestimmten **Betrachtungswinkel** zeichnen möchtest, musst du hierfür zunächst den richtigen Blickpunkt in der Skizze wählen. Der Blickpunkt ist entscheidend dafür, welcher Teil des Objektes oder der Situation in der finalen Zeichnung sichtbar ist und welcher nicht.

Der Blickpunkt ist auch maßgeblich dafür verantwortlich, ob das zu Zeichnende von oben gezeichnet wird oder etwa von unten: Richtet sich der Blick vor einem Gebäude stehend nach oben, liegt auch der Blickpunkt entsprechend weiter oben. Zeichnet man jedoch ein Objekt auf dem Tisch liegend, so richtet sich der Blick in der Regel nach unten, sodass das Objekt von oben gezeichnet werden muss.

Mache dir also den gewünschten Blickpunkt auf das Objekt oder die Szenerie bewusst, bevor du die Perspektive wählst, da er schließlich darüber entscheidet, ob der Betrachter über oder unter einem Objekt steht.

WOWEFFEKT!

Du kannst den Blickpunkt auch so wählen, dass der Betrachter der Zeichnung an einem Objekt vorbei oder über ein im Vordergrund stehendes Objekt hinwegsieht. Diese Wahl des Blickpunktes ist nicht nur besonders interessant, sondern verstärkt die Tiefenwirkung deiner Zeichnung!

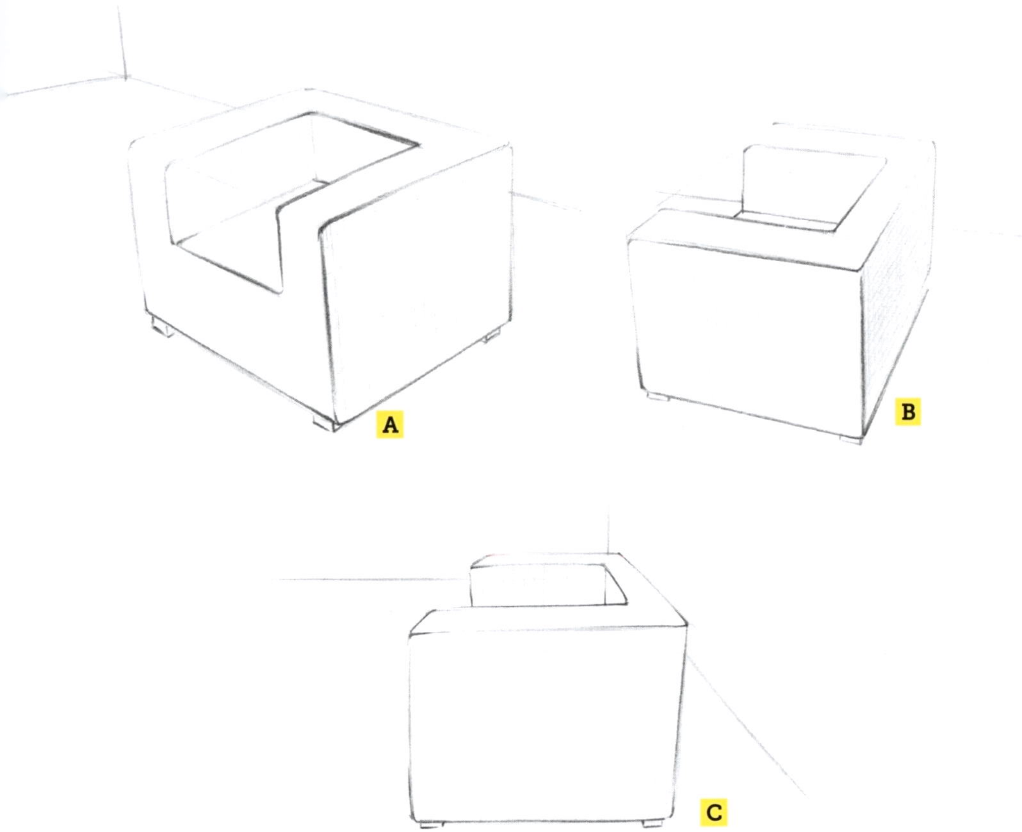
A
B
C

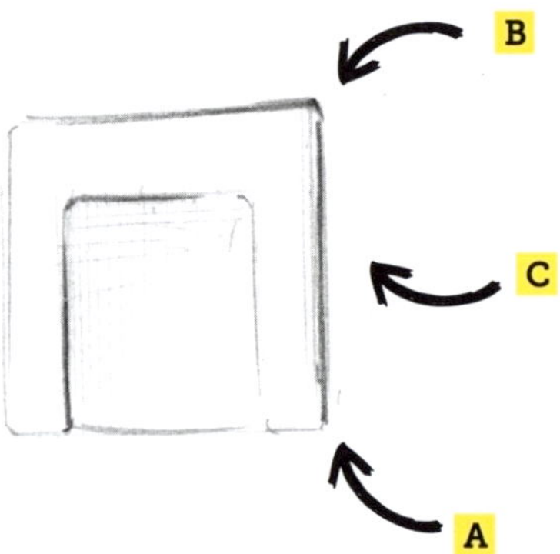
B
C
A

#27

STANDPUNKT

Der Standpunkt spielt bei der Wahl der Perspektive eine wichtige Rolle. So entscheidet der Standpunkt des Betrachters darüber, aus welcher **Perspektive** eine Szenerie oder ein Objekt betrachtet wird, und auch darüber, welche Details zu sehen sind.

Der Standpunkt nimmt zugleich Einfluss auf die Höhe, aus der die Szenerie oder das Objekt gezeichnet wird. Zeichnest du z. B. einen Stuhl, der gerade vor dir steht, so blickst du frontal auf den Stuhl und wählst zum Zeichnen die 1-Punkt-Perspektive. Die Augenhöhe liegt ein Stückchen über dem Stuhl, sodass man den Stuhl etwas von oben betrachtet. Guckt man jedoch aus dem Fenster auf ein Auto auf der Straße, so befindet sich der Standpunkt weit über dem Objekt, sodass hier die Vogelperspektive zu verwenden ist.

WOWEFFEKT!

Vom Alltag und der Realität abzuweichen, indem du Objekte und Situationen in ungewöhnlichen Perspektiven und aus ungewöhnlichen Standpunkten zeichnest, bringt Dynamik und Spannung in die Zeichnung!

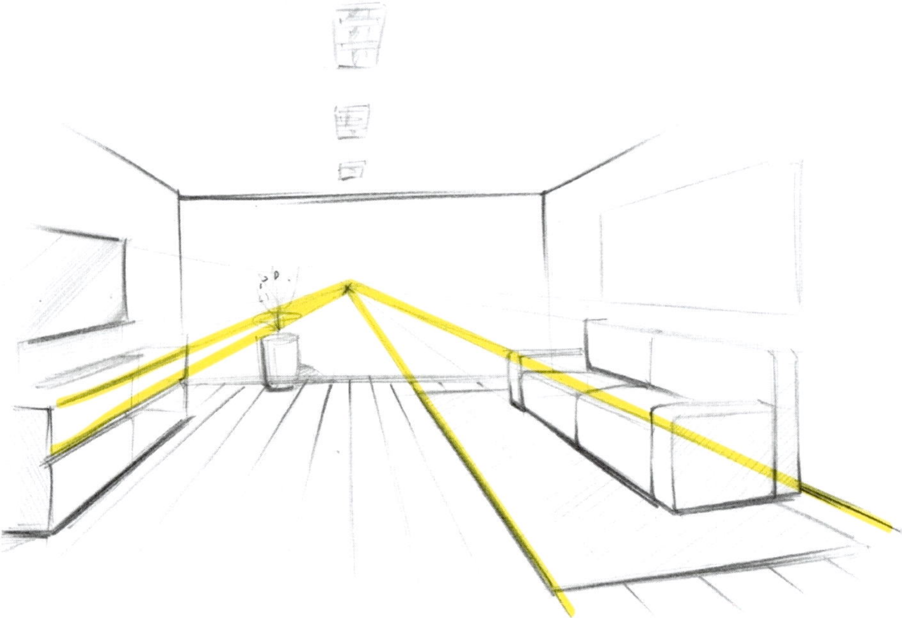

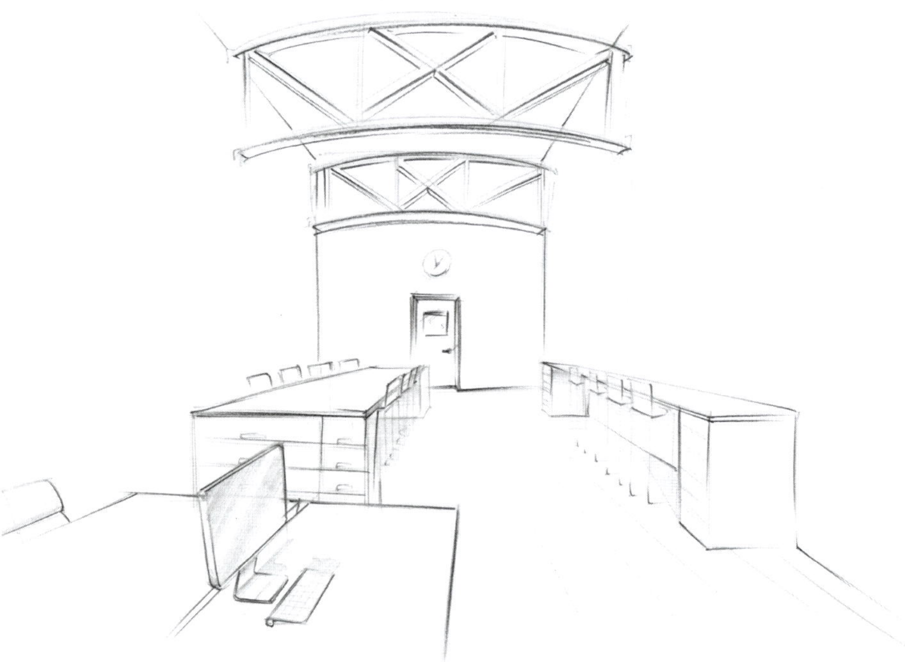

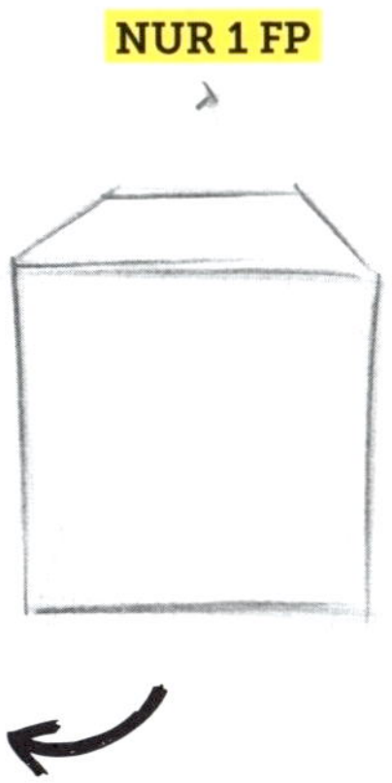

#28 1-PUNKT-PERSPEKTIVE

Die 1-Punkt-Perspektive wird auch Zentralperspektive genannt. Wie der Name schon sagt, wendest du diese Art der Darstellung an, wenn du ein Objekt, eine Szene, eine Landschaft oder auch ein Interrieur **frontal** betrachtet zeichnen möchtest.

Bei der **Zentralperspektive** befindet sich nur ein Fluchtpunkt auf der Horizontlinie, zu dem alle parallel in die Tiefe laufenden Linien führen. Alle Linien, die nicht in die Tiefe führen, sondern komplett waagrecht oder senkrecht verlaufen, besitzen bei der 1-Punkt-Perspektive keinen Fluchtpunkt.

WOWEFFEKT!

Wenn du einen schnellen Entwurf anfertigen möchtest, so eignet sich dafür die 1-Punkt-Perspektive. Sie ist ebenso effektvoll, aber bedeutend einfacher zu zeichnen als die 2- und 3-Punkt-Perspektive.

ÜBUNG

Bei der Ein-Punkt-Perspektive führen die seitlichen Kanten eines Objekts oder eines Raums zu einem Fluchtpunkt hin. Die senkrechten Kanten bleiben senkrecht. Je nach Blickwinkel liegt der Fluchtpunkt direkt hinter dem Objekt, unter oder über dem Objekt. Der Fluchtpunkt sollte auf der Horizontlinie liegen. Die Horizontlinie stellt deine Augenhöhe dar. Diese kann variieren, je nachem ob du auf dem Boden sitzt oder stehst oder dich z. B. auf einer Leiter befindest. Übe die Zentralperspektive am Beispiel des Toasters!

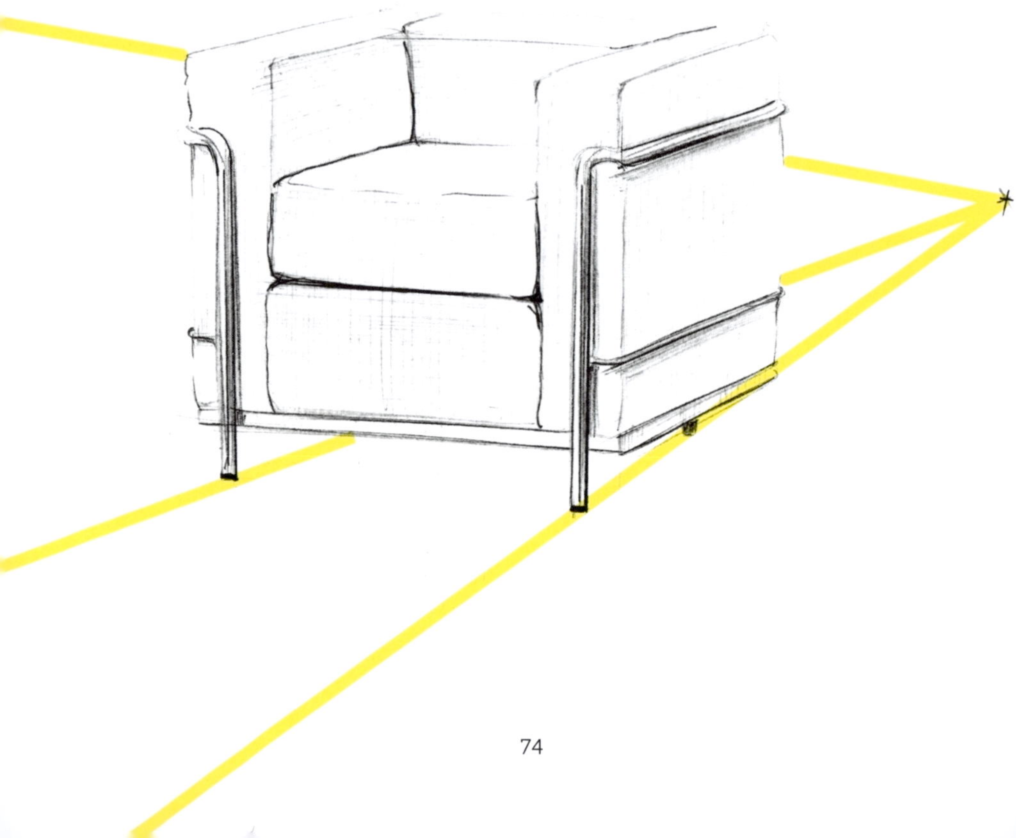

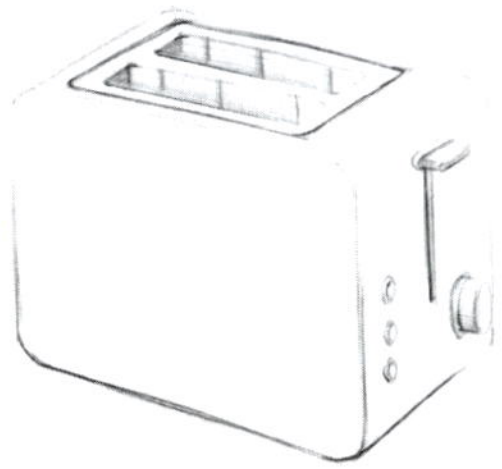

SKIZZIERE HIER

Zeichen den Toaster und den Sessel in der Ein-Punkt-Perspektive. Spiele bewusst mit der Augenhöhe bei deinen Zeichnungen.

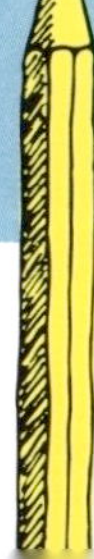

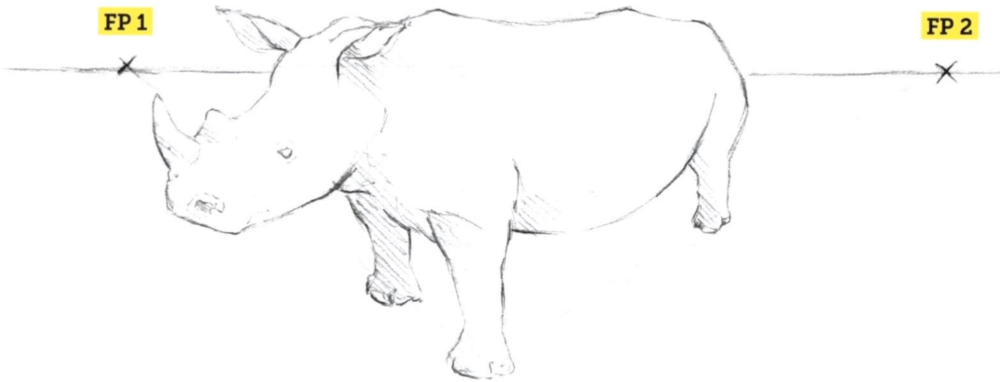
FP 1
FP 2

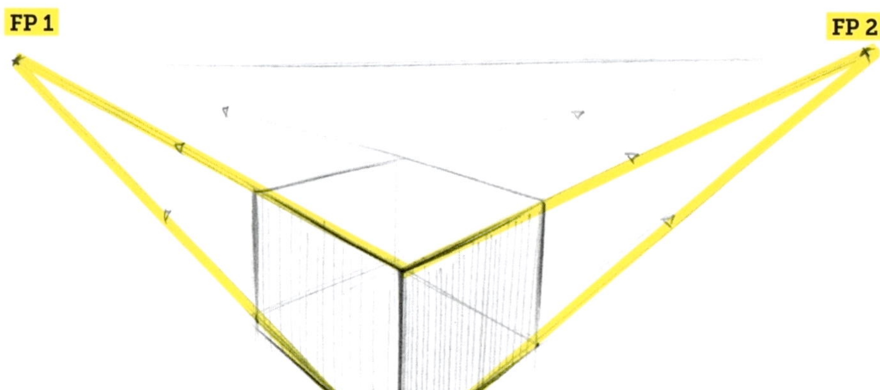
FP 1
FP 2

#29 2-PUNKT-PERSPEKTIVE

Die 2-Punkt-Perspektive besitzt zwei Fluchtpunkte auf der Horizontlinie. Diese Perspektive wird immer dann gewählt, wenn das Objekt oder Motiv nicht frontal, sondern in einer beliebigen **Schrägansicht** dargestellt werden soll.

Alle Linien, die in der Wirklichkeit parallel zueinander laufen, werden wieder zu einem Fluchtpunkt hin verlaufend gezeichnet. Die einzigen Linien, die bei der 2-Punkt-Perspektive keinen Fluchtpunkt besitzen, sind die senkrechten Linien. Diese Art der perspektivischen Darstellung ist etwas aufwendiger als die Zentralperspektive, wirkt jedeoch dynamischer und damit lebendig.

WOWEFFEKT!

Zeichne die Horizontlinie, die Fluchtpunkte und alle Hilfslinien, die du für die Konstruktion benötigst, sehr leicht und mit wenig Druck vor. So kannst du im späteren Verlauf den Fokus wieder auf das Gezeichnete lenken und die Linien zur Konstruktion stören deine Zeichnung nicht, sondern sie verschwinden augenscheinlich!

ÜBUNG

Bei der Zwei-Punkt-Perspektive führen die Seiten eines Objekts oder Raums zu zwei Fluchtpunkten hin, die sich auf einer Horizontlinie befinden. Die senkrechten Kanten bleiben senkrecht. Je nach Abstand zum Objekt entfernen oder nähern sich die beiden Fluchtpunkte von- bzw. zueinander. Und nun: Ran an den Stift!

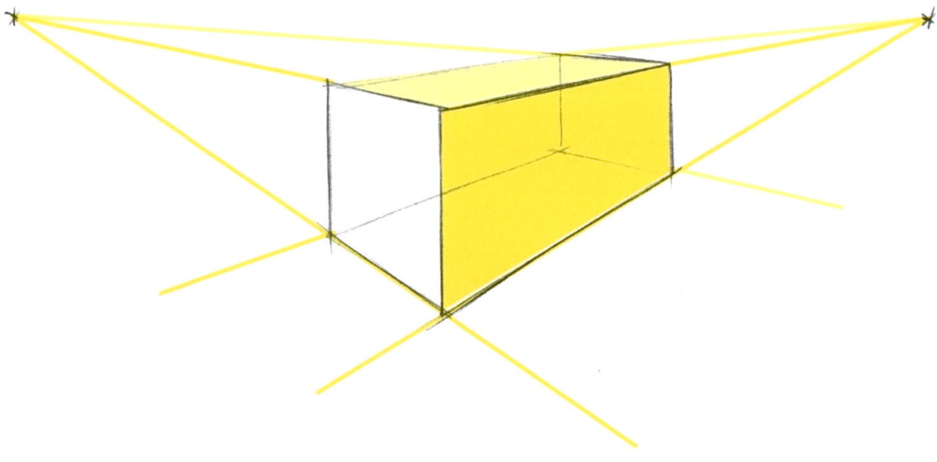

SKIZZIERE HIER

Zeichne den Toaster und den Sessel (siehe Seite 74/75) in der Zwei-Punkt-Perspektive. Spiele bewusst mit der Augenhöhe und gerne auch mit der Entfernung bei deinen Zeichnungen.

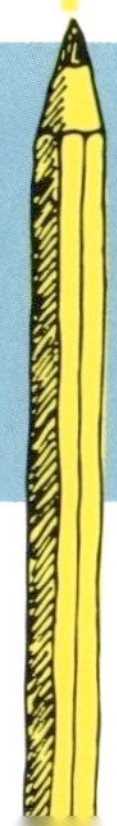

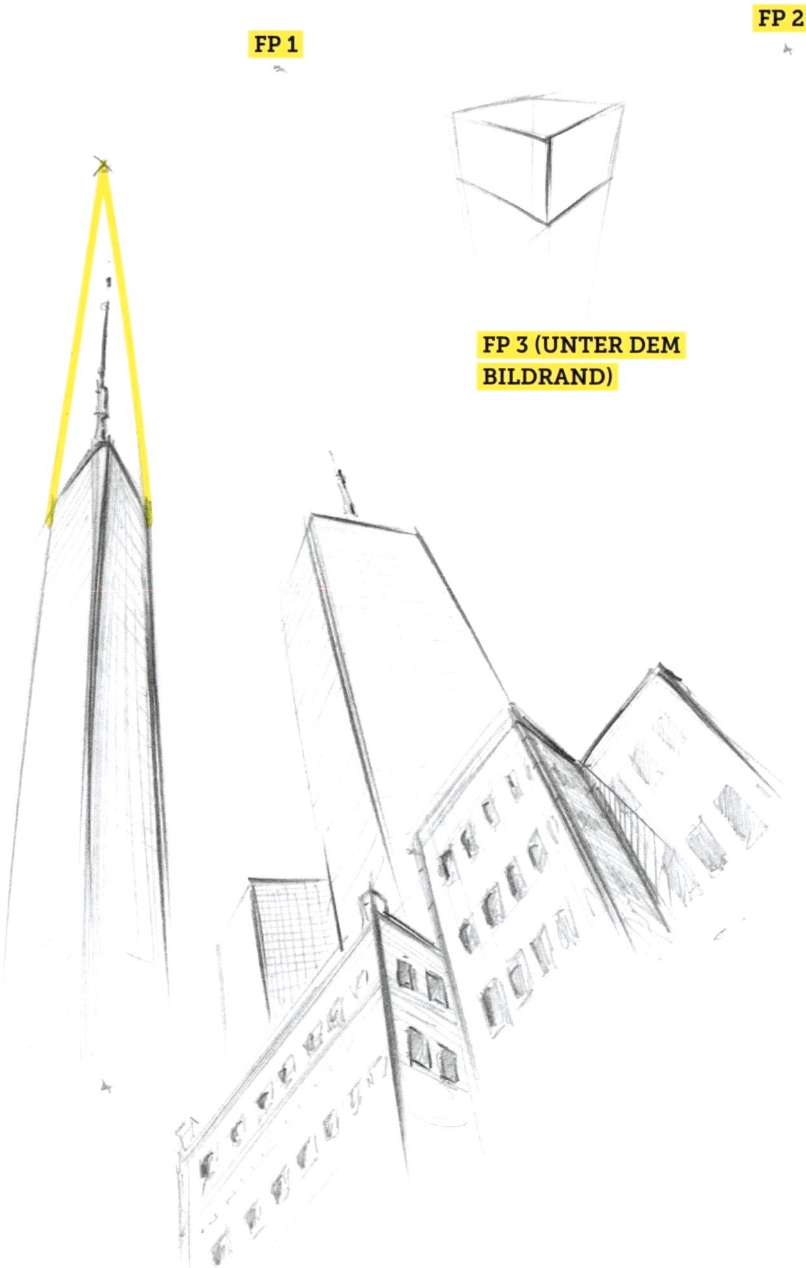
FP 1
FP 2
FP 3 (UNTER DEM BILDRAND)

#30 3-PUNKT-PERSPEKTIVE

Die aufwendigste perspektivische Art der Darstellung ist die 3-Punkt-Perspektive. Wie der Name auch hier schon verrät, gibt es drei Fluchtpunkte. Jedoch befinden sich nicht alle drei auf der Horizontlinie. Wie bei der 2-Punkt-Perspektive hat man zwei Fluchtpunkte auf der Horizontlinie, jedoch zusätzlich einen **dritten Fluchtpunkt über oder unter dem Objekt** und zugleich meist weit über oder unter dem Bildrand.

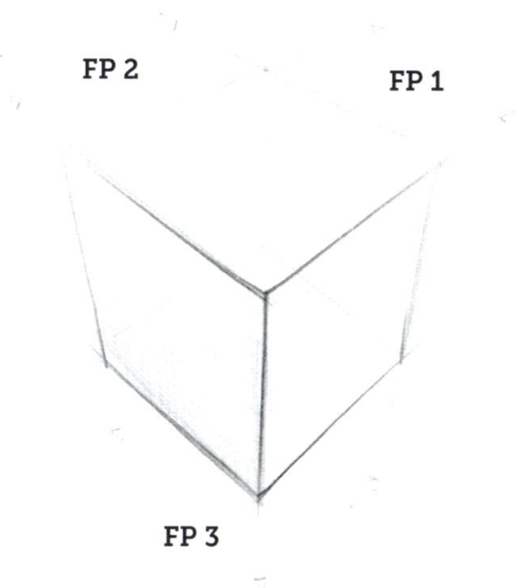

WOWEFFEKT!

Die 3-Punkt-Perspektive eignet sich besonders für große Objekte, deren Höhe eine Rolle spielt, oder für Objekte, die man besonders imposant erscheinen lassen möchte.

ÜBUNG

Bei der Drei-Punkt-Perspektive führen die Seiten eines Objekts oder Raums also ebenfalls wie bei der Zwei-Punkt-Perspektive zu zwei Fluchtpunkten hin, die sich auf einer Horizontlinie befinden. Die senkrechten Kanten sind im Gegensatz zu den beiden anderen Perspektiven nicht senkrecht, sondern führen zu einem dritten Fluchtpunkt hin. Dieser befindet sich beim Blick von oben auf das Objekt unter dem Objekt und beim Blick von unten über dem Objekt. Du wirst schnell merken, dass der dritte Fluchtpunkt oft außerhalb deiner Zeichenfläche liegen sollte, um eine realistische Darstellung abzubilden. Denke dabei an ein Gebäude und deinen Blick nach oben zum Dach. Die Seitenkanten treffen sich deutlich über dem Gebäude, weit oben.

Nun sind erneut deine Skills gefragt! Baue auf deinen Übungen zur Zwei-Punkt-Perspektive auf.

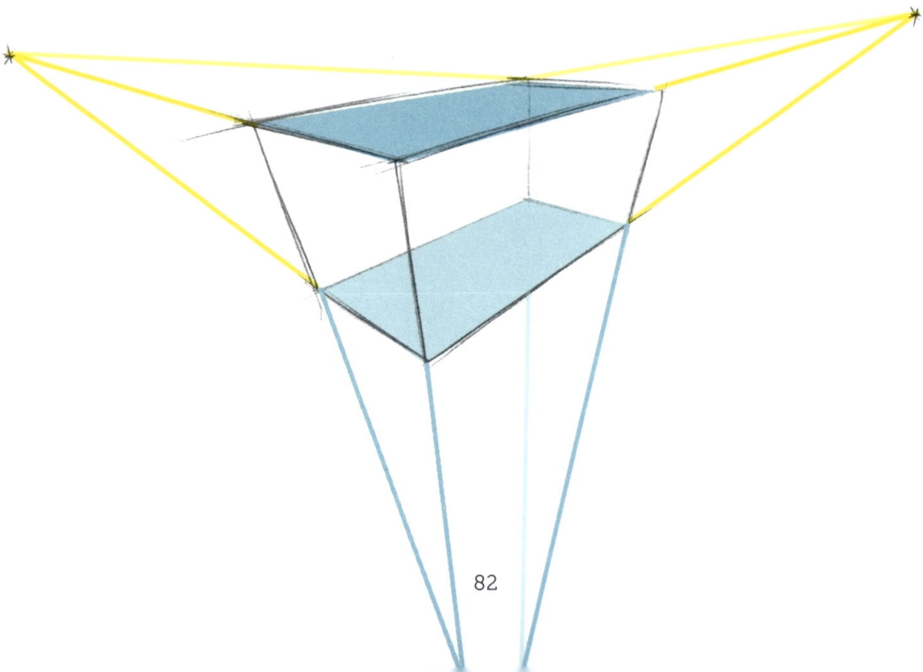

SKIZZIERE HIER

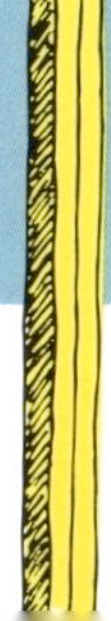

Zeichne den Toaster und den Sessel in der Drei-Punkt-Perspektive. Stelle dir vor, dass der Toaster auf einem Regal steht und du zu ihm von unten hinaufschaust. Bei dem Sessel könntest du dir vorstellen, dass dieser direkt vor dir steht und du von oben auf ihn schaust. Beide Zeichnungen können sowohl in der Ein-Punkt- wie auch in der Zwei-Punkt-Perspektive gezeichnet werden.

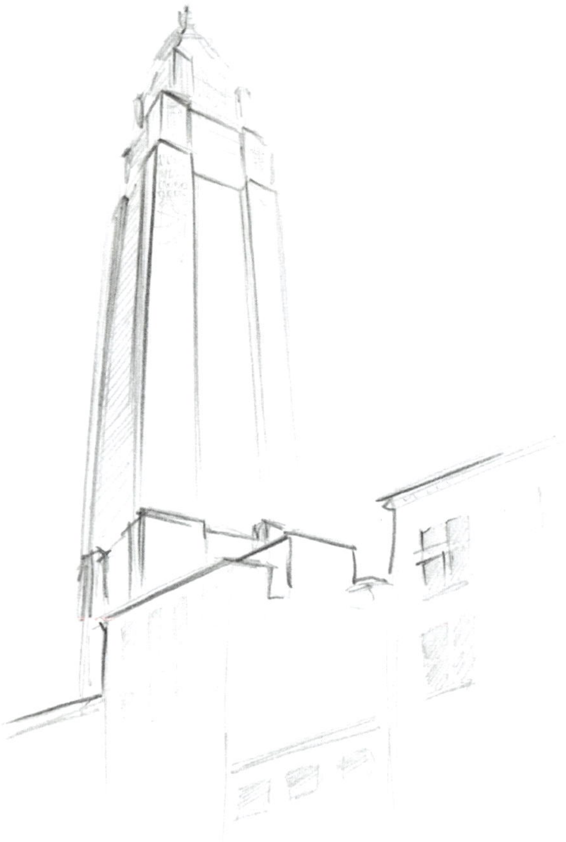

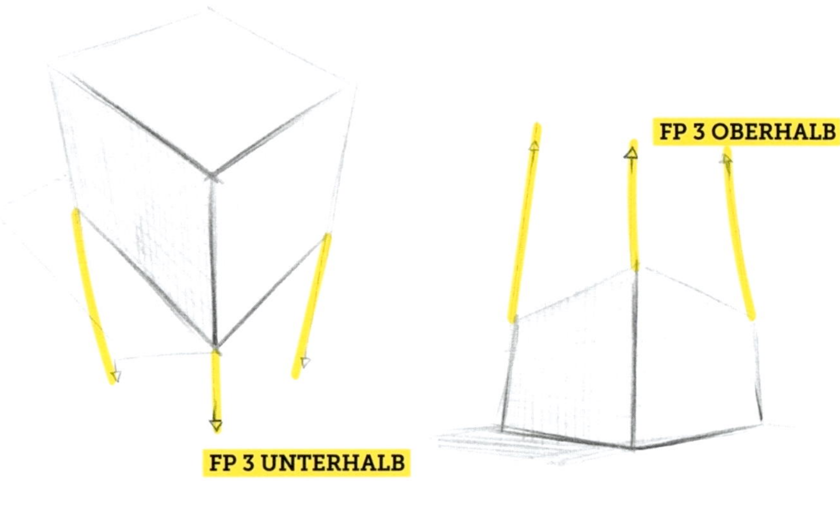
FP 3 OBERHALB
FP 3 UNTERHALB

#31

VERTIKALER FLUCHTPUNKT

Wählst du für deine Darstellung die 3-Punkt-Perspektive, so ist es wichtig, den vertikalen Fluchtpunkt zu beachten und zu verstehen.

Der vertikale Fluchtpunkt befindet sich **ober- oder unterhalb der Horizontlinie** und **meist weit ober- oder unterhalb des Blattrandes**. Gut beobachten kannst du dieses Phänomen in der Realität, wenn du vor einem Hochhaus stehst und dessen Spitze anvisiert. Dabei wirst du feststellen, dass das Gebäude nach oben hin spitzer zuzulaufen scheint. In diesem Fall befindet sich der 3. Fluchtpunkt weit oberhalb der Horizontlinie.

Diese Art der perspektivischen Darstellung wirkt besonders real und zugleich dynamisch: Wie im Beispiel mit dem Wolkenkratzer zu sehen, scheint sich die Spitze des Gebäudes immer weiter vom Betrachter weg und in den Himmel hinein zu bewegen. Dieser Eindruck entsteht durch die drastische Verjüngung der Spitze und aufgrund der Tatsache, dass der vertikale Fluchtpunkt sich oberhalb des Blattrandes befindet.

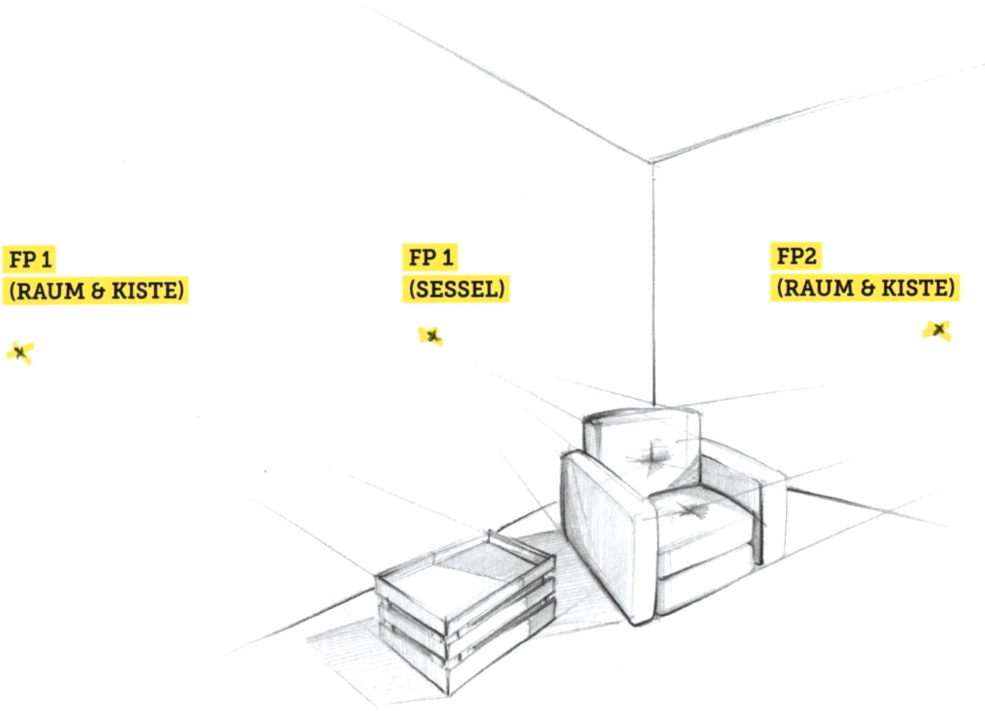
FP 1
(RAUM & KISTE)
FP 1
(SESSEL)
FP2
(RAUM & KISTE)

FP 2
(SESSEL)

#32 MEHRERE FLUCHT-PUNKTE

Oftmals kommt es vor, dass nicht alle Objekte in deiner Skizze parallel zueinander ausgerichtet sind.

Ist zum Beispiel ein Lesesessel schräg in den Raum gestellt und somit nicht parallel zur Wand, so benötigst du für den Sessel andere Fluchtpunkte als für die Konstruktion des Raums, in dem er steht.

Wichtig dabei ist, dass du die **Fluchtpunkte auf der gleichen Horizontlinie** anzeichnest, auf der sich auch die Fluchtpunkte für die Konstruktion des Raums befinden. Willst du den Sessel nun etwas nach links drehen, so verschiebst du die Fluchtpunkte des Raums bei gleichbleibendem Abstand der Fluchtpunkte zueinander nach rechts. Anschließend kannst du den Sessel wie gewohnt durch die Fluchtpunkte anzeichnen, sodass er nach links gedreht in den Raum gerichtet steht.

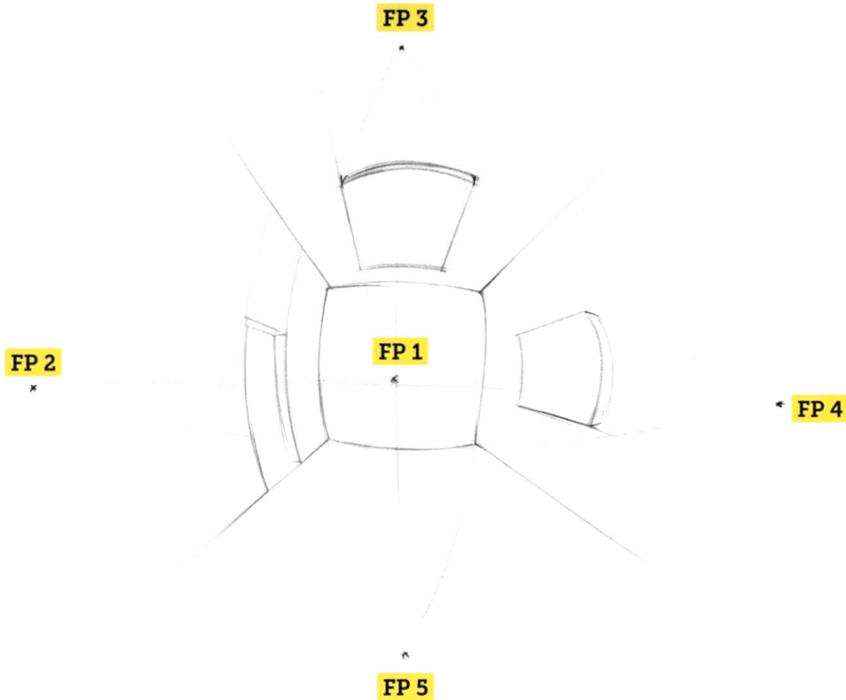
FP 3
FP 2
FP 1
FP 4
FP 5

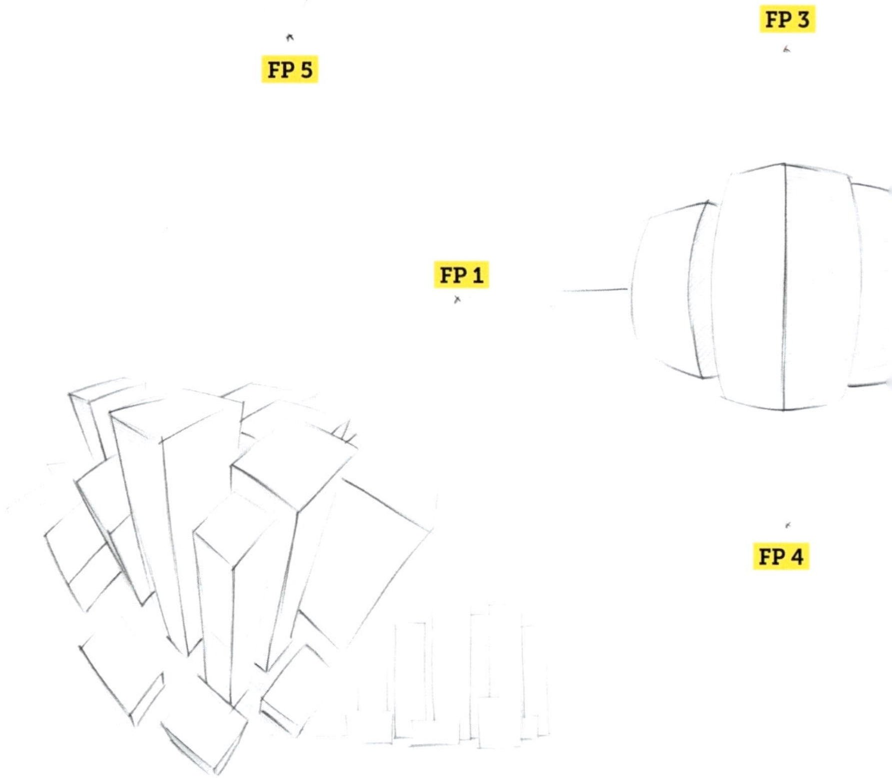
FP 3
FP 1
FP 4

#33

FISCHAUGEN-PERSPEKTIVE

Die Fischaugenperspektive kennst du vielleicht von der Verwendung eines Fischaugen-Objektivs beim Fotografieren. Oder vom Schauen durch ein Bullauge mit entsprechendem Glas. Der Verlauf von Geraden wird dabei gewölbt, sodass sich eine verzerrte und näher scheinende Perspektive ergibt.

Zeichnest du eine Situation mit einem Fischauge in der 1-Punkt-Perspektive, so benötigst du zu deinem zentralen Fluchtpunkt zusätzlich vier weitere Fluchtpunkte, die sich links, rechts, über und unter deinem zentralen Fluchtpunkt befinden. Alle Linien, die in die Tiefe führen, werden wie gewöhnlich zum zentralen Fluchtpunkt gezeichnet. Die senkrechten und waagerechten Linien jedoch werden **in einem Bogen** verlaufend gezeichnet. Je weiter die senkrechten und waagerechten Linien vom zentralen Fluchtpunkt entfernt sind, desto gewölbter sind sie zu zeichnen.

FP 2

Genauso verhält es sich bei der 2-Punkt-Perspektive, wobei du hier keinen zetralen Fluchtpunkt hast, sondern die Linien zum linken und rechten Fluchtpunkt in einem Bogen verbindest.

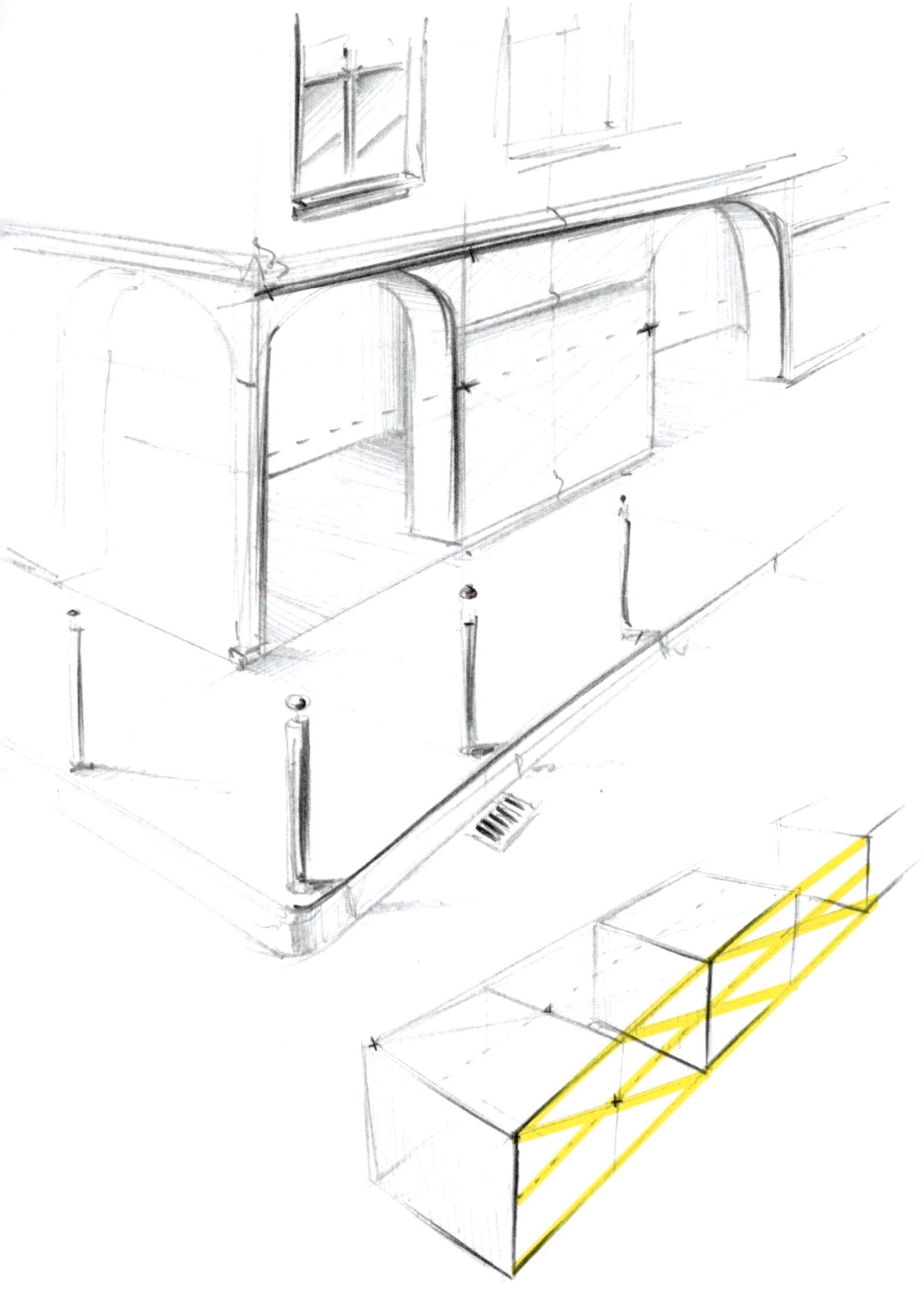

#34 PROPORTIONEN IN PERSPEKTIVE

Am **Beispiel eines Quaders** in Perspektive wird zunächst die Mitte der äußeren, senkrechten Kante ermittelt, an die der zweite Quader anschließen soll. Anschließend werden die waagrechten Kanten zu dem Fluchtpunkt, an dem das anschließende Objekt enstehen soll, hin verlängert. Ausgehend von der zentralen oberen Ecke des Quaders wird dann eine Linie durch den zuvor angezeichneten Mittelpunkt der Kante des Quaders gezeichnet. Diese Linie schneidet schließlich die verlängerte Kante des Quaders, die zum Fluchtpunkt führt. An diesem Schnittpunkt lässt sich jetzt wieder parallel zum Ausgangsobjekt die senkrechte, zentrale Kante zeichnen.

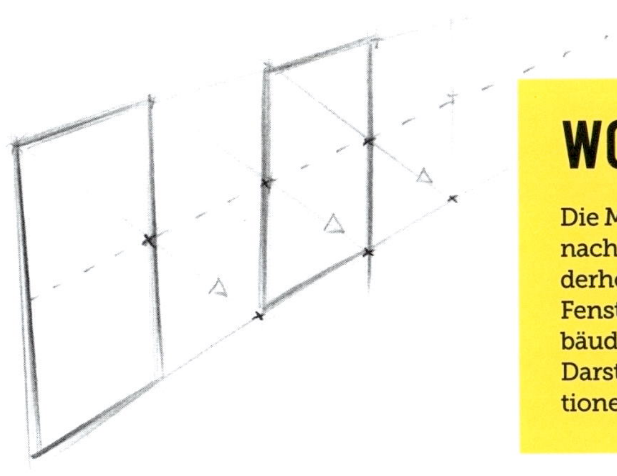

WOWEFFEKT!

Die Methode lässt sich beliebig oft nach dem gleichen Schema wiederholen, so dass zum Beispiel Fensterreihen in Skizzen von Gebäuden bei der perspektivischen Darstellung die gleichen Proportionen behalten.

ÜBUNG

In der Architektur funktioniert das Prinzip der Perspektive genauso wie bei den Objekten. Der einzige Unterschied liegt darin, dass die Fluchtpunkte oft weit vom Motiv entfernt sind. Zeichnest du diese zu nah aneinander, kann es sehr schnell passieren, dass das Gebäude verzerrt aussieht. Auch hier gilt: Übung macht den Meister!

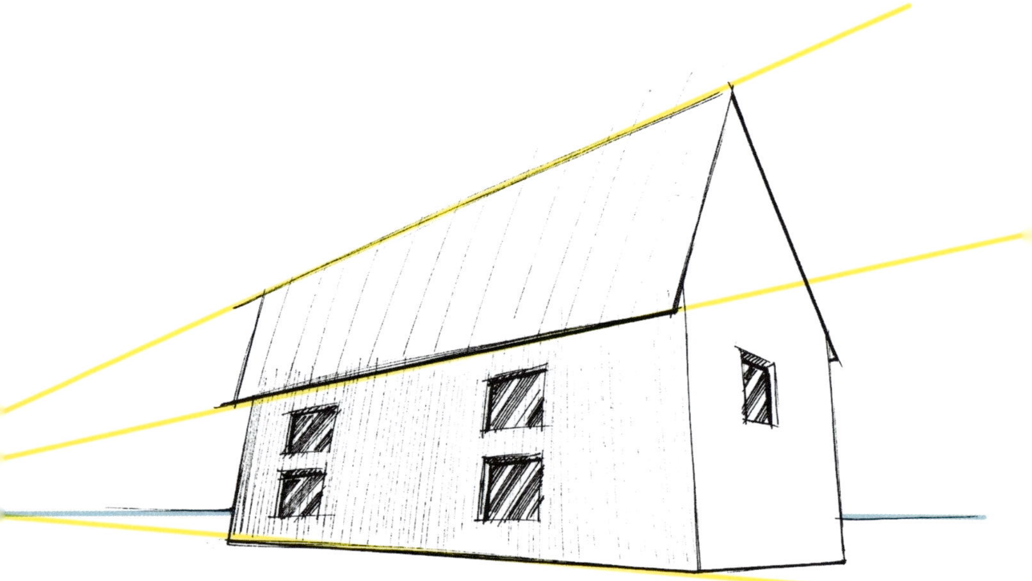

SKIZZIERE HIER

Zeichne ein ähnliches Gebäude wie das Gebäude links in allen drei Perspektiven. Am einfachsten wird es sein, wenn du rausgehst und dich umschaust.Suche bei den Gebäuden, die du siehst, die Fluchtpunkte. Denke daran, dass diese auf deiner Horizontlinie (Augenhöhe) liegen sollten.

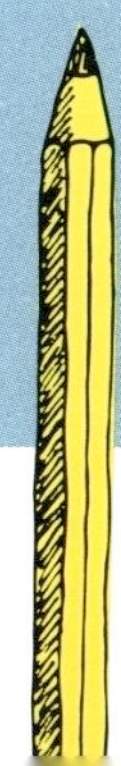

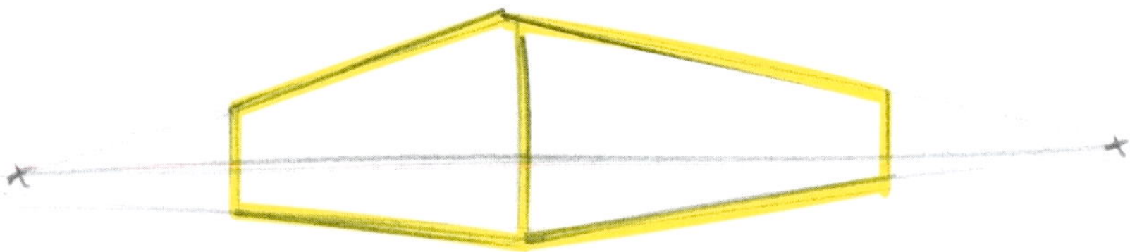

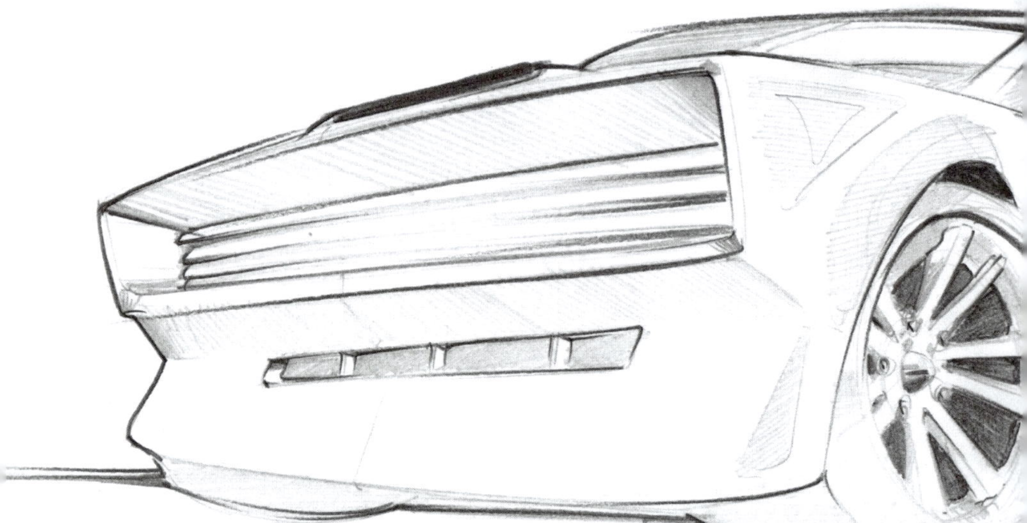

#35 PERSPEKTI-VISCHE KONVERGENZ

Die Konvergenz in einer Zeichnung, bezeichnet das Maß, mit dem sich die Linien dem Fluchtpunkt annähern. Sie ist also maßgeblich abhängig von der Wahl der Perspektive.

Die Konvergenz steuerst du durch den **Abstand der Fluchtpunkte zueinander**: Ist die Perspktive zu drastisch gewählt und der Abstand der Fluchtpunkte zueinander zu klein, so laufen die Linien zu stark zueinander. In der Folge ist die Konvergenz zu drastisch und das Objekt wirkt zu groß und verzerrt. Wählt man die Fluchtpunkte weiter auseinander, so fällt auch in der Folge die Konvergenz nicht so drastisch aus und das gezeichnete Objekt wirkt natürlicher und realistischer.

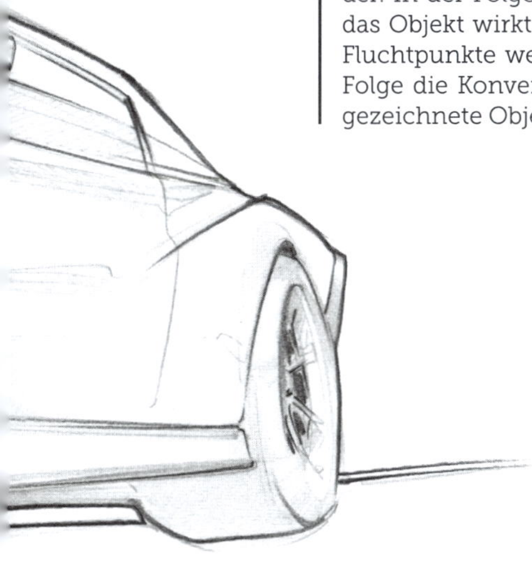

WOWEFFEKT!

Du kannst die Konvergenz bewusst drastischer wählen, um ein Objekt besonders eindrucksvoll darzustellen. Diese Methode wird häufig von Comic- und Mangazeichnern genutzt.

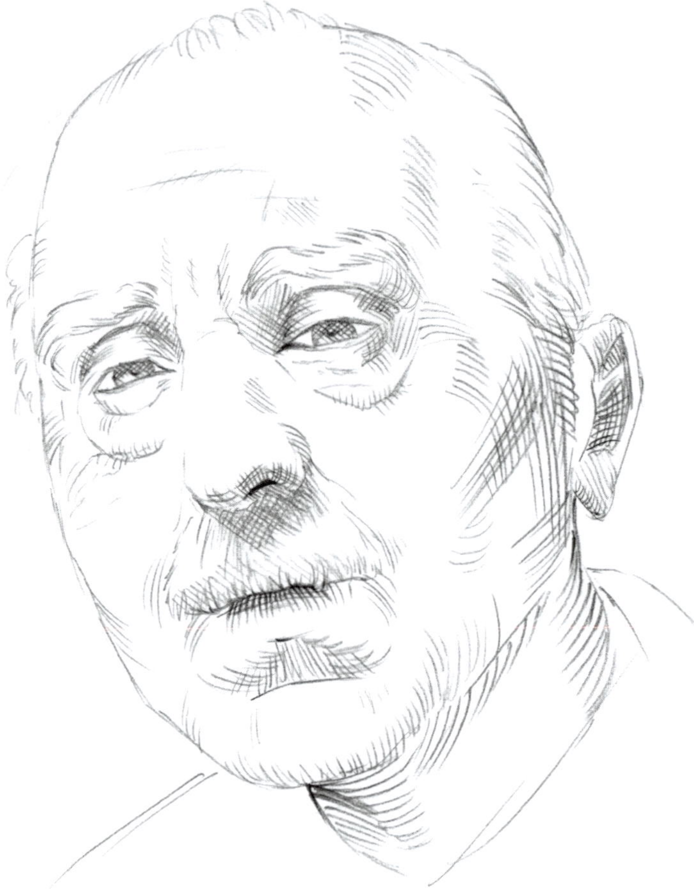

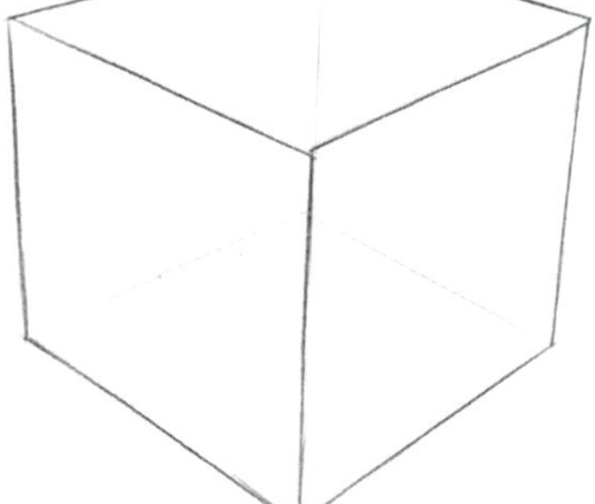

KEINE TIEFE

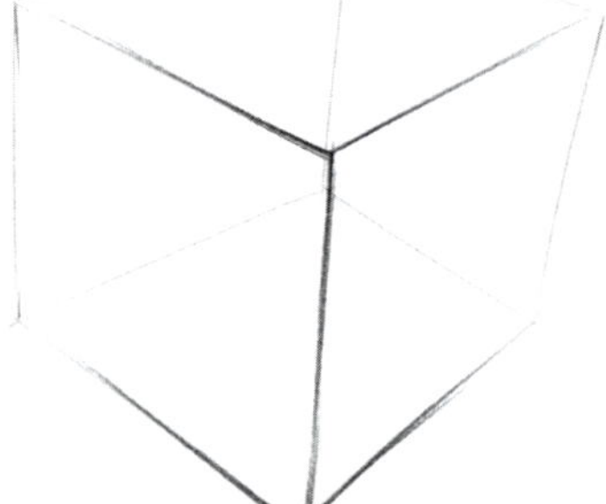

TIEFE

#36

TIEFE DURCH STRICH-FÜHRUNG

Die Tiefe in einer Zeichnung ist besonders wichtig, um Dreidimensionalität, aber auch Spannung zu erzeugen.

Eine besonders einfache Möglichkeit, diese Effekte zu erzielen, besteht darin, mit der Strichstärke deines Bleistiftes zu spielen: Zeichnest du Kanten oder Ecken eines Objektes und generell Teile deiner Zeichnung kräftiger, so rücken sie in den Vordergrund.

Genauso kannst du mit der Koloration bzw. der Schraffur spielen: Flächen oder Stellen, die im Vordergrund stehen, schraffierst du kräftiger oder kolorierst sie; **Flächen im Hintergrund verblassen** im Kontrast dazu oder wirken unscharf.

Im Alltag ist dieses Prinzip am Fokus eines Kameraobjektives zu beobachten. Stellt man den Fokus auf ein Detail scharf, so wirkt der Rest des Bildes unscharf.

WOW EFFEKT!

Mit ganz wenigen Strichen werden so Objekte, die zuvor kein Volumen hatten, zu dreidimensionalen Körpern!

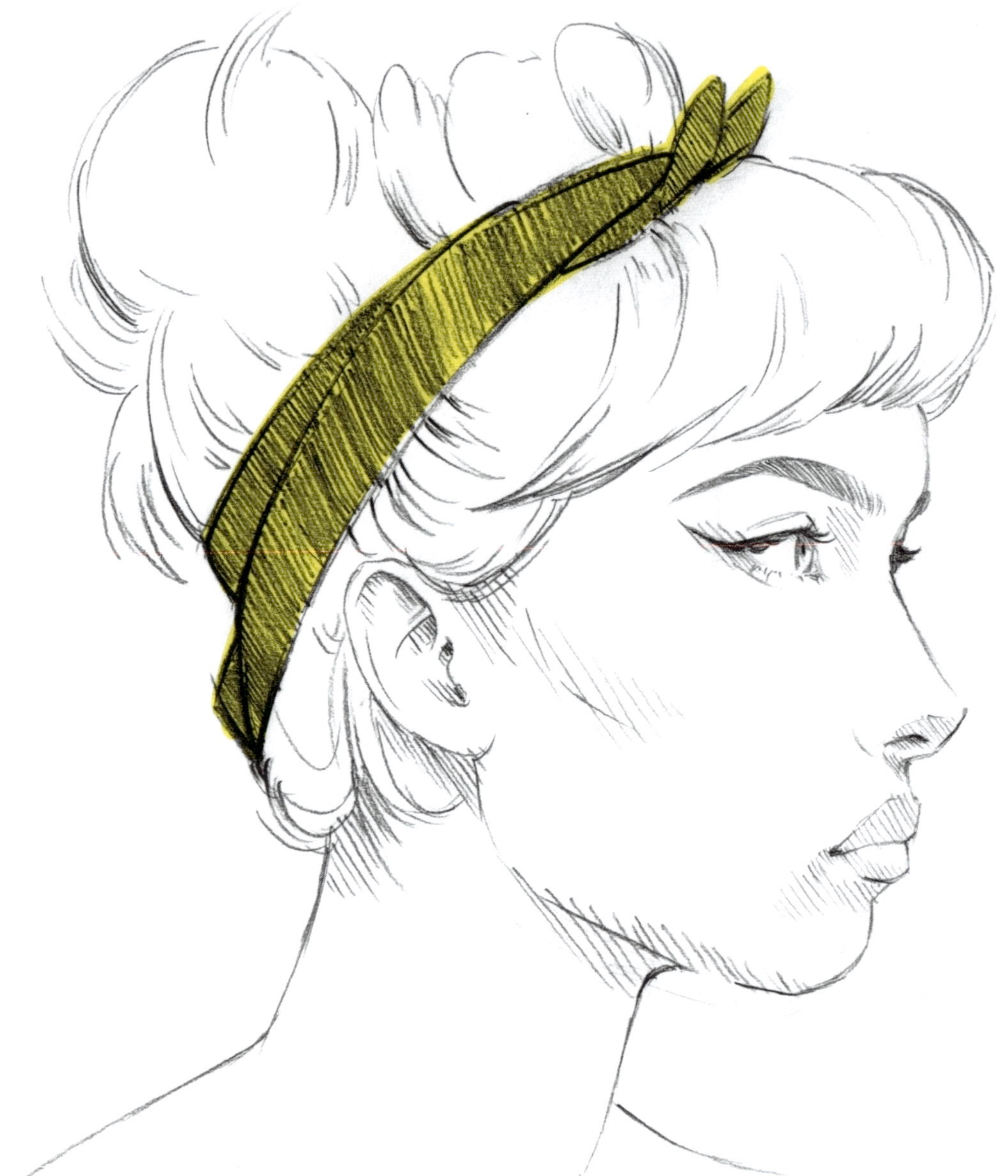

#37

TIEFE DURCH KOMPOSITION

Tiefe kannst du nicht nur durch das Variieren von Strichstärke, Schraffur und Koloration, sondern gezielt auch mit der Bildkomposition erzeugen.

Bei der perspektivischen Darstellung eines ausgestatteten Raumes z. B. lässt sich Tiefe ganz einfach erzeugen, indem du einige Objekte im Hintergrund und andere im Vordergrund zeichnest.

Eine weitere, sehr einfache Möglichkeit, Tiefe durch Komposition zu erzeugen, ist die **Überschneidung**: Abgeschnittene bzw. überzeichnete Objekte rücken optisch automatisch in den Hintergrund. Im hier gezeichneten Beispiel sorgt das Haarband mit seinen Überschneidungen für eine solche Tiefenwirkung.

WOWEFFEKT!

Es lohnt sich, ein Objekt, Möbel oder Menschen in den Vordergrund zu zeichnen, um Tiefe zu erzeugen. Auch wenn das in den Vordergrund Gezeichnete keine wichtige Rolle in deiner Zeichnung spielt, so lässt sich durch die Komposition Perspektive und damit auch Spannung erzeugen.

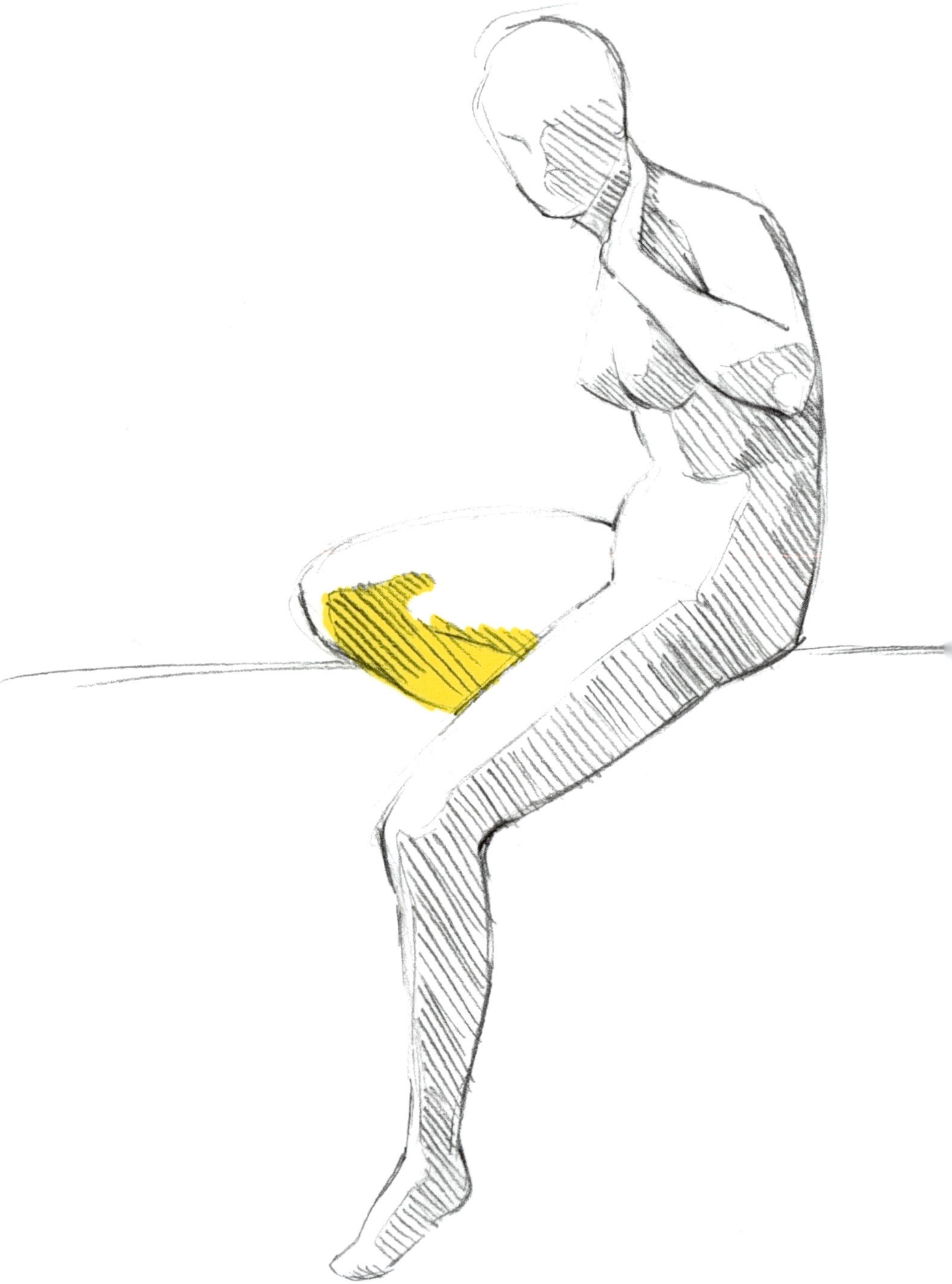

#38

TIEFE DURCH FARBWERTE

Der Farbwert beschreibt die **Intensität der Farbe**, mit der eine Skizze koloriert ist. So kannst du bei Details oder Stellen im Vordergrund den Farbwert intensiver, dunkler wählen und damit Tiefenwirkung erzeugen.

Jeder kennt das Phänomen der verblassenden Farben und Strukturen beim Blick in die Ferne. Genau dieses Prinzip lässt sich schließlich auch auf deine Skizze übertragen: Kolorierst du farbige **Flächen im Vordergrund intensiver**, d. h. mit einem höheren Farbwert als Flächen im Hintergrund, verstärkst du die Tiefenwirkung für den Betrachter.

WOW EFFEKT!

Besonders beim Anfertigen von Skizzen, in denen scharfes und helles Licht wirkt, eignet sich der Einsatz von Farbe, um besonders viel Tiefe in deine Zeichnung zu bekommen. Farbwerte und Kontraste sollten stets dein Mittel sein, um deine Skizze eindrucksvoll mit Tiefe zu versehen.

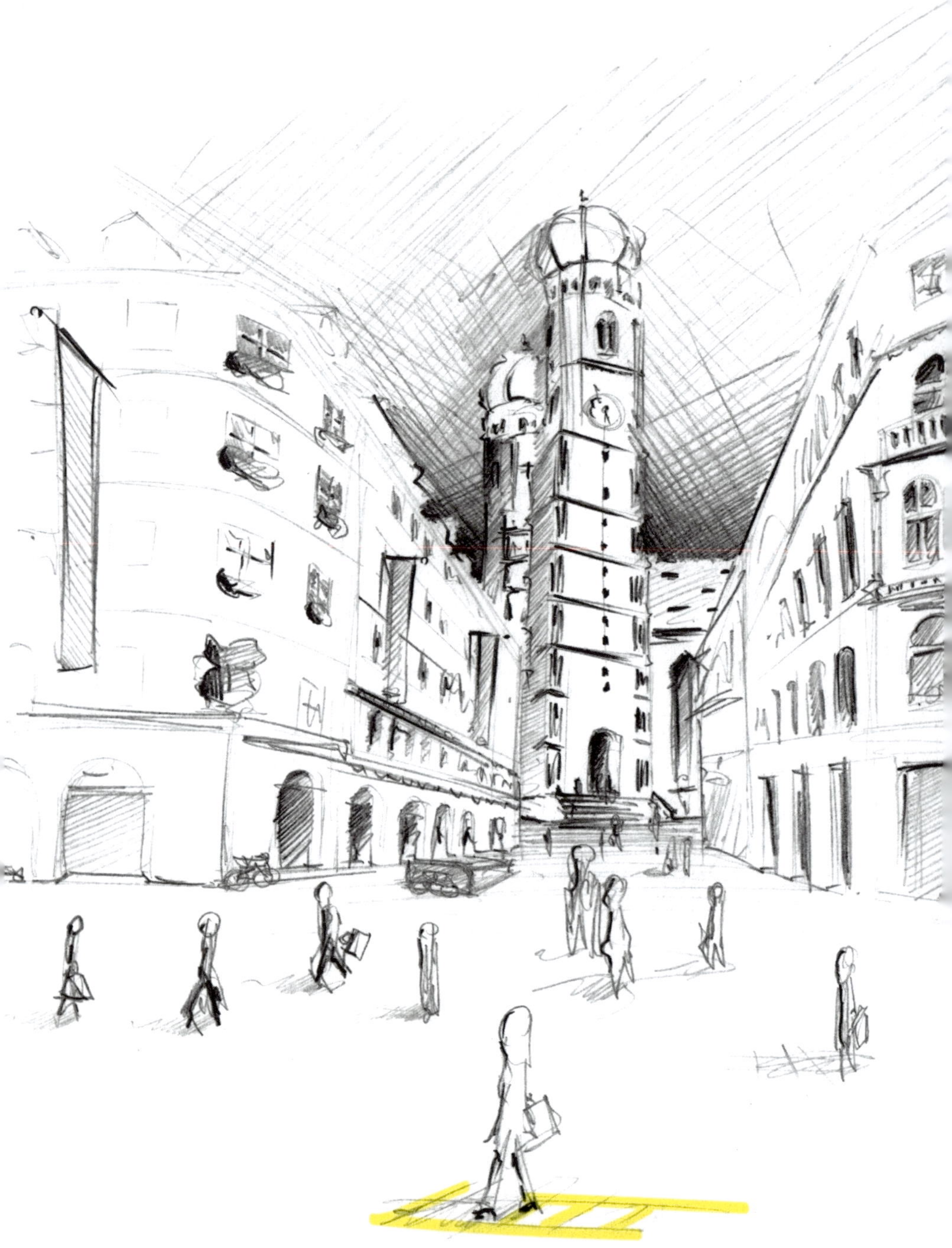

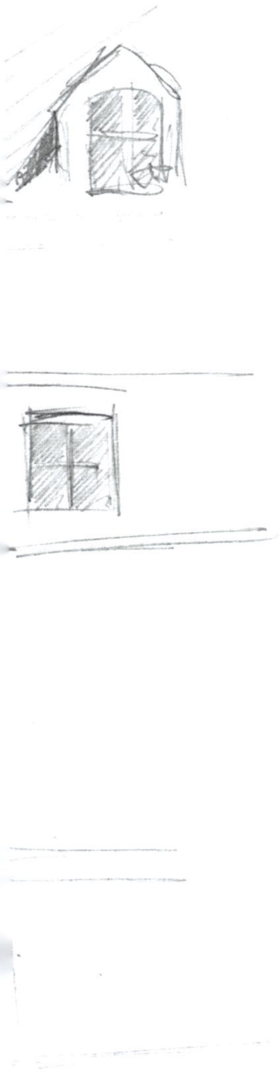

#39 LOST AND FOUND LINES

Unter "Lost and Found Lines" versteht man das bewusste **Unterbrechen von Linien**.

So wie du Kanten dunkler skizzieren und mit mehr Kontrast versehen kannst, weil sie im Schatten liegen, kannst du bei diesem Prinzip darauf verzichten, die Linen, die direkt vom Licht angestrahlt werden, komplett durchzuzeichnen. Diesen Effekt kannst du z. B. an Kanten von Objekten oder Flächen, die direkt vom Licht angestrahlt werden, beobachten wie hier im Beispiel die Pflaster der Fußgängerzone.

WOWEFFEKT!

Mit den Lost and Found Lines bringst du Spannung in deine Zeichnung, da der Betrachter die Formen selbst erkennen und die Linien fortzuführen muss!

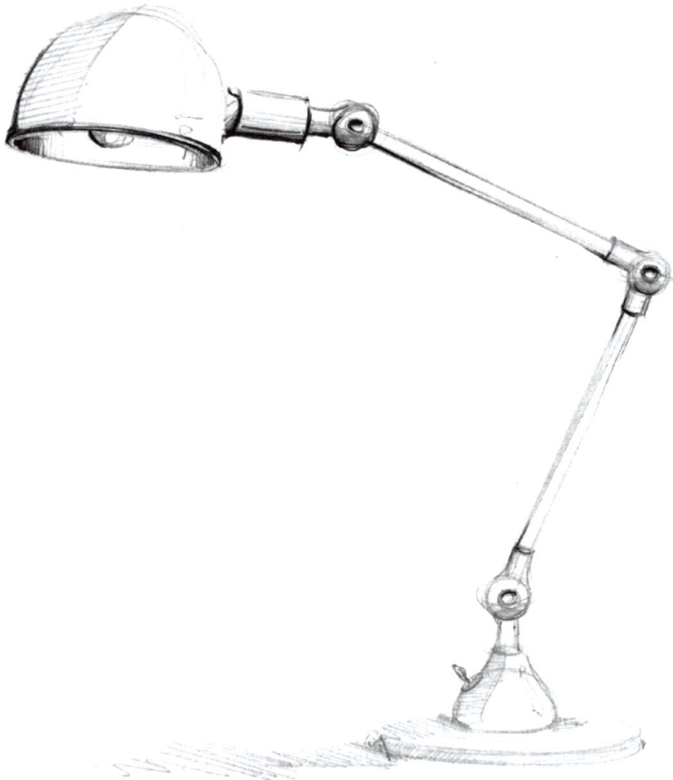

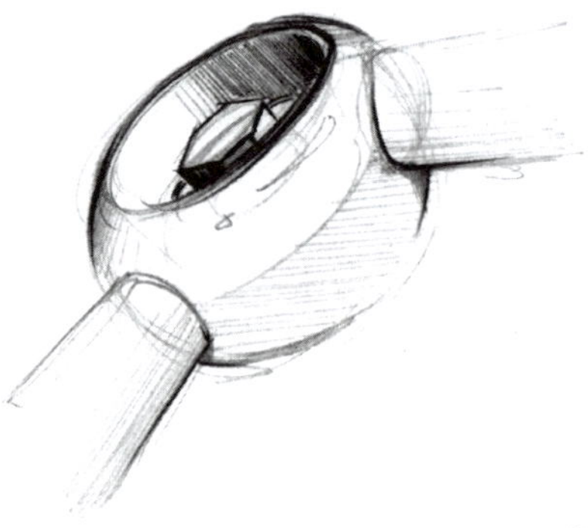

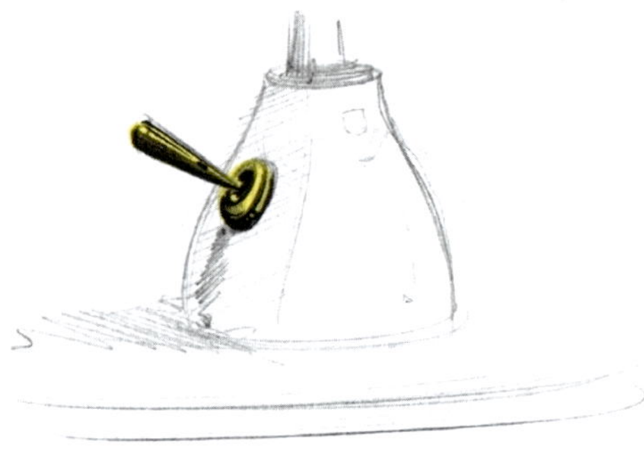

#40

FOKUSPUNKT

Den Fokuspunkt kannst du nutzen, um bestimmte Stellen oder Details in deiner Zeichnung besonders hervorzuheben.

Hast du einen Fokuspunkt in deiner Skizze ausgewählt, so kannst du diesen durch den **Kontrast** in deiner Strichführung, mit formgerechter **Schraffur** oder durch gezielte **Koloration** hervorheben.

Das Prinzip ist ähnlich zu verstehen wie bei dem Objektiv einer Kamera. Auch hier ist es möglich, den Fokus so einzustellen, dass ein bestimmter Teil des Bildes hervorgehoben wird. Achte jedoch darauf, dass du für jede Darstellung lediglich einen Fokuspunkt verwendest. Solltest du mehrere wichtige Details an einem Objekt erklären wollen, so ist es ratsam, eine weitere Ansicht mit dem entsprechenden neuen Fokuspunkt auf ein Detail zu skizzieren. Mehrere Fokuspunkte in einer Darstellung könnten den Betrachter verwirren.

WOWEFFEKT!

Mit Fokuspunkten führst du den Betrachter gezielt über dein Bild und hebst so die wichtigsten Details deiner Skizze hervor.

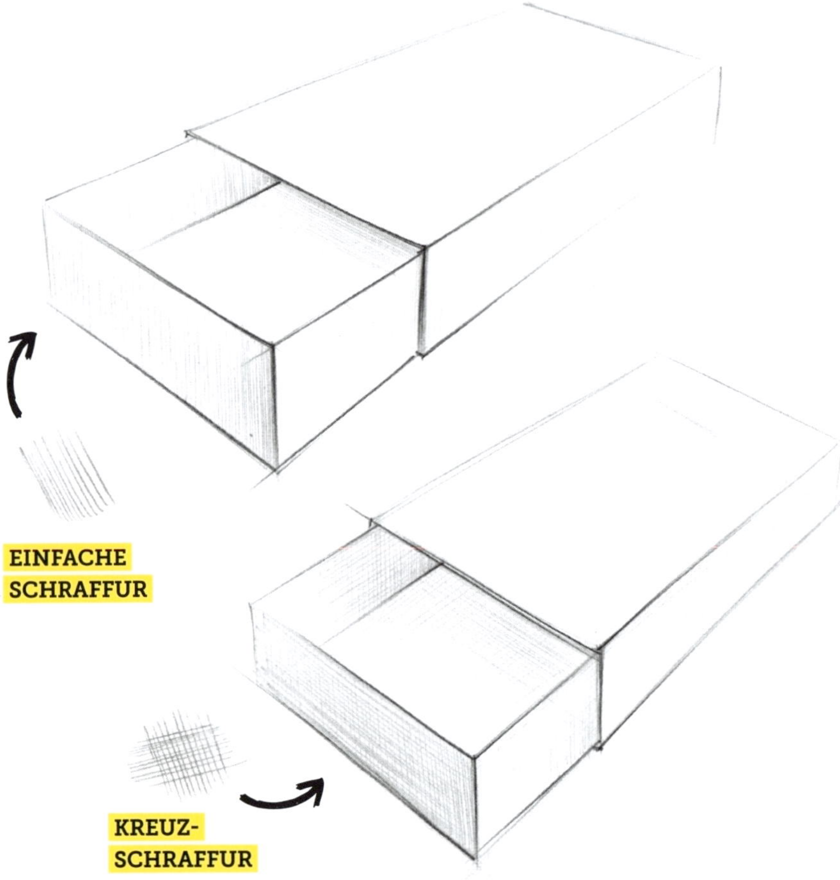

WOWEFFEKT!

Durch die Schraffur verwandelst du einfache Skizzen in dreidimensionale Körper, denn die Darstellung von Licht und Schatten verleiht der Skizze Volumen und Plastizität.

#41

EINFACHE SCHRAFFUR

Wichtig bei der einfachen Schraffur ist, dass alle Linien **parallel nebeineinader** laufen. Sie können waagrecht, senkrecht oder quer verlaufen, überkreuzen sich jedoch nie.

Zeichnest du die Linien dicht aneinander, entsteht eine dunkle Schraffur. Lässt du mehr Platz zwischen den Linien, so wirkt die Schraffur heller. Zudem kannst du den Kontrast und die Stärke der Schraffur durch den Druck, mit dem du den Strich zeichnest, variieren.

Um die Perspektive und die Tiefenwirkung in deiner Skizze zu verstärken, solltest du darauf achten, die Schraffur immer parallel zum Verlauf der Kanten des gezeichneten Objektes anzufertigen.

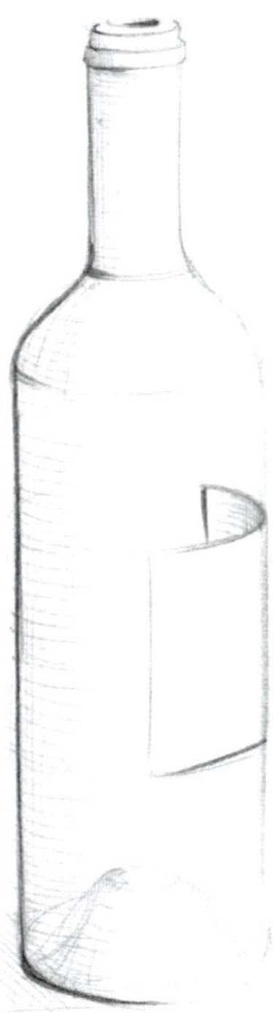

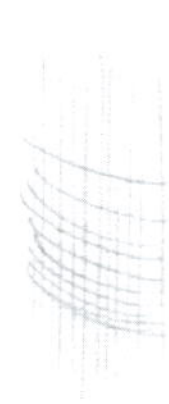

FORMSCHRAFFUR

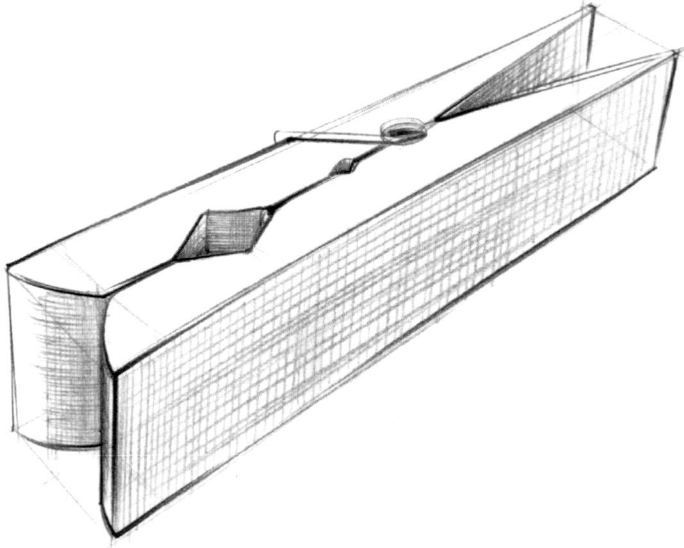

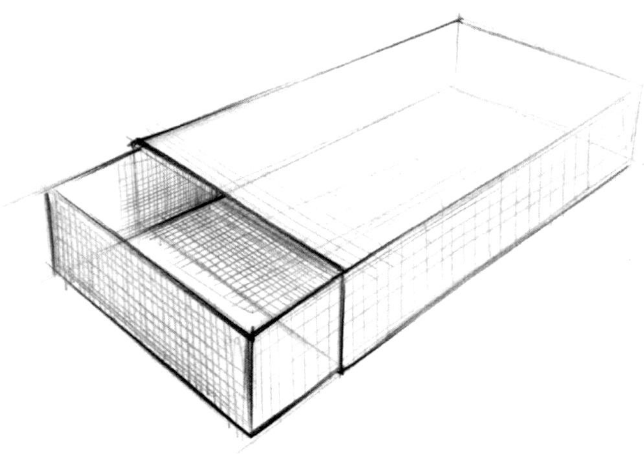

#42

KREUZ-SCHRAFFUR

Wie der Name schon sagt, überkreuzen sich bei der Kreuzschraffur die einzelnen Linien. Sie können dabei in verschiedenen Winkeln übereinander liegen.

Je dichter du das Netz zeichnest, umso dunkler wirkt die Schraffur. Jedoch kannst du auch hier den Kontrast der Schraffur durch den Druck, mit dem du die Linien zeichnest, variieren und so die Schraffur dunkler oder heller zeichnen.

Schraffierst du ein Objekt mit Flächen, die in verschiedene Richtungen verlaufen, so solltest du stets darauf achten, dass die Schraffur der **Richtung der Kanten oder Umrisse** folgt, da du so die perspektivische Wirkung zusätzlich verstärkst!

ÜBUNG

Die Schraffur sorgt auch dafür, dass wir Licht und Schatten besser verstehen und somit die Zeichnung stimmungsvoller wirkt.

Eine einfache Schraffur wird nur einmal entlang der senkrechten Seite schraffiert. Bei einer Kreuzschraffur hingegen wird die Fläche in beide Richtungen schraffiert. Je nach Schnelligkeit deiner Zeichnung kannst du mit den beiden Schraffurarten experimentieren.

Achte aber darauf, dass jede Seite eine unterschiedliche Lichtintensität hat. Um es dir einfacher zu machen, kannst du die obere Seite leicht oder gar nicht schraffieren, die dem Licht zugewandte mittel und die vom Licht abgewandte Seite deutlich dunkler.

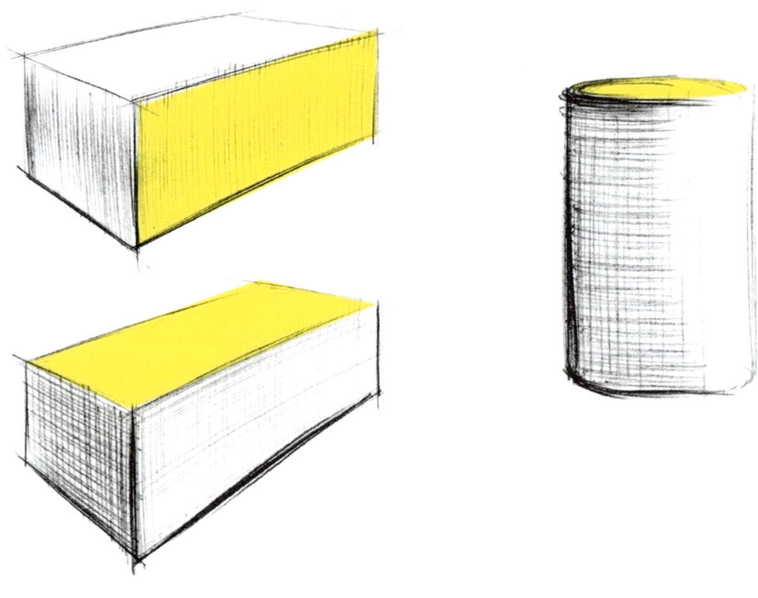

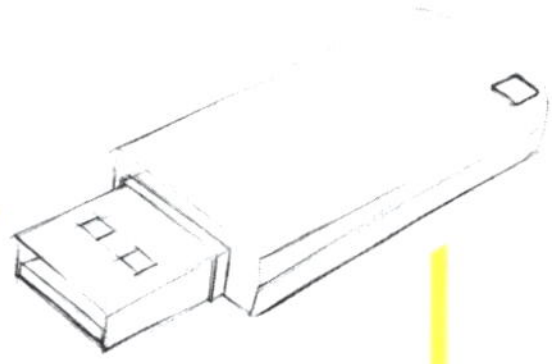

SKIZZIERE HIER

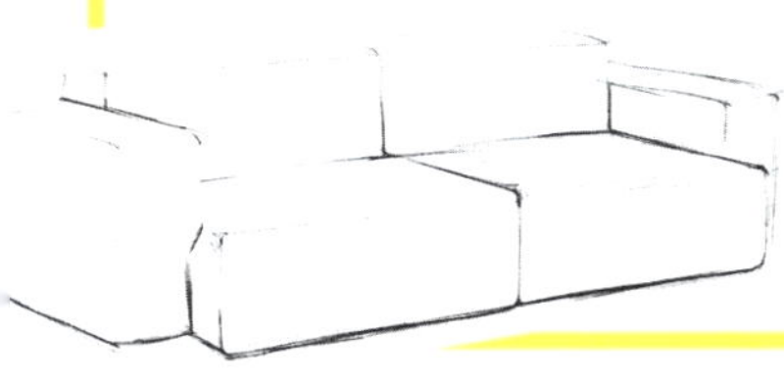

Zeichne den USB-Stick und die Couch nach und stelle unterschiedliche Lichtverhältnisse dar. Bei der ersten Version kommt das Licht von links und bei der zweiten Version deiner Zeichnungen von rechts.

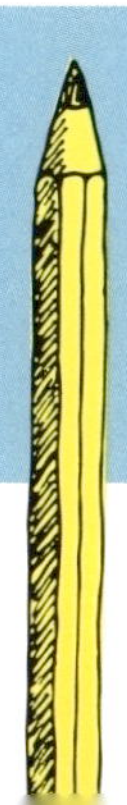

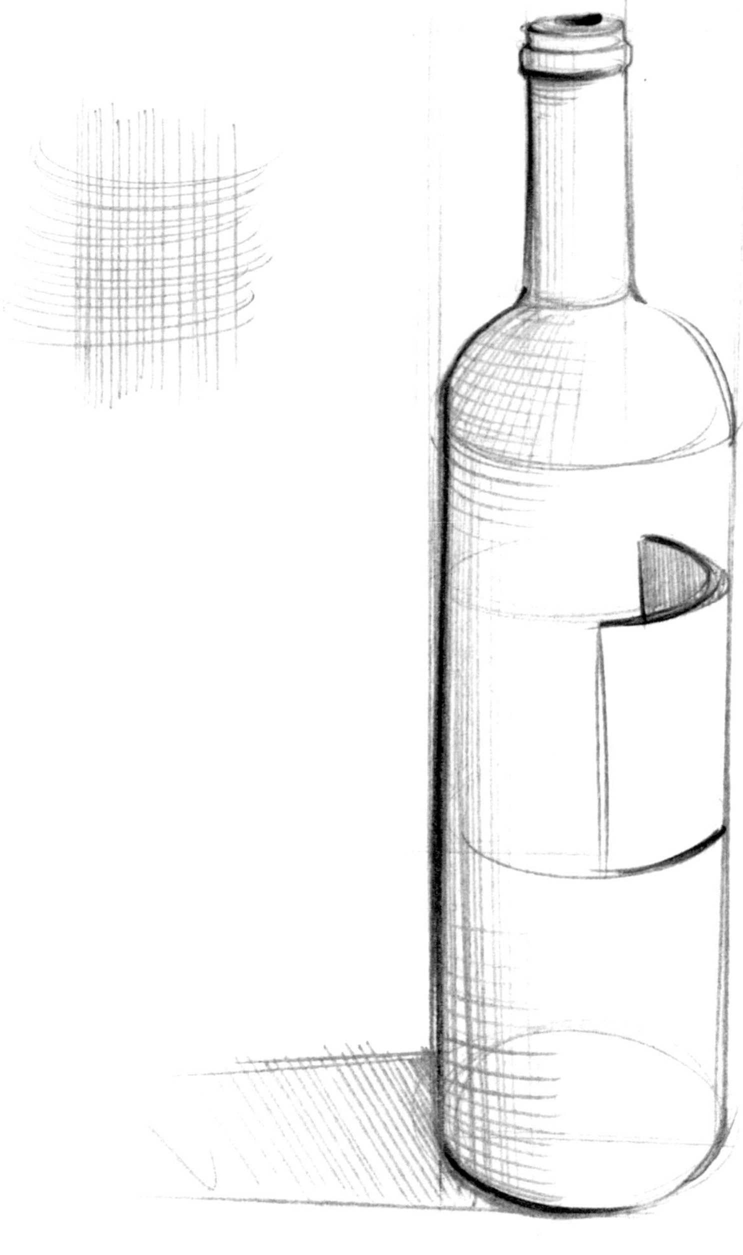

#43
FORM-SCHRAFFUR

Für **runde oder geschwungene Formen** eignet sich die Formschraffur besondern gut. Sie folgt der Form des Gezeichneten und betont sie so.

Je dichter du die Linien zeichnest, desto dunkler wirkt auch hier die Schraffur.

Bei der Formschraffur kann zusätzlich die Kreuzschraffur angewendet werden: So zeichnest du zum einen die Linien, die der Form folgen, und schließlich zusätzlich die Linien, die die Formschraffur kreuzen.

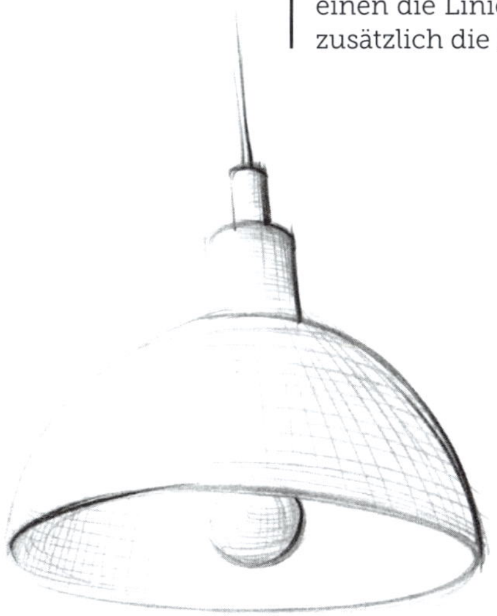

WOW EFFEKT!

Um bei der Formschraffur einen besonders schönen Effekt zu erzeugen, lass deine Linien im Verlauf der Schraffur auslaufen: So ist die Schraffur an der Schattenseite besonders dunkel und wird zu der Seite, die vom Licht angestrahlt wird, immer heller.

ÜBUNG

Übe nun also die Formnschraffur, um runde Objekte wie Flaschen, Zylinder oder Säulen zu schraffieren. Achte dabei darauf, neben den senkrechten Schraffurlinien zusätzlich horizontale Linien zur Betontung der Form einzusetzen.

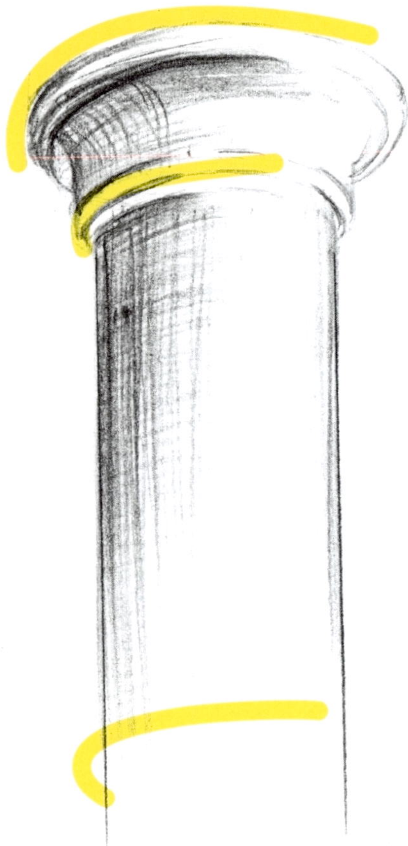

SKIZZIERE HIER

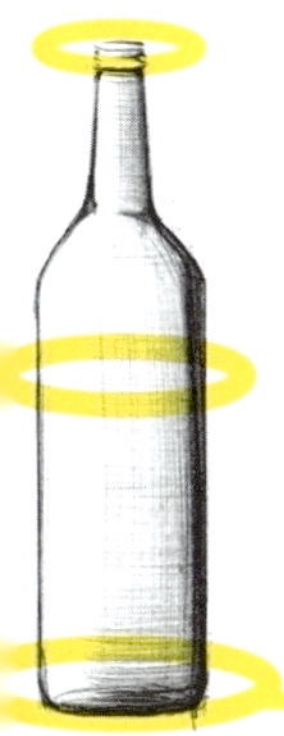

Zeichne mehrere Zylinder und schraffiere diese. Hierbei kann das Licht von links, rechts, aber auch von vorn kommen. Skizziere dann verschiedene Objekte, wie eine Taschenlampe, runde Tischbeine etc., und arbeite diese mit der Formschraffur aus.

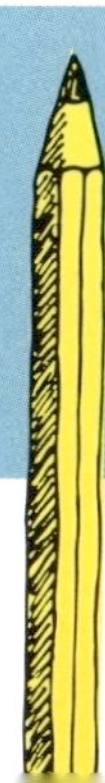

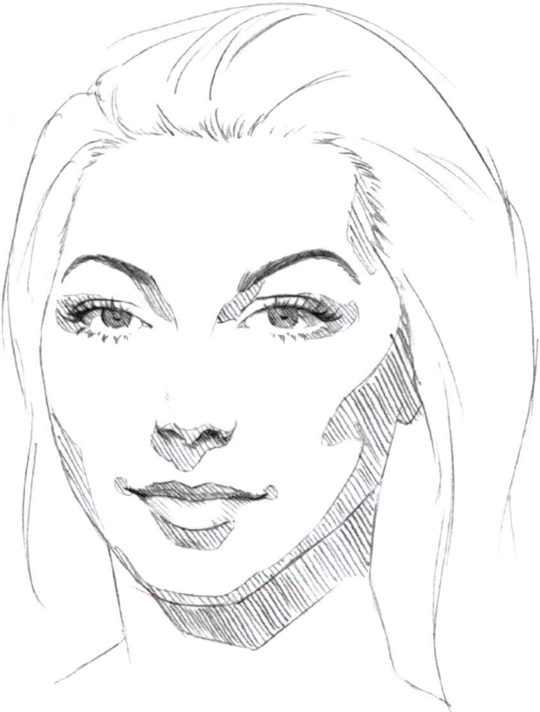

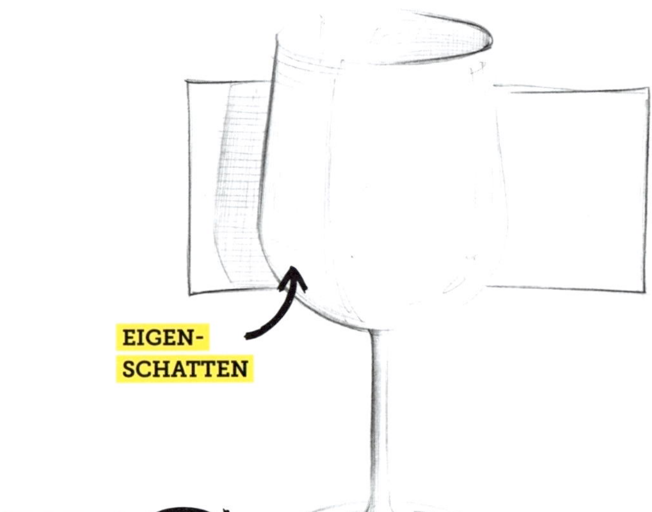
EIGEN-
SCHATTEN
SCHLAG-
SCHATTEN

#44

SCHATTEN

Schatten sind unverzichtbar für jede Zeichnung, da sie der Zeichnung Plastizität und Dreidimensionalität geben. Sobald du die Grundprinzipien des Schattenwurfs verstehst, kannst du die Qualität deiner Zeichnungen deutlich steigern.

Schatten ist jedoch nicht gleich Schatten. Man unterscheidet zwischen dem **Eigenschatten** und dem **Schlagschatten.**

Insbesondere bei der Kolorierung spielt der Schattenwurf eine große Rolle. So kann der Eigenschatten am Objekt selbst in der entsprechend dunklen Farbvariante der Farbe des Objektes koloriert werden, und genauso der Schlagschatten auf dem Boden. Auch einen auslaufenden Schatten kannst du bei der Koloration besonders schön einzeichnen, indem du die Intensität der Farbe stetig verringerst.

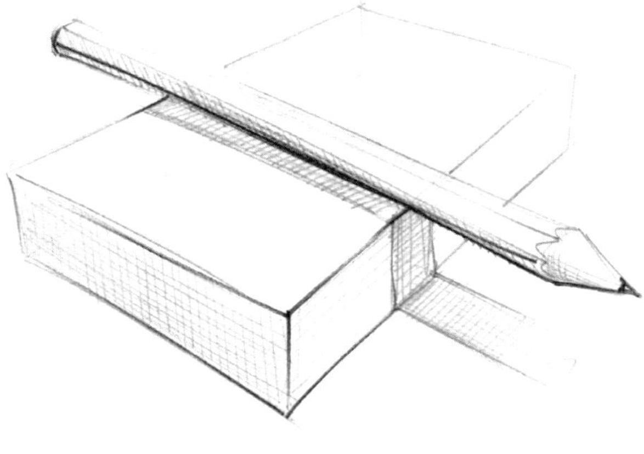

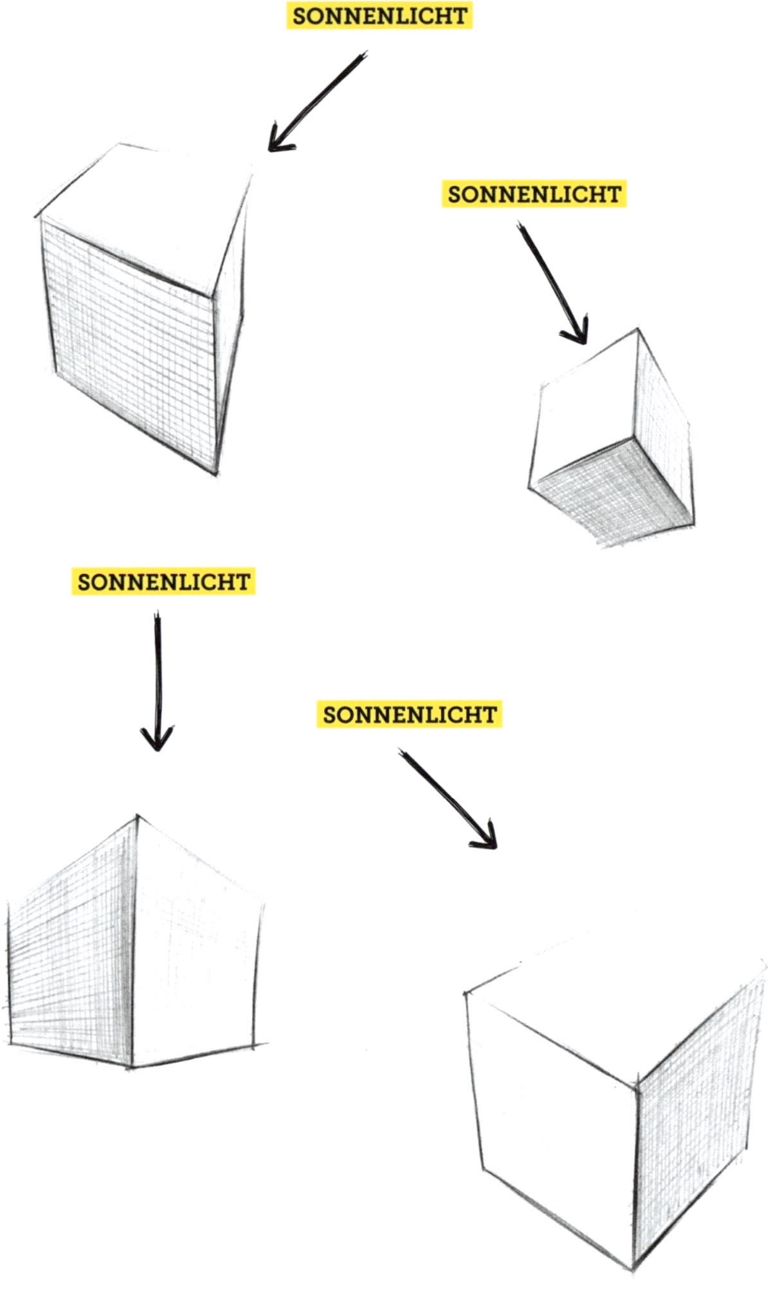
SONNENLICHT
SONNENLICHT
SONNENLICHT
SONNENLICHT

#45 EIGEN-SCHATTEN

Der Eigenschatten ist der Schatten, der an der von der Lichtquelle abgewandten Seite des Objektes entsteht. Je weiter die Oberfläche von der Lichtquelle abgewandt ist, desto dunkler erscheint sie. Geht man z. B. von einem Quadrat in Perspektive aus, so kann man vereinfacht von drei verschiedenen Lichtsituationen am Objekt sprechen:

Die Seite, die **von der Lichtquelle abgewandt** ist, wird am dunkelsten schraffiert oder koloriert; die Oberfläche, die **direkt von der Lichtquelle angestrahlt** wird, wird am wenigstens schraffiert oder koloriert und wirkt somit heller und blasser; die dritte Oberfläche liegt **im Halbschatten,** für diese Fläche sollte ein Kontrast in der Schraffur oder der Koloration gewählt werden, der zwischen der direkt angestrahlten und der abgewandten Oberfläche liegt.

WOW EFFEKT!

Gerade bei schnellen Skizzen bietet es sich an, den Eigenschatten nur an jenen Kanten anzuzeichnen, die am nächsten zu uns liegen. Diese Art der Skizze, mit ausgearbeiteten und rohen Teilen, erzeugt besondere Spannung und Dynamik!

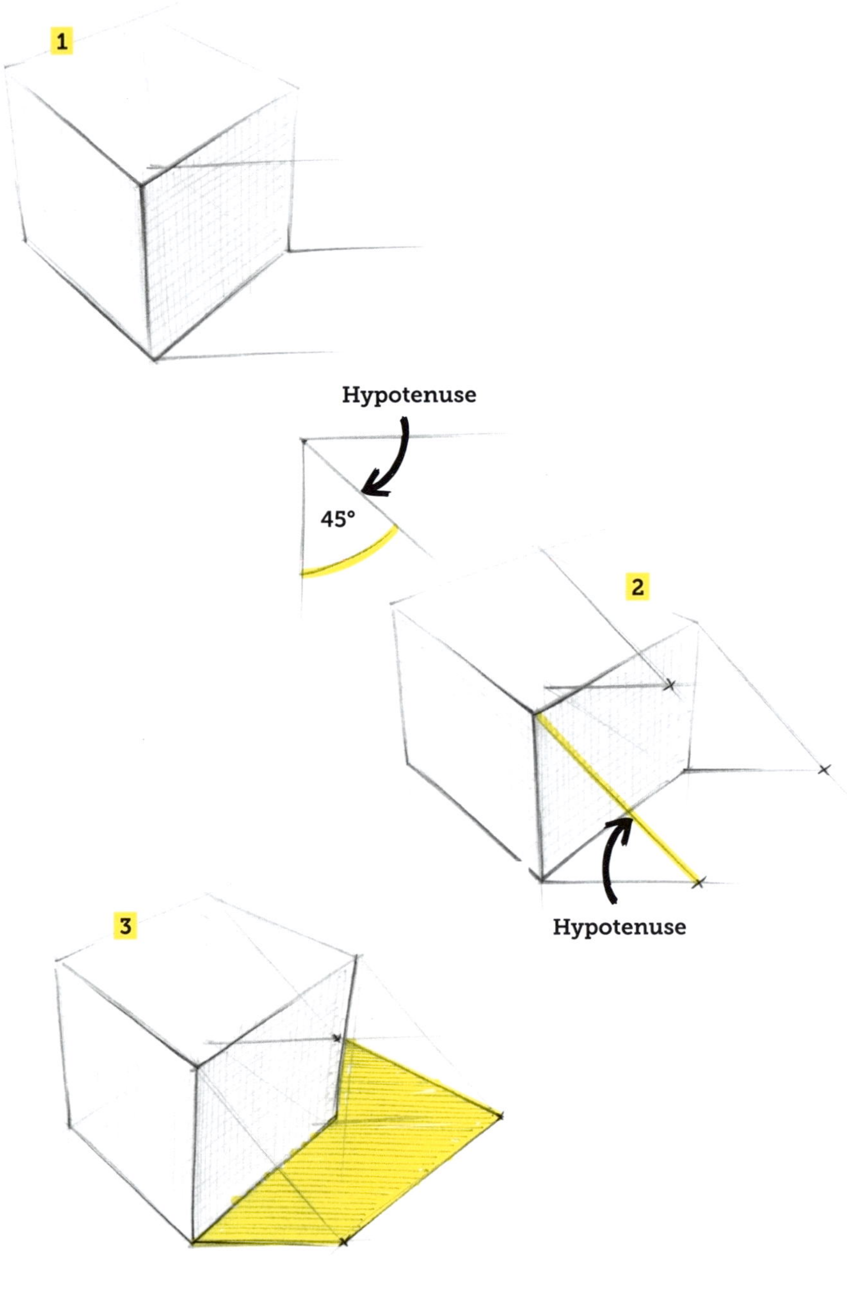
1
Hypotenuse
45°
2
Hypotenuse
3

#46 SCHLAG-SCHATTEN 45°

Den Schatten, den das angestrahlte Objekt in seine Umgebung wirft, nennt man den Schlagschatten. Er sorgt für mehr **Plastizität** in deiner Zeichnung und verstärkt die **perspektivische Wirkung**. Der Schlagschatten liefert dem Betrachter auch Informationen zum Abstand des Objektes vom Boden und zur Lichtquelle. Meist ist der Schlagschatten die dunkelste Stelle in deiner Zeichnung.

Üblicherweise konstruierst du den Schlagschatten mithilfe eines gleichschenkligen Dreiecks. Dabei trifft das Licht in einem Winkel von 45° auf das Objekt. Die Hypotenuse, d. h. die längste Seite des Dreiecks, liegt also im 45° Winkel an der Kante des Objektes an, die der Lichtquelle abgewandt ist. Gegenüber der Hypotenuse liegt immer der 90°-Winkel, mit dem sich die beiden gleich langen Geraden treffen. Diese bilden zum einen eine waagrechte Kante parallel zum Blattrand und zum andren eine senkrechte Achse zum Objekt. Dieses Dreieck konstruiert man nun an allen zugehörigen senkrechten Kanten der dem Licht abgewandten Flächen. Schließlich verbindet man die drei Punkte, an denen sich die Hypotenusen und die waagrechten Kanten parallel zum Blatt treffen, miteinander.

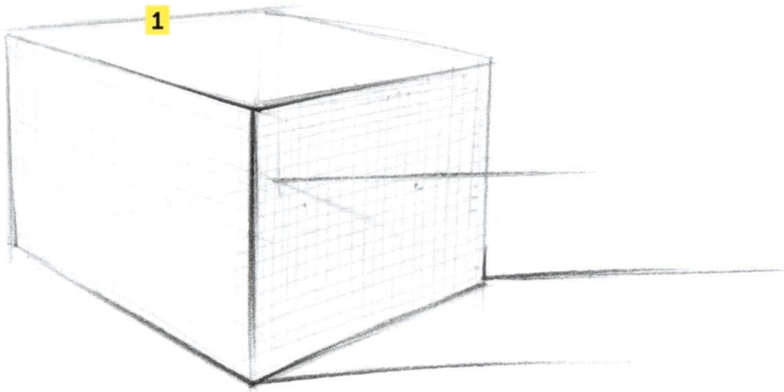
1

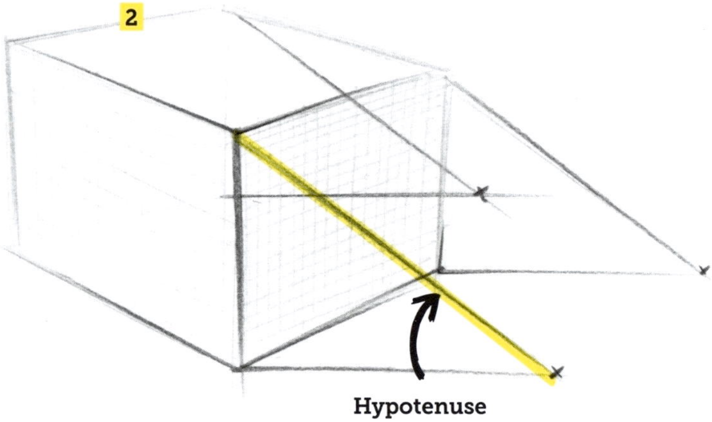
2
Hypotenuse

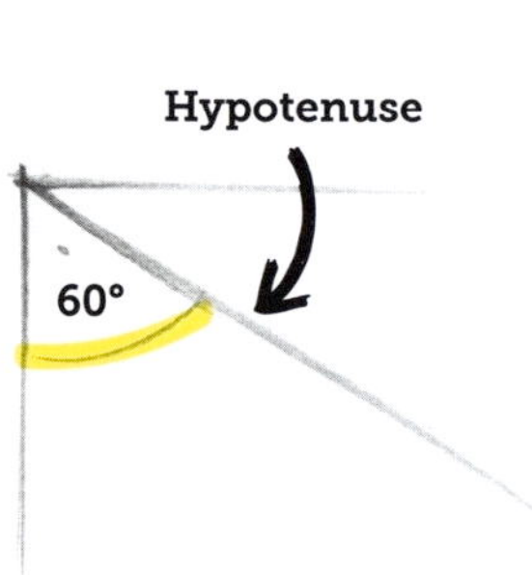
Hypotenuse
60°

#47 SCHLAG-SCHATTEN 60°

Zeichnet man ein Objekt in Perspektive, so kann es sein, dass der Schlagschatten im 45°-Winkel im Verhältnis zum Objekt zu klein wirkt.

In diesem Fall ist es ratsam, den Schlagschatten im 60°-Winkel zu zeichnen, damit er **der Größe des Objekts angemessen** ist. Die Konstruktion des Schlagschattens entspricht der Vorgehensweise bei der Konstruktion des Schlagschattens im 45°-Winkel.

3

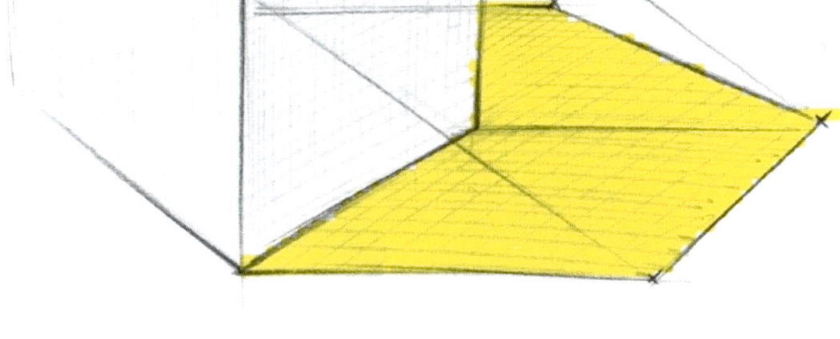

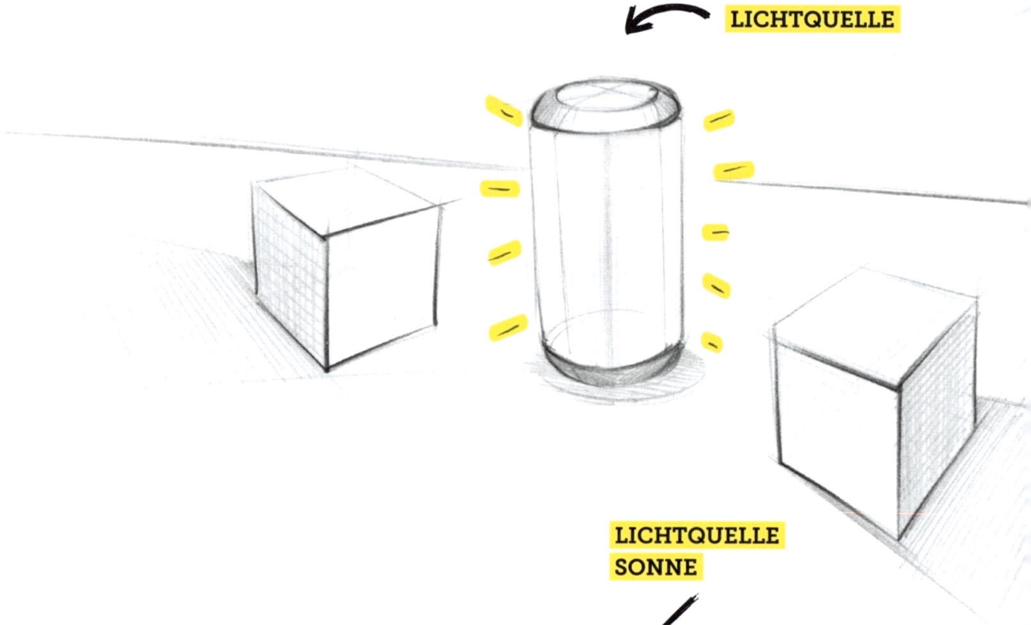
LICHTQUELLE

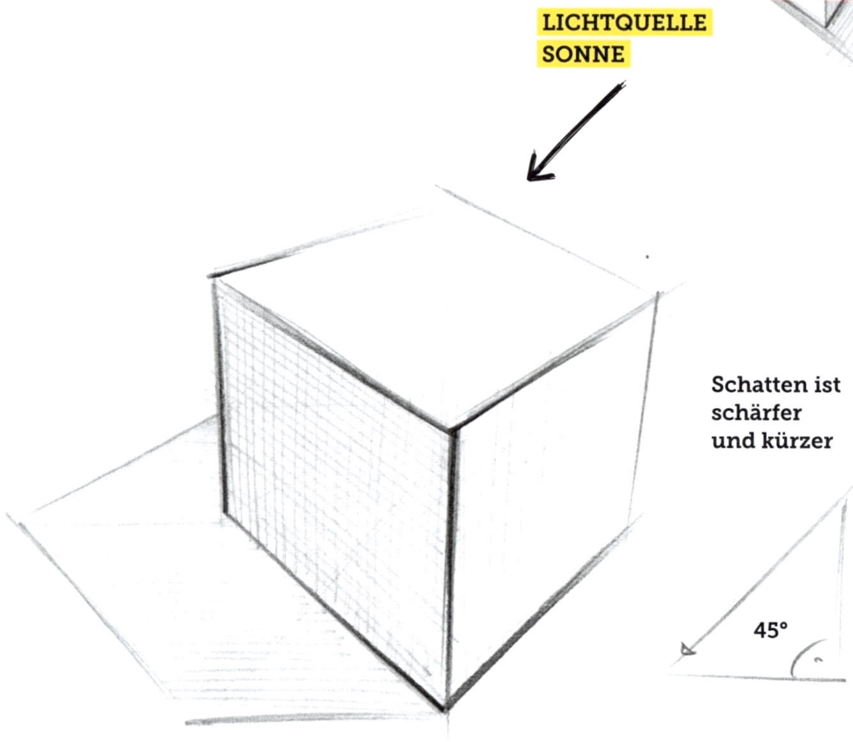
LICHTQUELLE
SONNE
Schatten ist
schärfer
und kürzer
45°

#48

LICHTQUELLEN

Die Lichtquelle hat einen großen Einfluss auf den Schattenwurf. Je nachdem, welche Lichtquelle den Schatten erzeugt und aus welcher Höhe und Richtung das Licht fällt, verhält sich auch der Schatten anders.

Generell lässt sich sagen, dass der Schatten um so länger fällt, desto tiefer die Lichtquelle im Verhältnis zum Objekt steht. Zeichnest du einen Schatten, der durch das Sonnenlicht entsteht, so kannst du vereinfacht einen 45°-Schlagschatten skizzieren. Auch kannst du den Schatten, der durch das **Sonnenlicht** entsteht, schärfer, mit harten Verläufen und Kanten, zudem etwas kürzer zeichnen: Bei einer weit entfernten Lichtquelle treffen die Strahlen nahezu parallel auf das Objekt und der Schatten wird scharfkantig.

Zeichnest du jedoch den Schatten einer Kaffeetasse, die von der **Schreibtischlampe** angeleuchtet wird, so kannst du je nach Winkel des auftreffenden Lichts auch einen Schatten mit einem Winkel von mehr als 45° Grad zeichnen. Der Schatten wird dadurch entsprechend länger. Bei einer nahen Lichtquelle treffen die Strahlen von den verschiedenen Enden der Lichtquelle in verschiedenen Winkeln auf das Objekt und bilden daher difuse Schatten. Zeichne den Schatten also weicher und auslaufend, ohne scharfe Kanten.

ÜBUNG

Ein Schatten rückt das Objekt ins richtige Licht und schafft wie die Schattierung zusätzliche Stimmung in deiner Zeichnung. Die meisten fragen sich bei ihrer Zeichnung, ob und wie ein Schatten zu konstruieren ist. Im Prinzip gibt es eine einfache und eine schwierigere Variante. Die einfache funktioniert wie folgt:

1. Ziehe von den unteren drei Eckpunkten des Objekts eine waagerechte Linie in die Richtung, in die der Schatten geworfen werden soll (hier nach links).

2. Ziehe dann parallele Linien von den oberen drei Eckpunkten in einem 45-Grad-Winkel. (So imitierst du den Lichteinfall.)

3. Nun verbinde die drei Schnittpunkte und verlängere die Kanten bis zu den drei unteren Eckpunkten des Objekts. Die daraus entstandene Fläche ist die Schattenfläche, die das Objekt auf den Boden wirft.

Wichtig! Wenn der Schatten nach links fällt, muss die linke Fläche des Objekts am dunkelsten schraffiert werden. Das ist der Eigenschatten des Objekts.

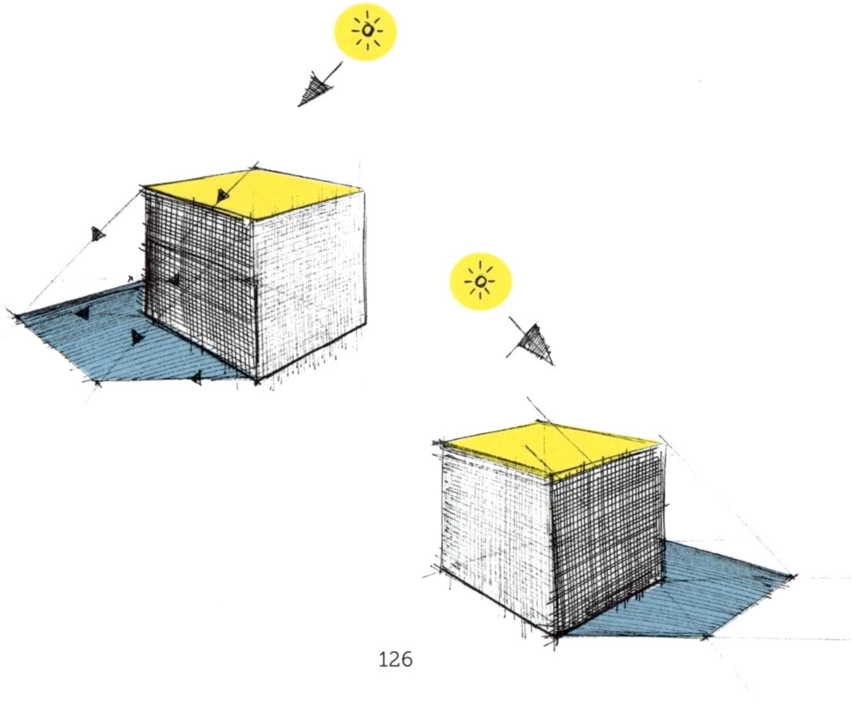

SKIZZIERE HIER

Zeichne unterschiedlich große Rechtecke und konstruiere den Schatten einmal zur linken und dann zur rechten Seite fallend. Gerne kannst du auch den Winkel von 45 Grad auf 30 oder 60 Grad verändern. Damit sagst du aus, ob das Licht weiter von oben oder flacher auf das Objekt fällt. Achte darauf, wie sich der Schatten dann verändert.

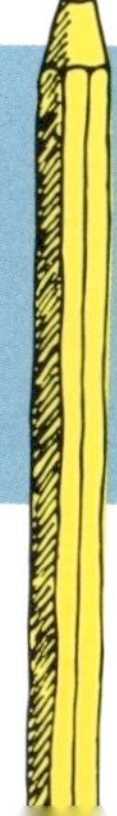

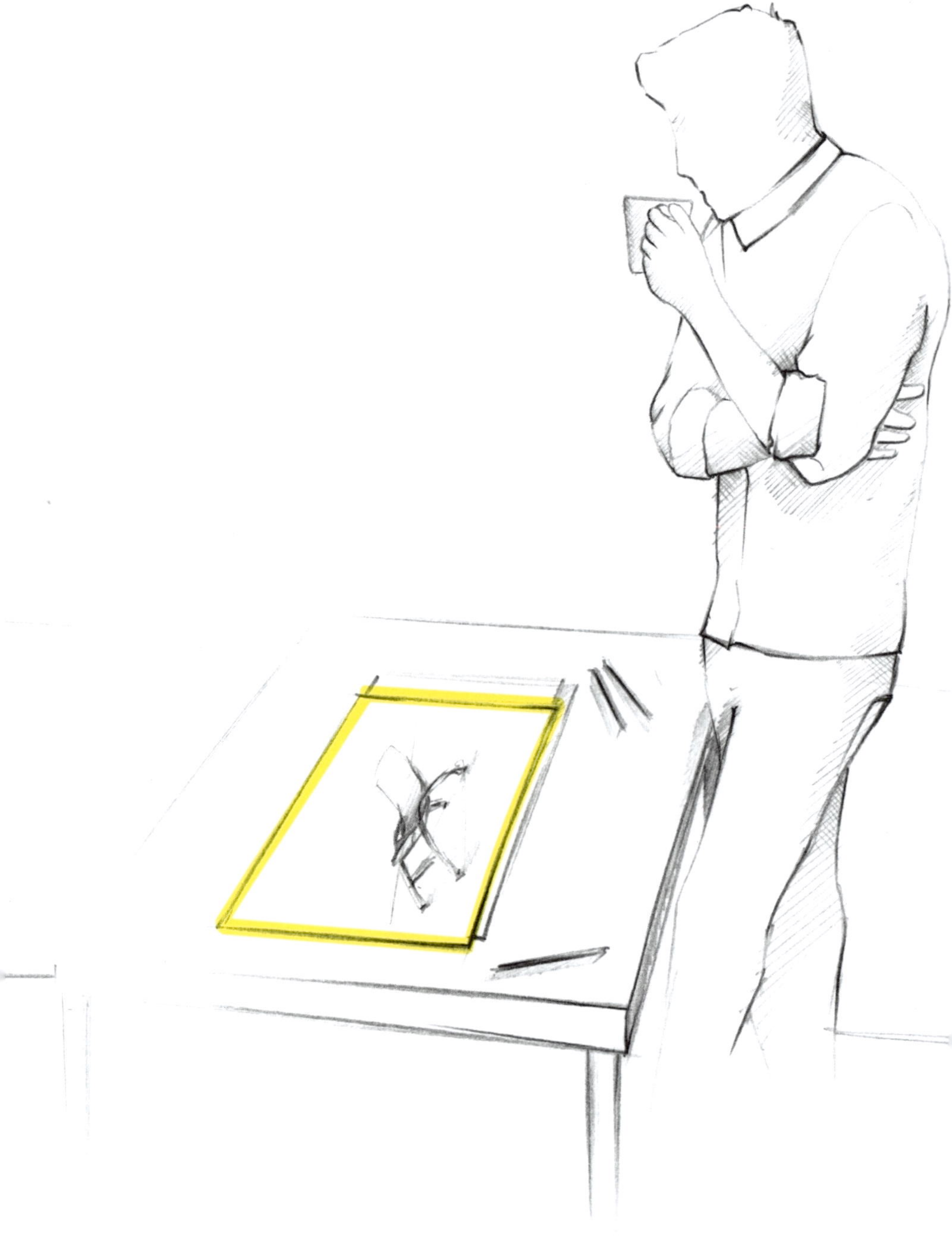

#49

DISTANZ

Oft arbeitet man längere Zeit ununterbrochen an einer Zeichnung und vergisst dabei schnell, die bisherige Arbeit mit Distanz zu betrachten und zu prüfen.

Sitzt du z. B. an einem Tisch, können sich schnell Fehler in der Proportion oder der Perspektive deiner Zeichnung einschleusen. Um das zu vermeiden, empfielt es sich, etappenweise, also nach der Vorskizze, der fertigen Skizze und der Koloration, aufzustehen und deine Zeichnung **mit Abstand** zu betrachten.

WOWEFFEKT!

Das Phänomen der Fehler, die erst mit etwas Abstand von der Zeichnung erkannt werden, kannst du bereits mit der richtigen Skizzierhaltung vermeiden: Du solltest nie zu nah über dem Blatt kauern, sondern dir den nötigen Platz und Abstand geben, um deinen ganzen Körper beim Skizzieren einsetzen zu können.

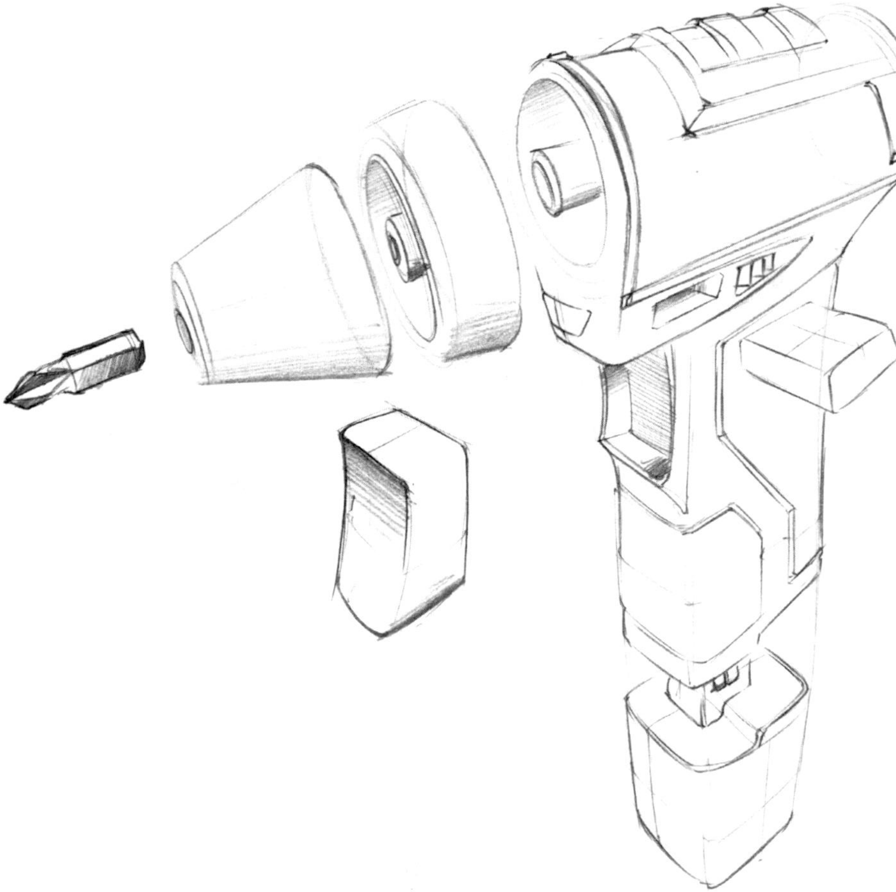

#50

EXPOLOSIONS-ZEICHNUNG

Mit Explosionszeichnung ist eine Art der Darstellung bezeichnet, bei der das Objekt oder das Produkt explosionsartig in seine wichtigen Einzelteile auseinandergezogen erscheint.

Wichtig dabei ist, dass du die **Reihenfolge** der Anordnung der Teile möglichst einhältst. Diese Art der Darstellung eignet sich besonders für Produkte, deren Innovation sich v. a. im Inneren befindet. Außerdem dient sie im frühen Entwicklungsprozess auch zur technischen Darstellung der Funktionsweise.

Ergänzt werden kann die Zeichnung mit Pfeilen oder Beschreibungen, um die Funktionsweise zu verdeutlichen. Auch Pfeile, die auf die ursprüngliche Position der Einzelteile verweisen, können dem Betrachter beim Verständnis deiner Zeichnung helfen.

WOWEFFEKT!

Eine besosnders beeindruckende Wirkung kannst du erzielen, indem du die 3-Punkt-Perspektive für deine Exposionszeichnung verwendest, da du so die Entfernung der Einzelteile zueinander noch schöner und dynamischer darstellen kannst.

MUSKELBÜNDEL

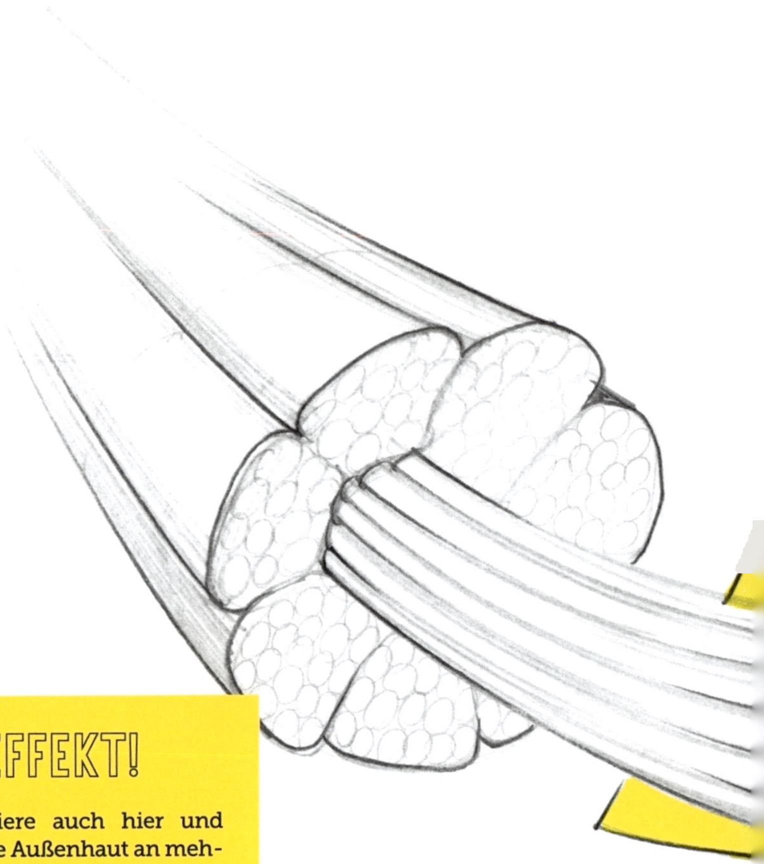

WOWEFFEKT!

Experimentiere auch hier und versuche die Außenhaut an mehreren verschiedenen Stellen zu entfernen und so den Blick punktuell in das Innere freizugeben!

#51 SCHNITT-ZEICHNUNG

Eine zweite Art der Darstellung, um das Innere eines Produktes oder einer Sache, wie hier im Beispiel des Muskelbündels, zu zeigen, ist die Schnittzeichnung.

Dabei muss das Objekt nicht unbedingt im Querschnitt dargestellt werden. Wenn alle wichtigen Informationen gezeigt werden können, reicht es auch aus, die Außenhaut an bestimmten Stellen wegzulassen oder durchsichtig zu zeichnen. Besonders bei komplexen Abläufen, die zum Veständnis eines Produktes oder einer anatomischen Struktur notwendig sind, ist diese Art der Darstellung empfehlenswert.

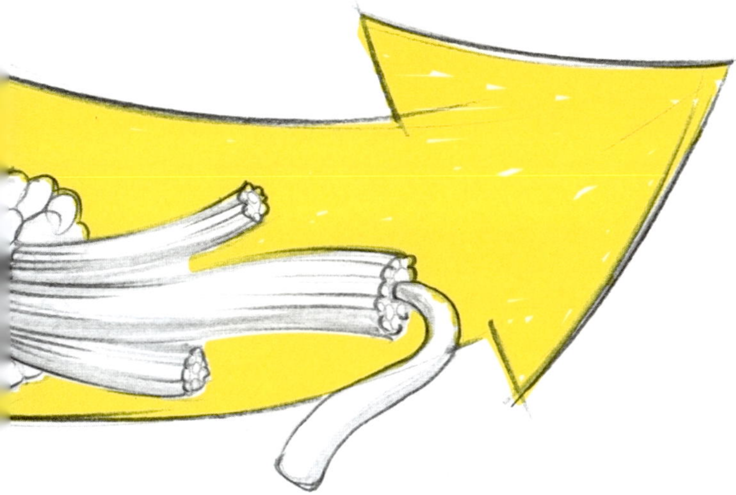

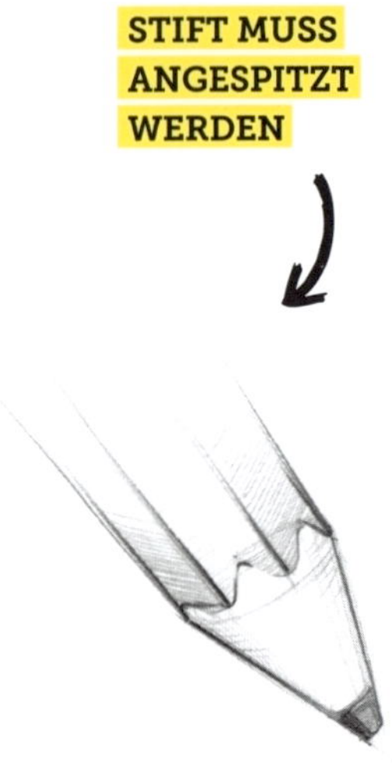

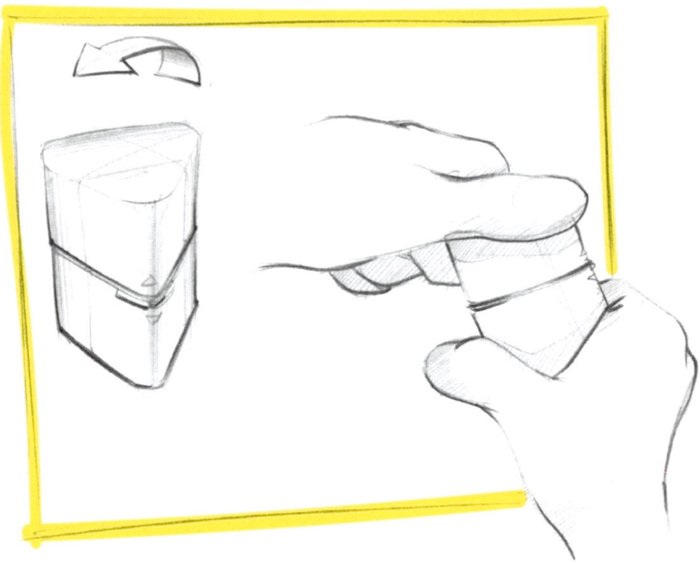

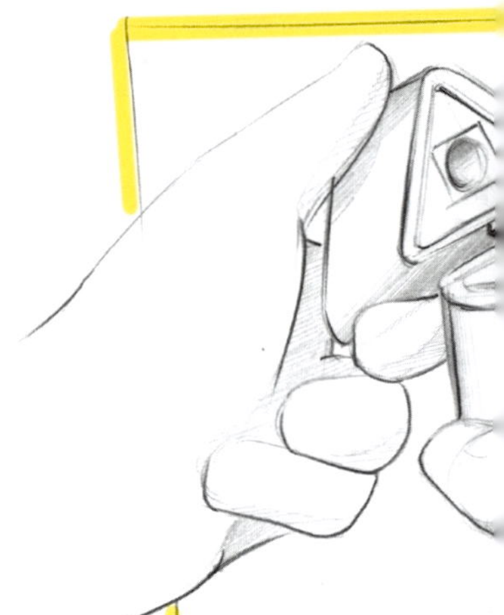

WOWEFFEKT!

Du kannst die Instruktionszeichnung besonders spannend und verständlich zeichnen, indem du die Darstellungen stark vereinfachst und auf das Wesentliche reduzierst. Menschen oder Hände, die zur Erklärung nötig sind, können in einer Art Comic-Stil dargestellt werden und bringen so einen gewissen Witz in deine Zeichnung.

#52 INSTRUK-TIONS-ZEICHNUNG

Bei Objekten oder Produkten, die eine besonders komplexe Gebrauchsweise haben und eine Anleitung benötigen, bietet sich die Instruktionszeichnung als visuelle Anleitung an.

Üblicherweise besteht eine Instruktionszeichnung aus **mehreren Einzelzeichnungen**. Diese solltest du jeweils möglichst klar und einfach gestalten. Instruktionszeichnungen solltest du zudem mit Pfeilen versehen, um die Gebrauchsweise so klar wie möglich zu erläutern. Solche Darstellungen findest du beispielsweise in Bauanleitungen für Lego oder zu Möbeln.

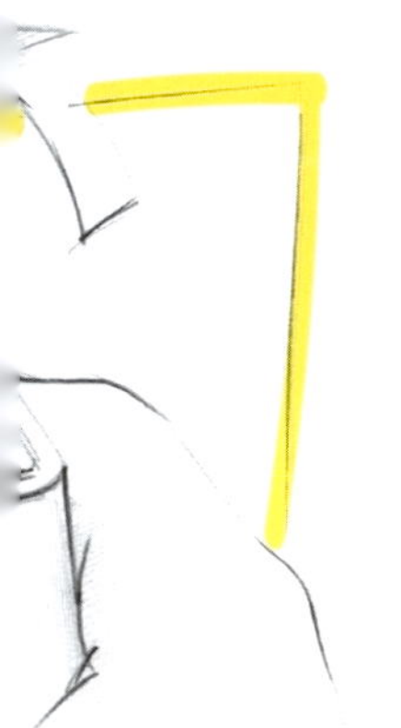

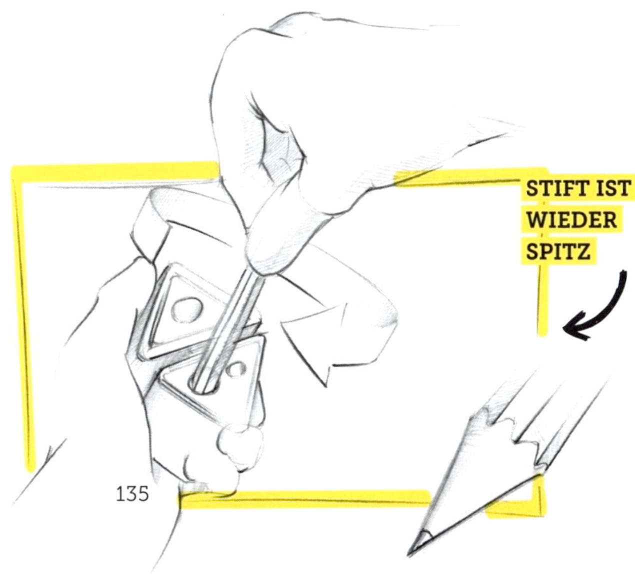

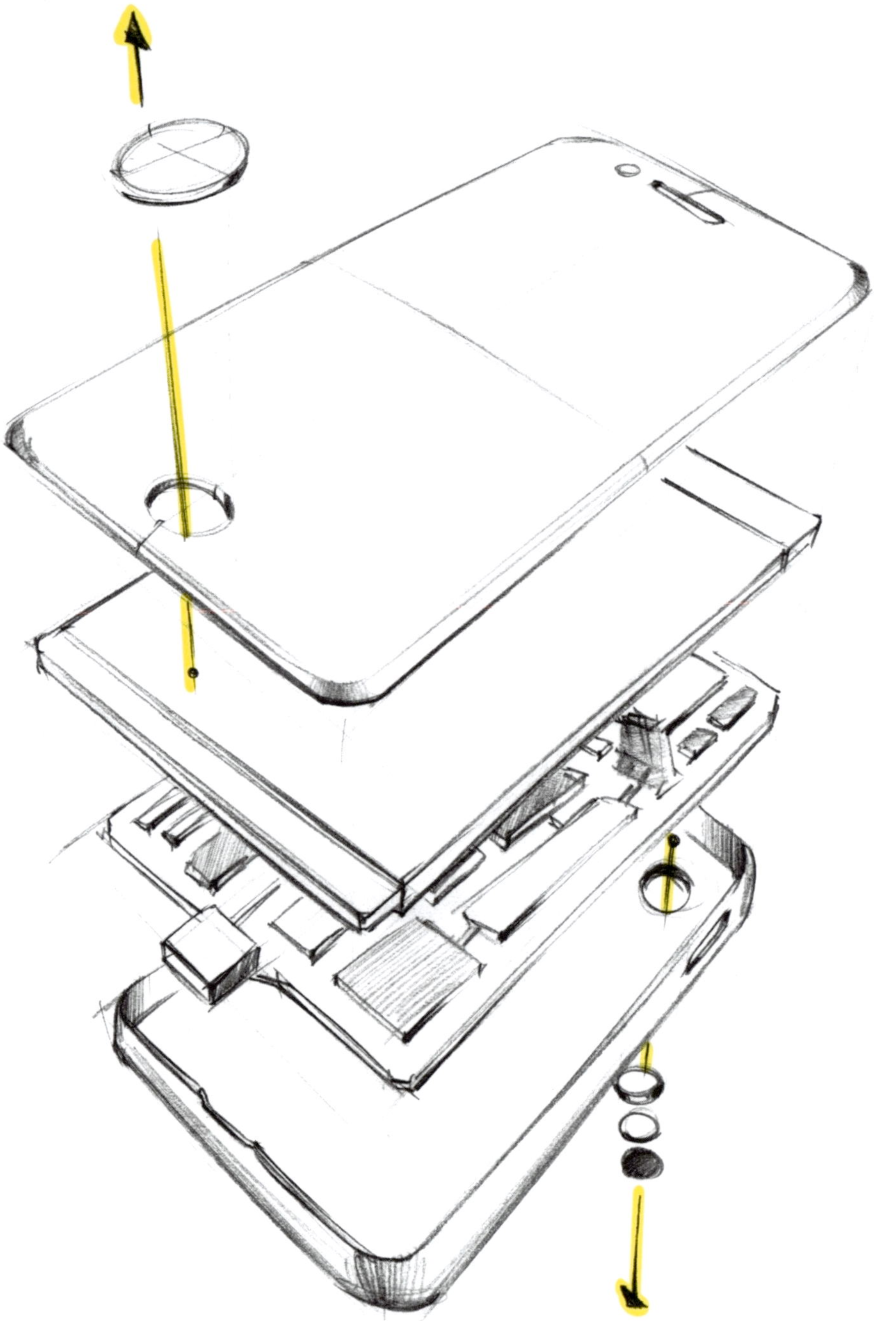

#53 QUER-SCHNITTE

Besonders bei Architekturzeichnungen oder technischen Geräten mit einem komplexen Aufbau eignet sich die Darstellung mit Querschnitten.

Der Querschnitt ermöglicht es, dem Betrachter auch den **detaillierten Aufbau** des Objektes zu vermitteln. Das Objekt wird dabei an der entsprechenden Stelle geschnitten und auseinander gezogen, sodass auch Details zum Aufbau, die sonst nicht sichtbar wären, betrachtet werden können.

WOWEFFEKT!

Die Darstellung mit dem Querschnitt eignet sich besonders gut für das Erklären von technischen Details wie insbesondere die Materialbeschaffenheiten, Hohlräume und Schichtenaufbau.

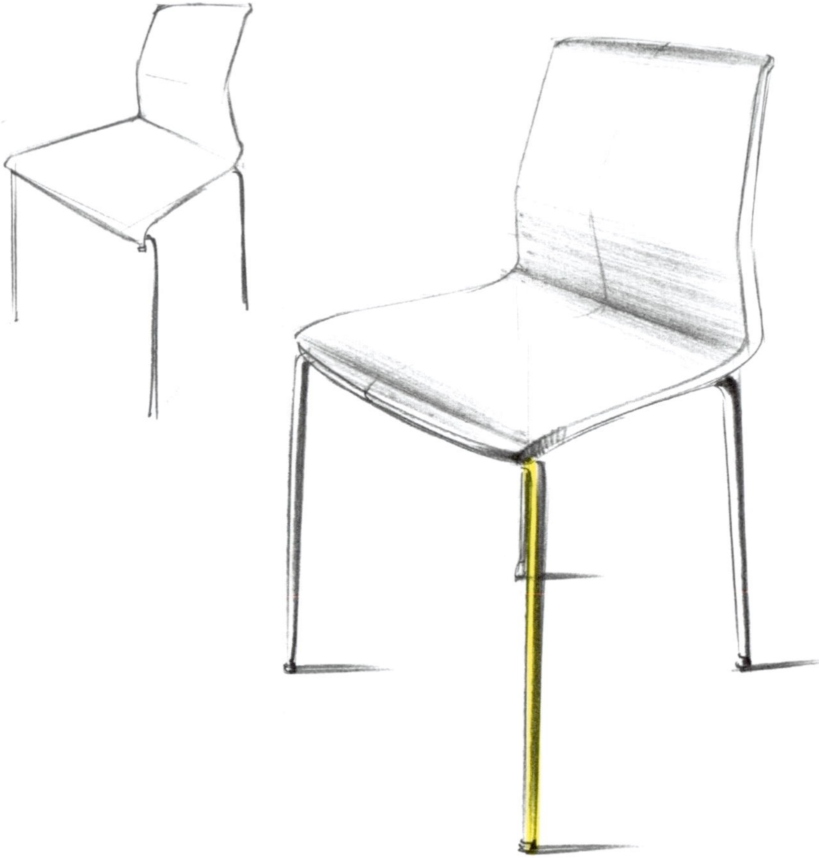

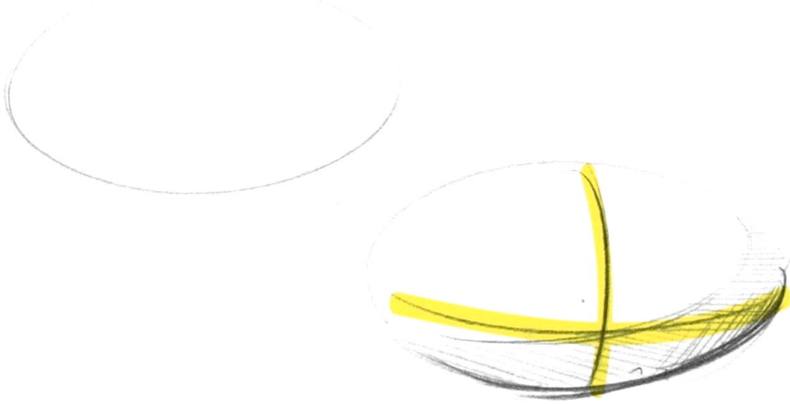

#54

VOLUMEN

Fertigt man zuerst eine lockere Skizze an, so kann es sein, dass das gezeichnete Objekt wenig Volumen hat und eher als Drahtkörper erscheint. **Schraffur** kann dem Objekt Volumen verleihen. Der Schlüssel zum Ziel ist dabei das Licht, das auf den Körper trifft und so dunkle und helle Stellen erzeugt. Jedoch entsteht dabei nicht nur Volumen, auch fällt es dem Betrachter der Skizze so leichter, die **Form** korrekt zu verstehen.

Besonders einfach und effizient kannst du Volumen und Tiefe an dünnen Objekten erzeugen, indem du eine der beiden äußeren Linien dunkler und die andere heller zeichnest. So erzeugst du z. B. bei einem Stuhlbein lediglich mit zwei Linien ein Rohr, das auf der einen Seite vom Licht angestrahlt wird und auf der anderen Seite im Schatten liegt.

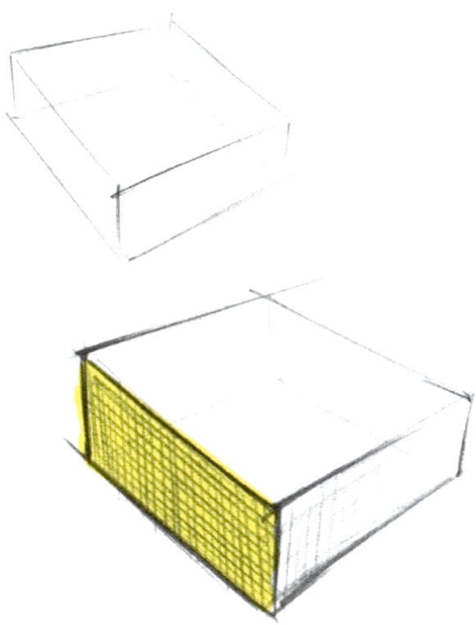

WOWEFFEKT!

Besonders bei dünnen Objekten wie etwa Stuhlbeinen ist darauf zu achten, nicht lediglich eine einzige Linie zu zeichnen, sondern dem Objekt durch eine zweite Linie und Schraffur Volumen zu geben und es so zu einem dreidimensionalen Gegenstand zu machen.

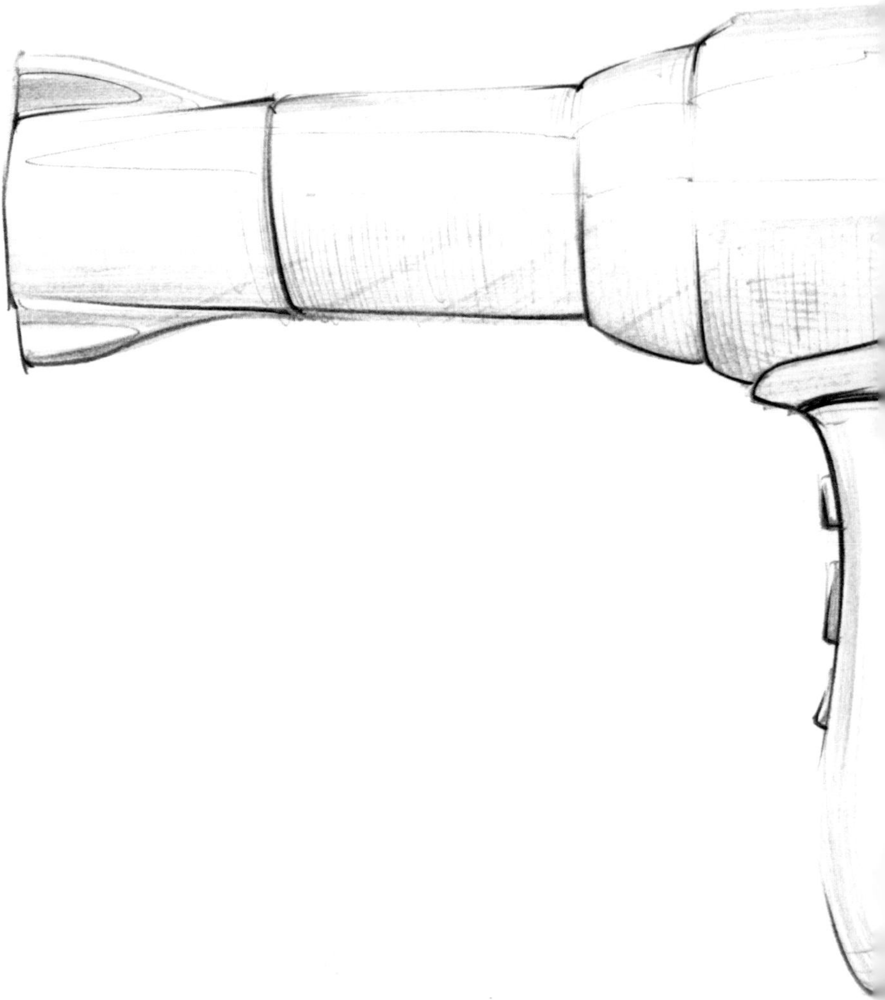

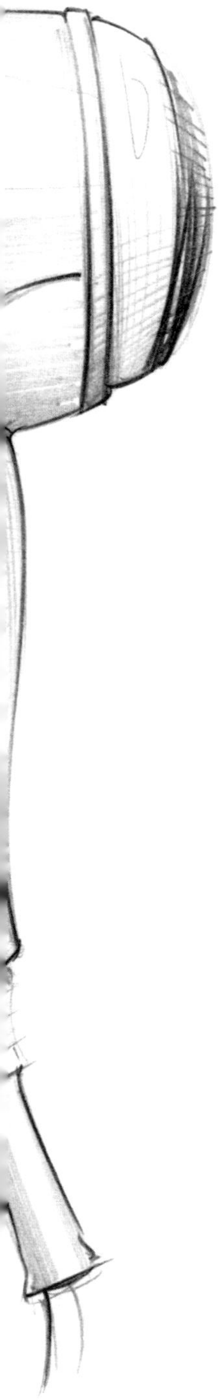

#55 MATTE OBERFLÄCHEN

Beim Zeichnen von Oberflächen mit verschiedenen Eigenschaften spielt das Licht eine maßgebliche Rolle.

Zeichnest du ein Objekt mit einer matten Oberfläche, so wird das Licht entsprechend wenig und weich reflektiert. Zudem ist auf dem Objekt **keine Spiegelung** zu erkennen, da die matte Oberfläche die Umgebung nicht spiegeln kann. Scheint also das Licht von schräg oben auf ein mattes Objekt, wie im Beispiel des Föhns gezeigt, so ist das Objekt auf der Oberseite heller als auf der Unterseite. Der Verlauf ist weich einzuzeichnen.

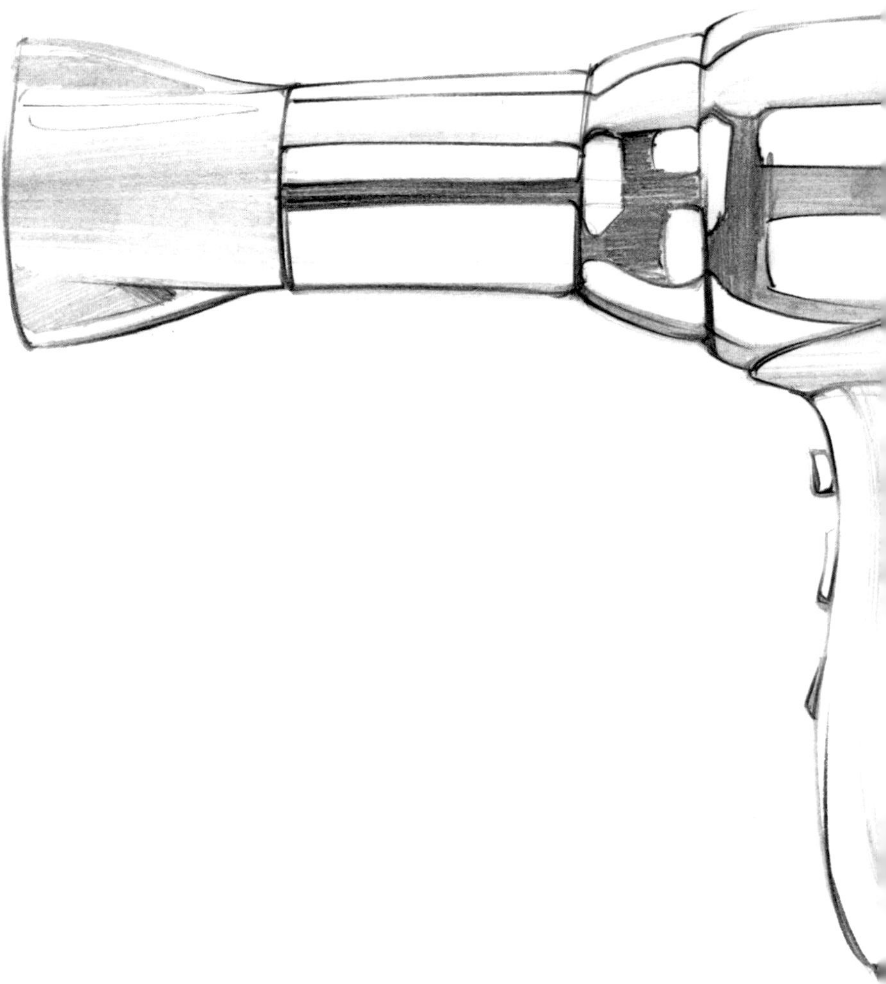

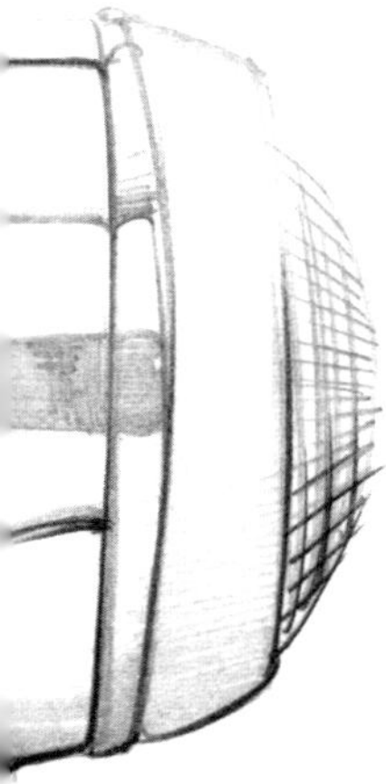

#56 GLÄNZENDE OBERFLÄCHEN

Glänzende Oberflächen reflektieren das Licht stärker als matte und können es sogar spiegeln.

Willst du eine glänzende Oberfläche zeichnen, so ist darauf zu achten, dass der **Verauf zwischen heller und dunkler Fläche** härter verläuft als bei matten Oberflächen. Zudem muss bei glänzenden Oberflächen die **Spiegelung der Umgebung** berücksichtigt und eingezeichnet werden, um eine entsprechende Spiegelung für den Betrachter zu verdeutlichen. Die gespiegelte Umgebung kann dabei stark vereinfacht werden.

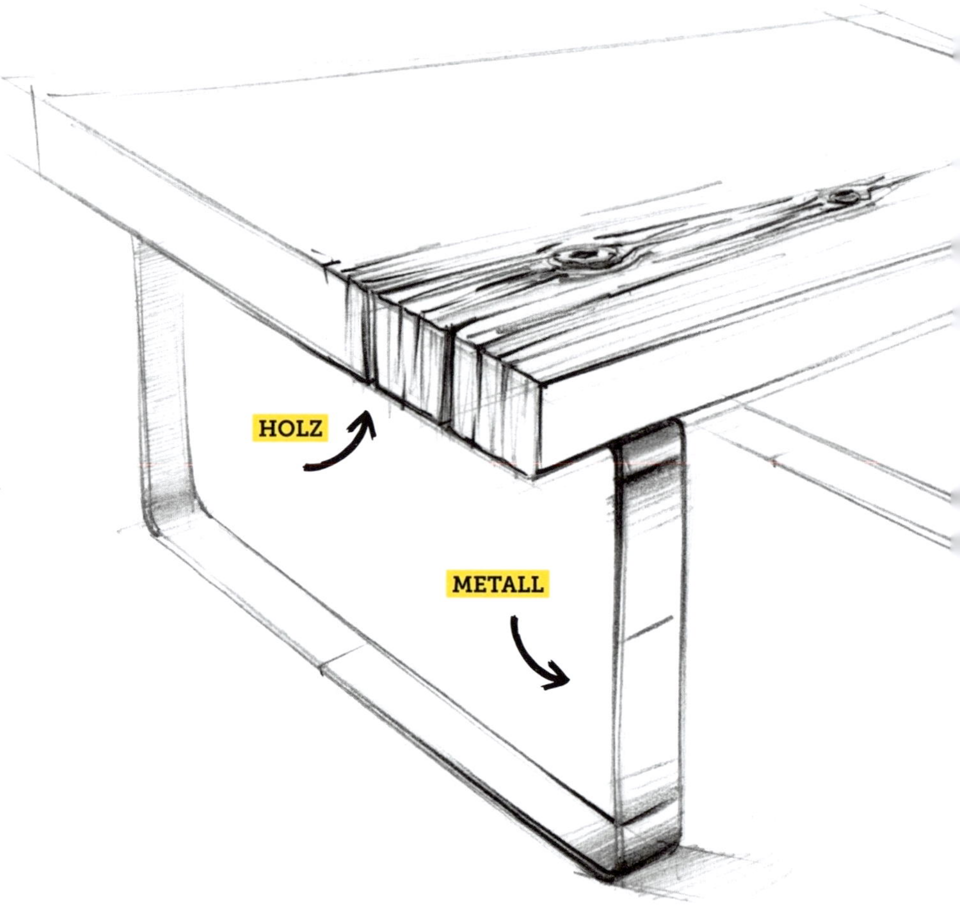
HOLZ
METALL

#57

HOLZ

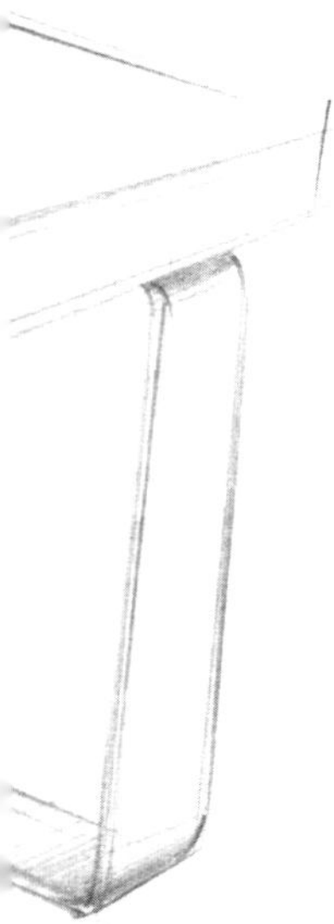

Beim Skizzieren von Holzoberflächen ist vor allem die Maserung der Jahresringe des Holzes zu beachten. Die **Jahresringe und Astlöcher** sowie die **Fasern** verleihen dem Holz sein charakteristisches Aussehen.

Zeichnest du also zum Beispiel einen Tisch mit einer Naturholzplatte oder eine Holzfassade, so kannst du die Maserung sowie Astlöcher stark vereinfacht einzeichnen. Der Betrachter wird durch diese markanten Merkmale sofort verstehen, um welches Material es sich handelt. Studiere das Holz also genau, um die Charakteristik entsprechend zeichnen zu können!

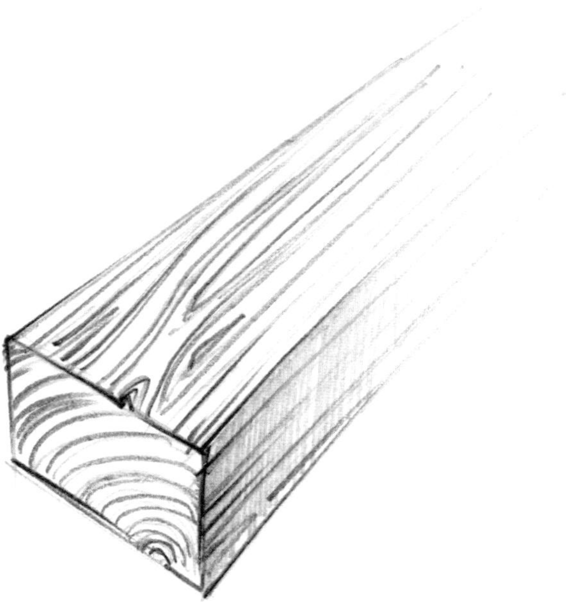

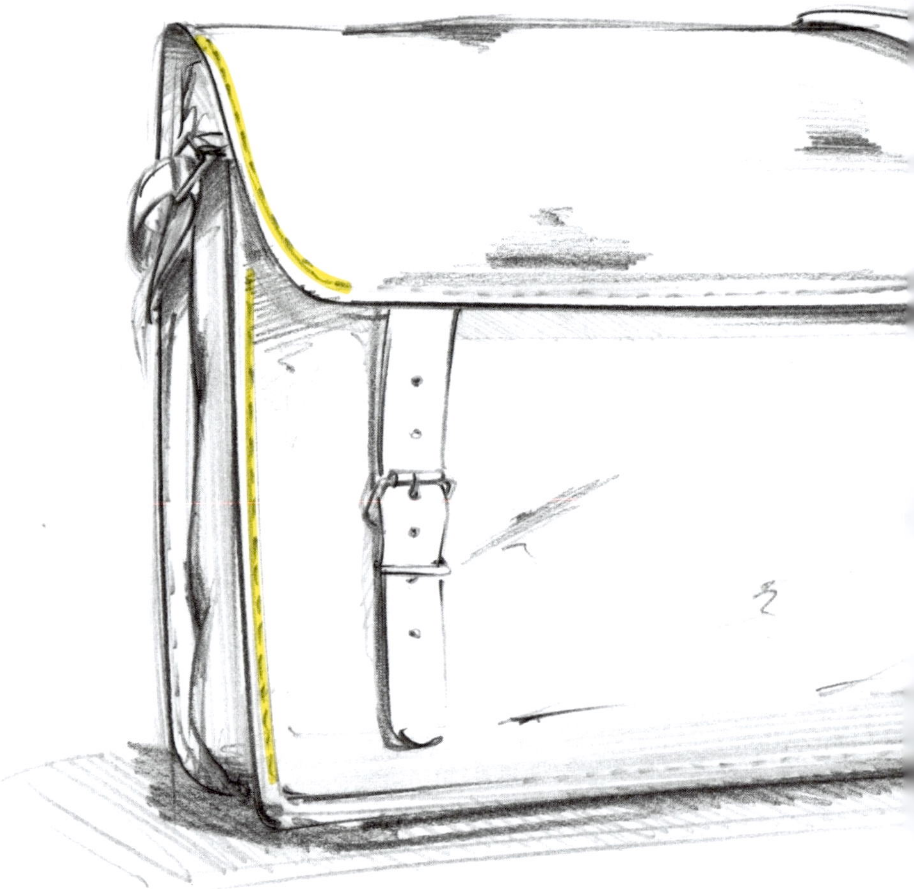

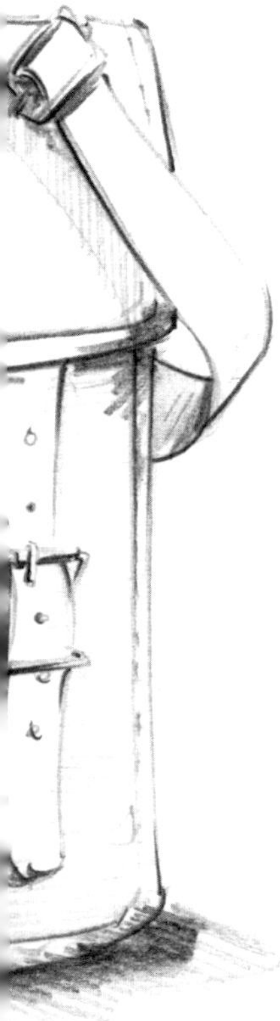

#58 LEDER

Auch beim Zeichnen von Leder ist auf die Beschaffenheit der Oberfläche sowie die Struktur zu achten. Diese verleiht dem Leder seine spezielle Anmutung.

Je nach Lederart und Objekt ist besonders der **Faltenwurf** zu beachten. Handelt es sich um Objekte, die aus Leder hergestellt sind, so sind meist **Nähte** zu finden. Dieses kleine Detail signalisiert dem Betrachter zusätzlich, dass es sich um Leder handelt. Du kannst die Struktur des Leders vereinfacht durch eine **leicht unregelmäßige Schraffur** sowie die Nähte und Falten andeuten.

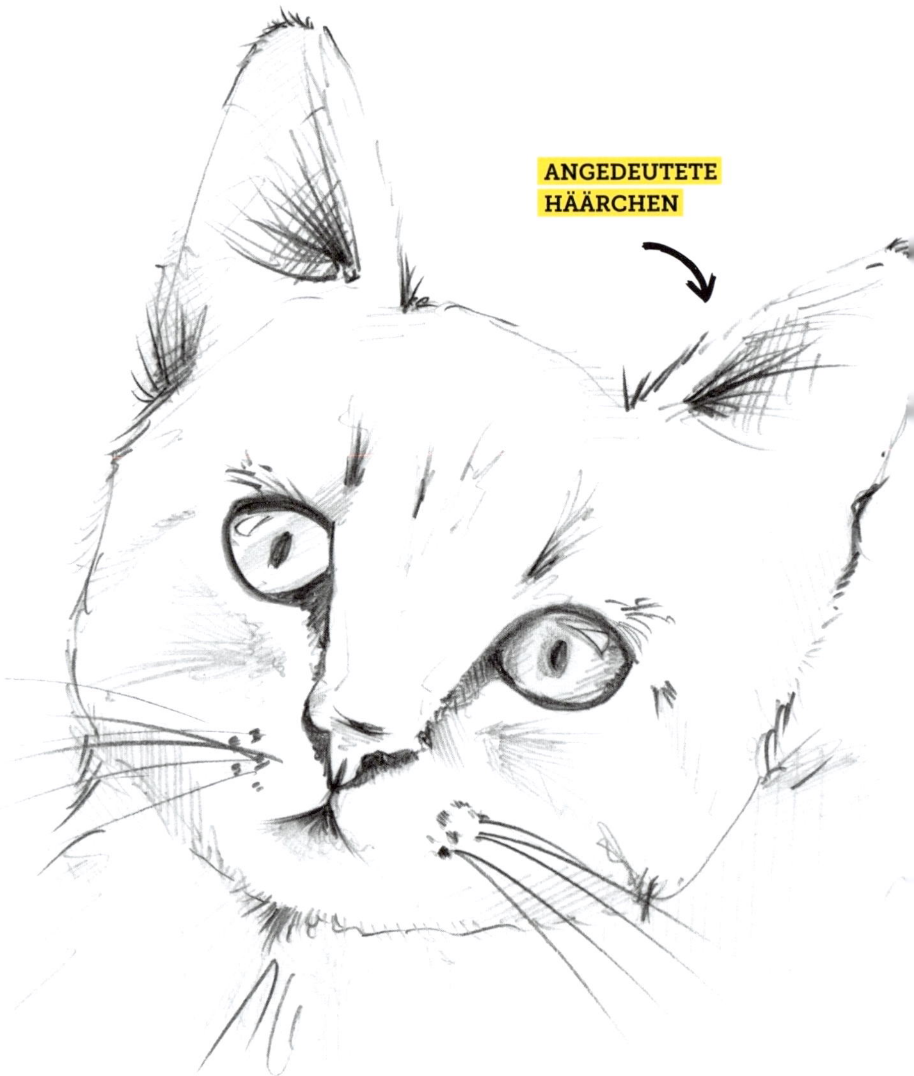
ANGEDEUTETE
HÄÄRCHEN

#59

FELL

Beim Zeichnen von Fell ist darauf zu achten, nicht lediglich flächig zu schraffieren, sondern das Fell durch das Zeichnen der feinen Härchen anzudeuten.

Nun musst du aber beim Zeichnen von Tieren keineswegs das ganze Fell mit feinen Härchen anzeichnen. Es reicht aus, die **Struktur** des Fells an besonders markanten oder dunklen Stellen anzuzeichnen, sodass die Silhouette und Form des Tieres oder des Objektes deutlich wird. Nebenbei machst du so die Zeichnung auch interessanter, da der Betrachter dazu gebracht wird, das Fell und die Silhouette selbstständig zu ergänzen.

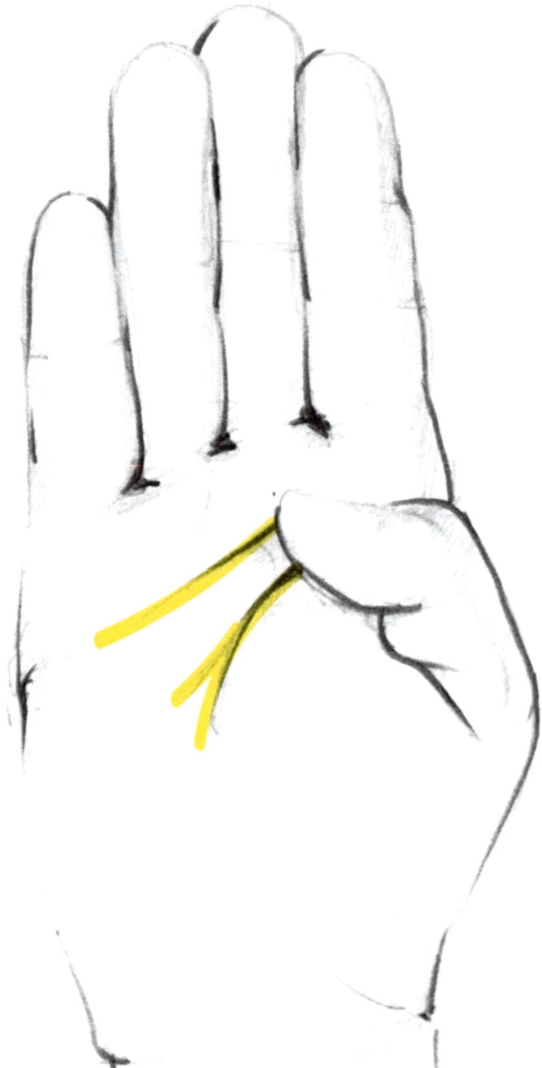

#60
HAUT

Das markanteste Merkmal beim Zeichnen von Haut sind die Falten, die die Haut natürlicherweise wirft.

Zeichnest du also beispielweise Hände in verschiedenen Positionen, so kannst du durch den **Faltenwurf** zum einen die Stellung der Hand sowie der Finger anzeichnen und deutlich machen. Zum anderen erzeugen die Falten Tiefe und lassen deine Zeichnung realistischer wirken. Besonders realistisch wirkt deine Zeichnung, wenn du die Falten zusätlich mit einem kleinen Schatten versiehst. Schließlich bilden die Falten **Vertiefungen** in der Haut, wodurch diese dunkler erscheinen.

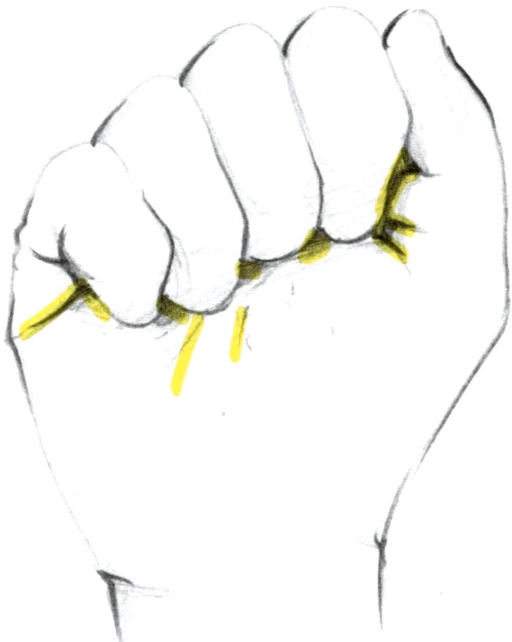

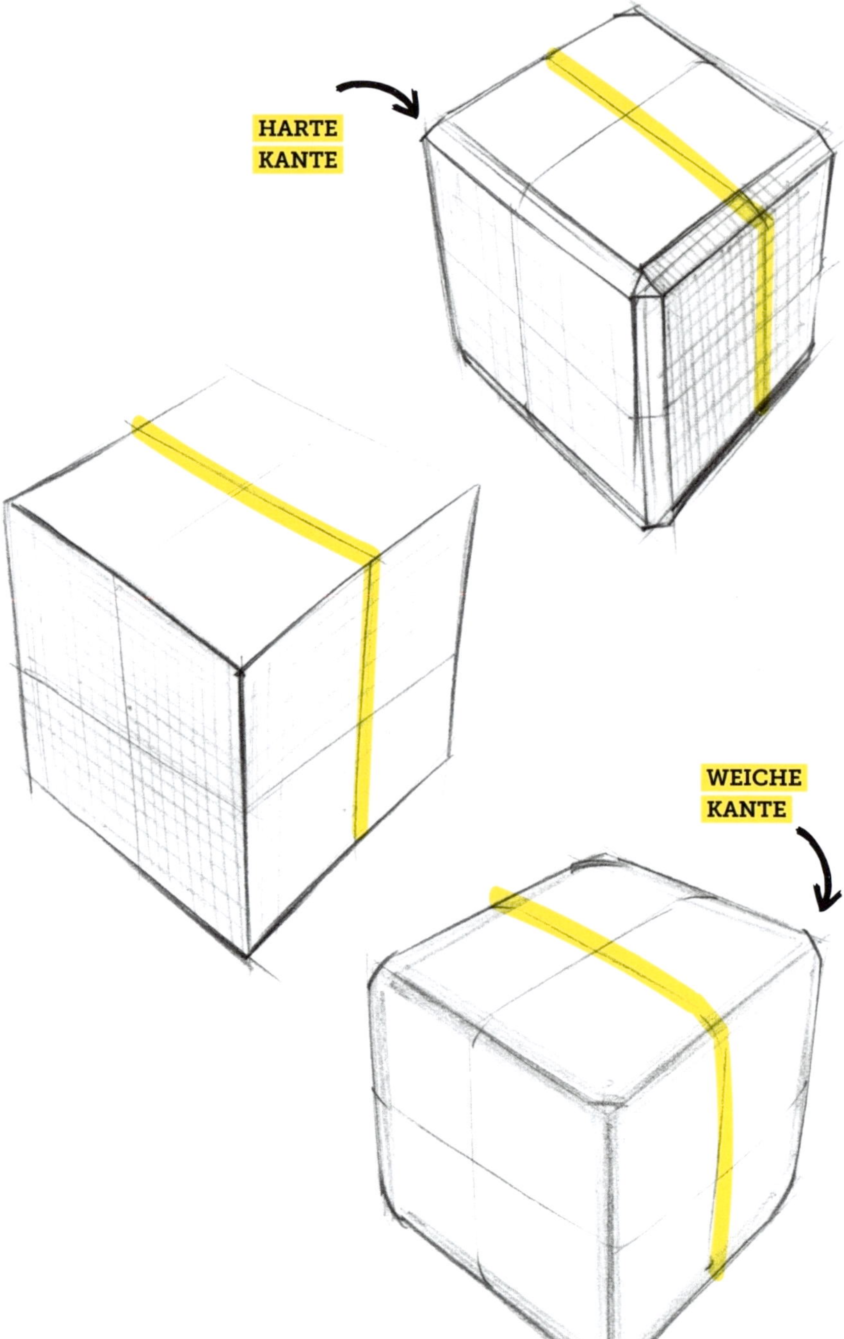
HARTE KANTE
WEICHE KANTE

#61 KANTEN

Kante ist nicht gleich Kante. Es gibt runde Kanten, scharfe Kanten oder auch Kanten mit einer Fase.

Die **Schraffur** kann dabei helfen, die gewünschte Kantenform zu verdeutlichen. Beim Schraffieren und Anzeichnen der Kante ist es also wichtig, darauf zu achten, ob die Kante scharf oder weich ist. Willst du eine scharfe Kante anzeichnen, so musst du darauf achten, die Schraffur und die Flächen ohne Verlauf und mit einer harten Kante zu skizzieren. Möchtest du hingegen eine runde Kante darstellen, so skizzierst du diese entsprechend mit einer weich verlaufenden Schraffur.

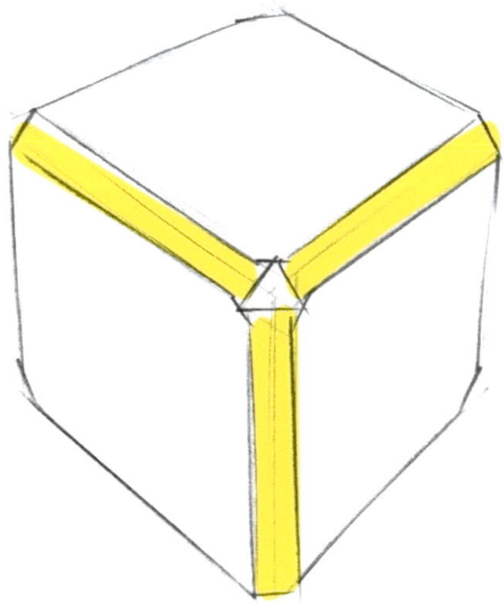

WOWEFFEKT!

Erklärende Linien eignen sich besonders gut, um die gezeichnete Kante noch besser hervorzuheben. Wie im Beispiel angezeichnet verläuft die erklärende Linie bei der weichen Kante rund und entsprechend bei der scharfen Kante eckig.

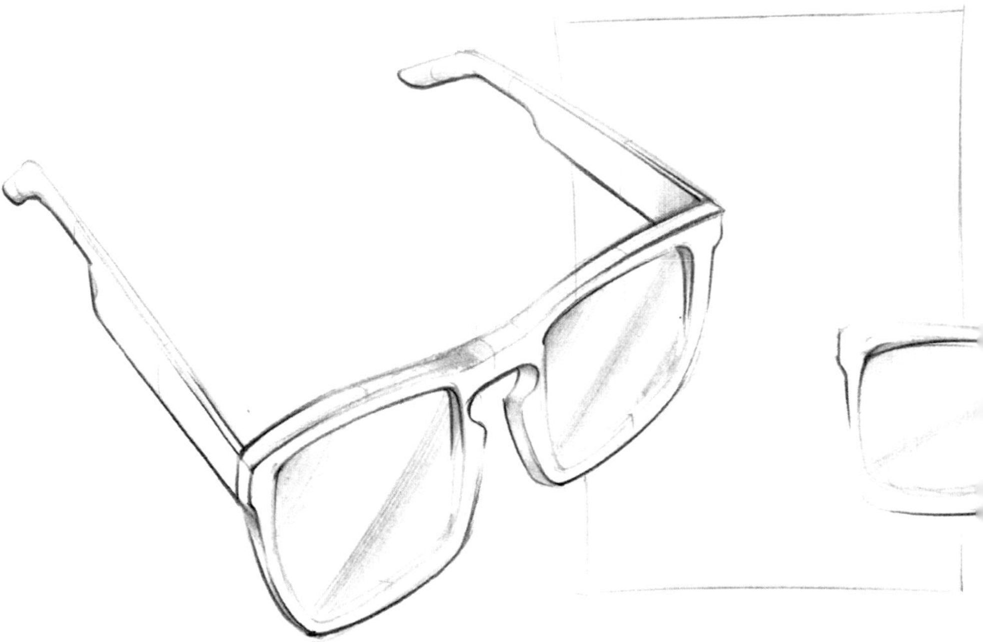

#62 REFLEKTION

Reflektierende Oberflächen sind besonders schwer darzustellen, haben aber einen belebenden Effekt auf deine Zeichnung.

Generell lässt sich sagen, dass die Umgebung auf der reflektierenden Fläche **verzerrt** und **proportional kleiner** dargestellt ist, als sie in Wirklichkeit ist.

Will man z. B. einen liegeden Chromzylinder zeichnen, wie er in etwa bei einem Föhn zu finden wäre, so geht man in der Mitte des Zylinders von einem Zentrum der reflektierten Umwelt aus und zeichnet diese stark verzerrt auf die Mittelachse. In der Mitte dieser Reflektionen befindet sich eine Art Schattenzentrum. Nach unten hin lässt man den Schatten auslaufen. Am oberen Rand des Zylinders wird abschließend noch etwas Schatten angedeutet und schon hat man eine realistisch wirkende Oberfläche.

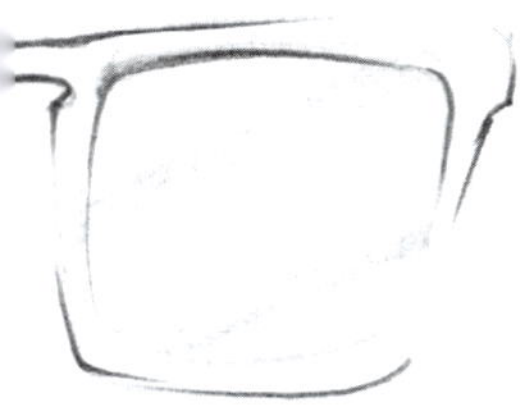

WOWEFFEKT!

Gerade bei glänzenden Oberflächen ist das Einzeichnen der Reflektion unbedingt nötig, um die Oberfläche in ihrer Beschaffenheit korrekt darzustellen. Durch das Einzeichnen der Reflektion belebst du deine Skizze und kannst sie zudem wesentlich realistischer wirken lassen.

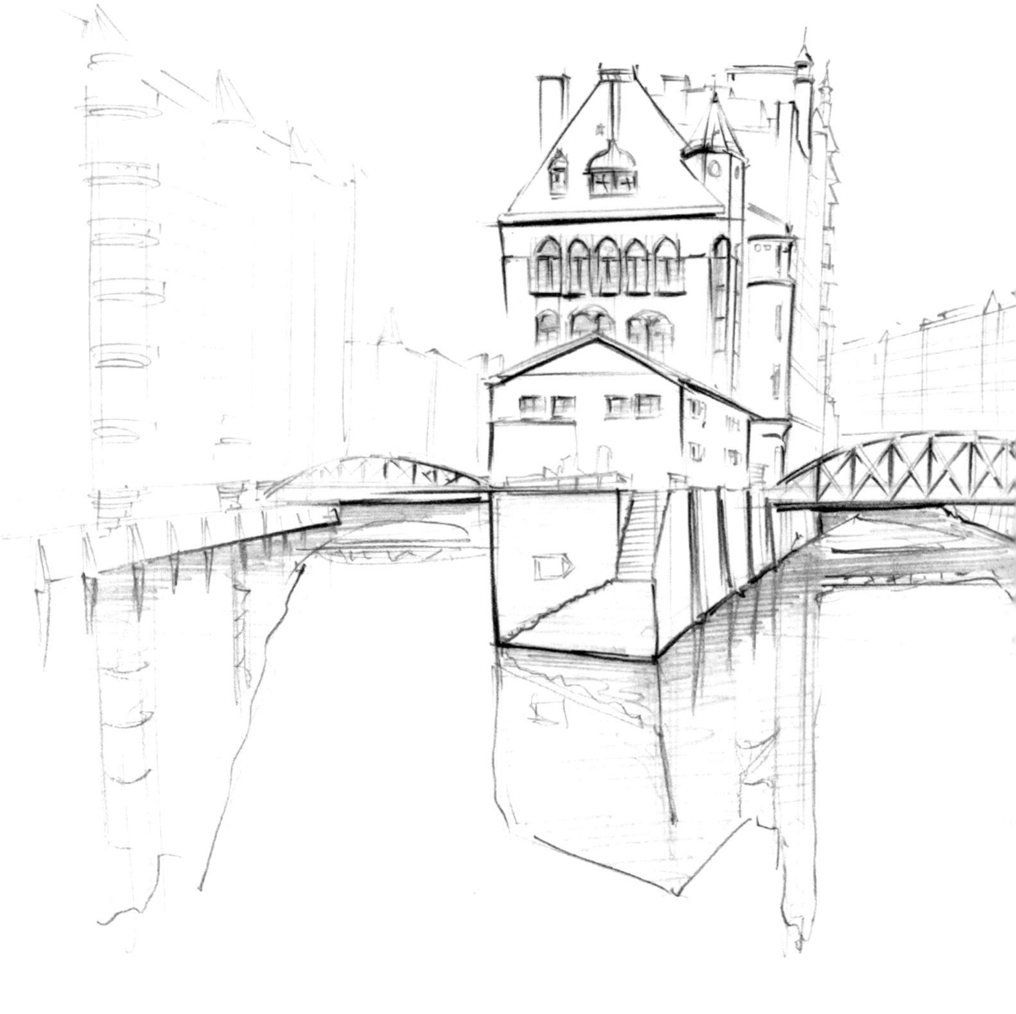

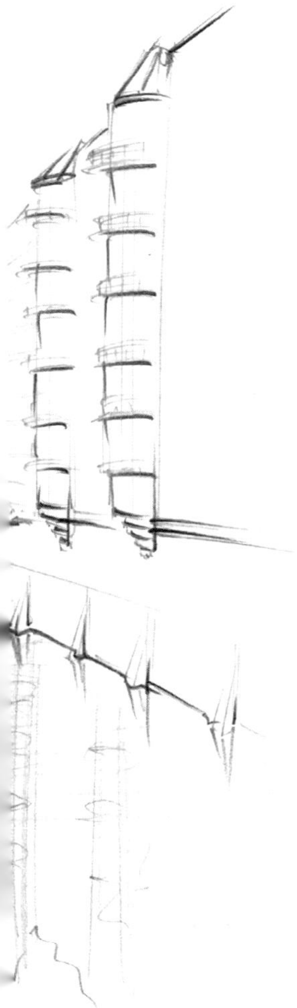

#63

SPIEGELUNG

Spiegelungen befinden sich auf allen glänzenden Oberflächen, d. h. auf Glas, auf Chrom und auf Wasser. Richtig dargestellt können sie deine Zeichnung extrem realistisch wirken lassen.

Generell wirkt die gespiegelte Umgebung auf dem Objekt etwas **blasser** als in der Realität, die Farblichkeit wird jedoch beibehalten. Außerdem kannst du die gespiegelte Umgebung etwas **abstrahieren**. Spiegeln sich wie in der Beispielskizze etwa Gebäude im Wasser, so ist darauf zu achten, dass die Gebäude spiegelverkehrt gezeichnet werden. Auch werden nur **markante Details** in der Spiegelung gezeichnet und das Gespiegelte sehr stark abstahiert. Mit diesen einfachen, aber wirkungsvollen Tricks erweckst du deine Skizze zum Leben.

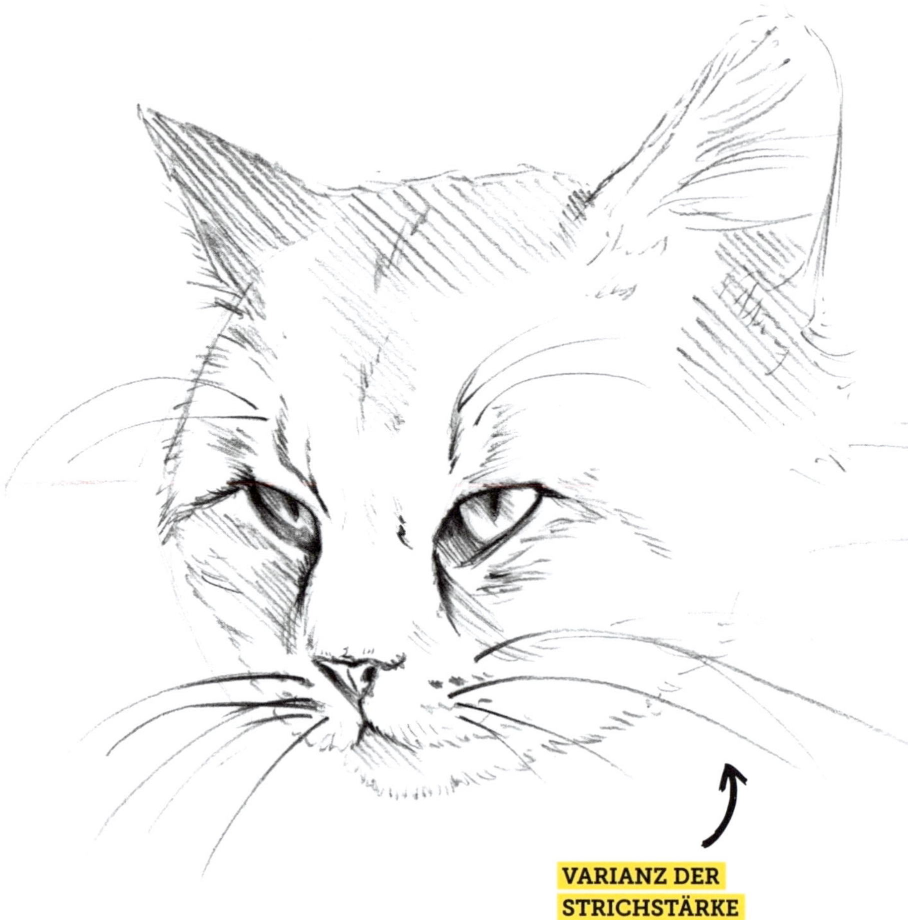
VARIANZ DER
STRICHSTÄRKE

#64

DYNAMIK

Um Dynamik in einer Zeichnung zu erzielen, gibt es viele Mittel: Zum einen kann man durch die Wahl der **Perspektive** viel Spannung erzeugen. Aber auch der Kontrast der **Strichführung** spielt eine wichtige Rolle. So können dunkle Stellen sehr kräftig skizziert werden und sehr helle Stellen wie bei „Lost and Found Lines" beschrieben gestaltet werden, sodass das Auge des Betrachters die Form ergänzen muss.

Im Beispiel der Katze erkennst du, welchen Effekt du durch die Varianz im Kontrast des Strichs erzielen kannst. So laufen die Schnurrhaare nach außen hin etwas aus und die Augen rücken durch den Kontrast in den Vordergrund. Das Fell der Katze ist lediglich angedeutet und ohne konkrete Begrenzungen gezeichnet.

VERZERRT

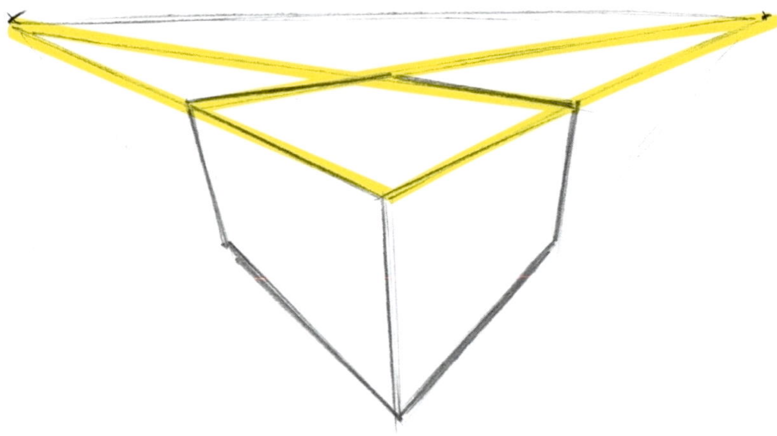

NICHT VERZERRT

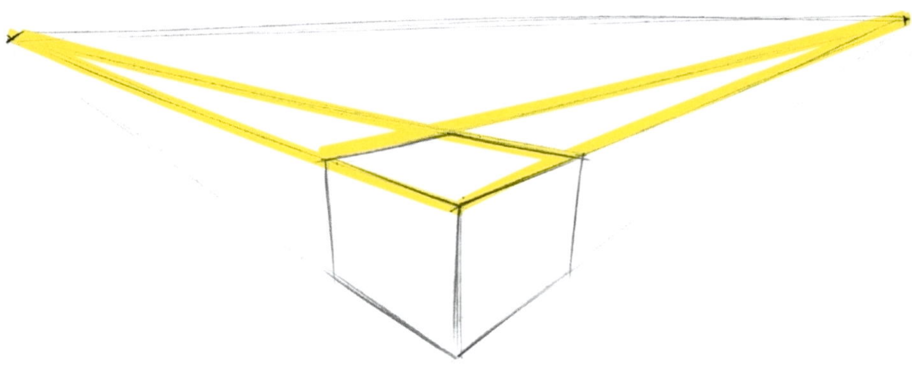

#65

VERZERRUNG

Wie sehr ein Objekt verzerrt erscheint, hängt von der Entferung des Betrachters zum Objekt ab. Dabei gilt: je näher der Betrachter, desto verzerrter das Objekt.

Leicht zu erkennen ist das Prinzip, indem man zwei einfache Quadrate in Perspektive zeichnet. Als Hilfe dazu werden die Horizontlinie und zwei Fluchtpunkte verwendet: Zeichnest du nun bei der ersten Zeichnung die **Fluchtpunkte nah aneinander** auf der Horizontlinie, so wirst du merken, dass das Quadrat am Ende sehr verzerrt und aus der Nähe dargestellt ist. Wählst du anschließend bei der zweiten Zeichnung zwei Fluchtpunkte, die auf der Horizontlinie weiter auseinander liegen, so erscheint das Quadrat nicht so verzerrt, sondern mit einem gewissen Abstand des Betrachters zum Objekt.

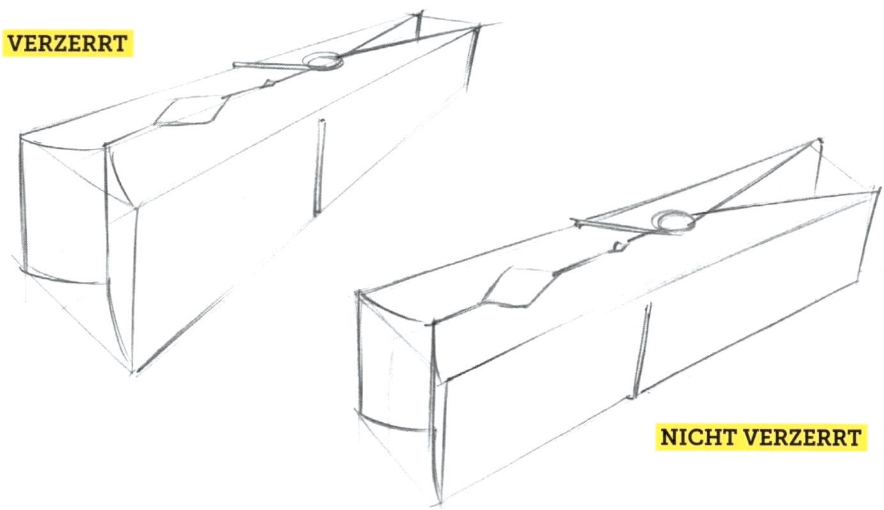

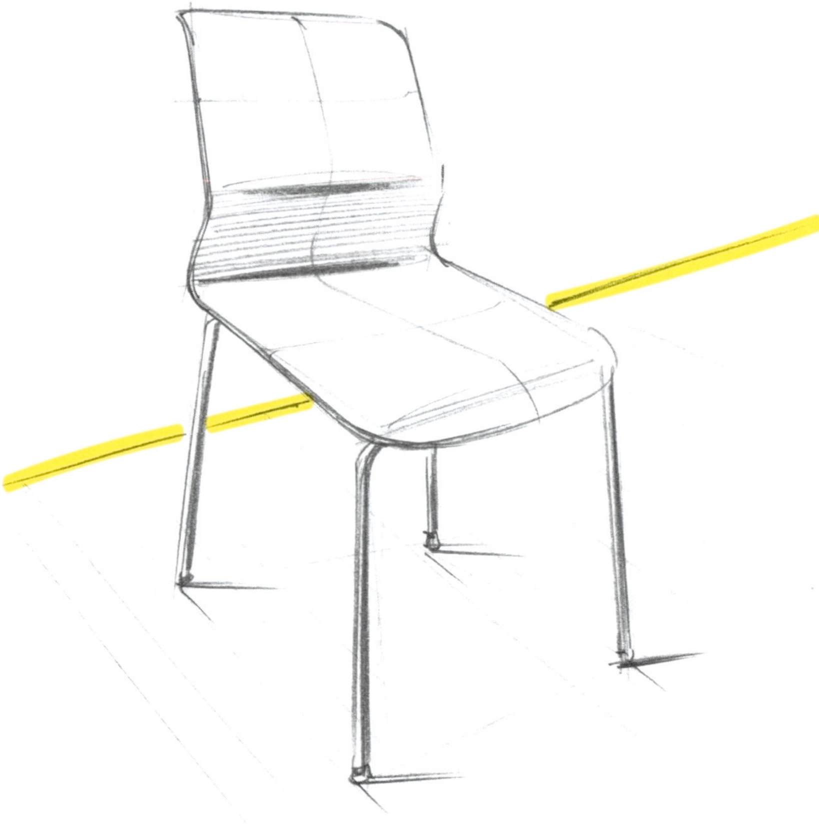

#66
RAUM

Die Hintrgrundlinie ist ein sehr einfaches, aber effektives Mittel, um Objekte in einem **Raum** in Szene zu setzen.

Dazu zeichnest du lediglich eine Linie hinter das gezeichnete Objekt, die dem Betrachter dabei hilft, das Objekt im Vordergrund perspektivisch einzuordnen. Achte dabei darauf, dass die Hintergrundlinie perspektivisch auch zu deinem gezeichneten Objekt passt.

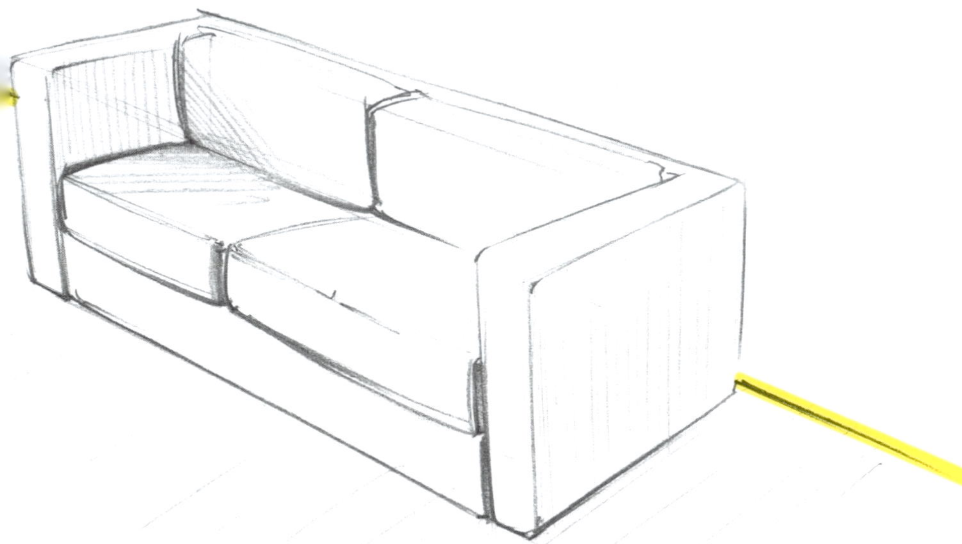

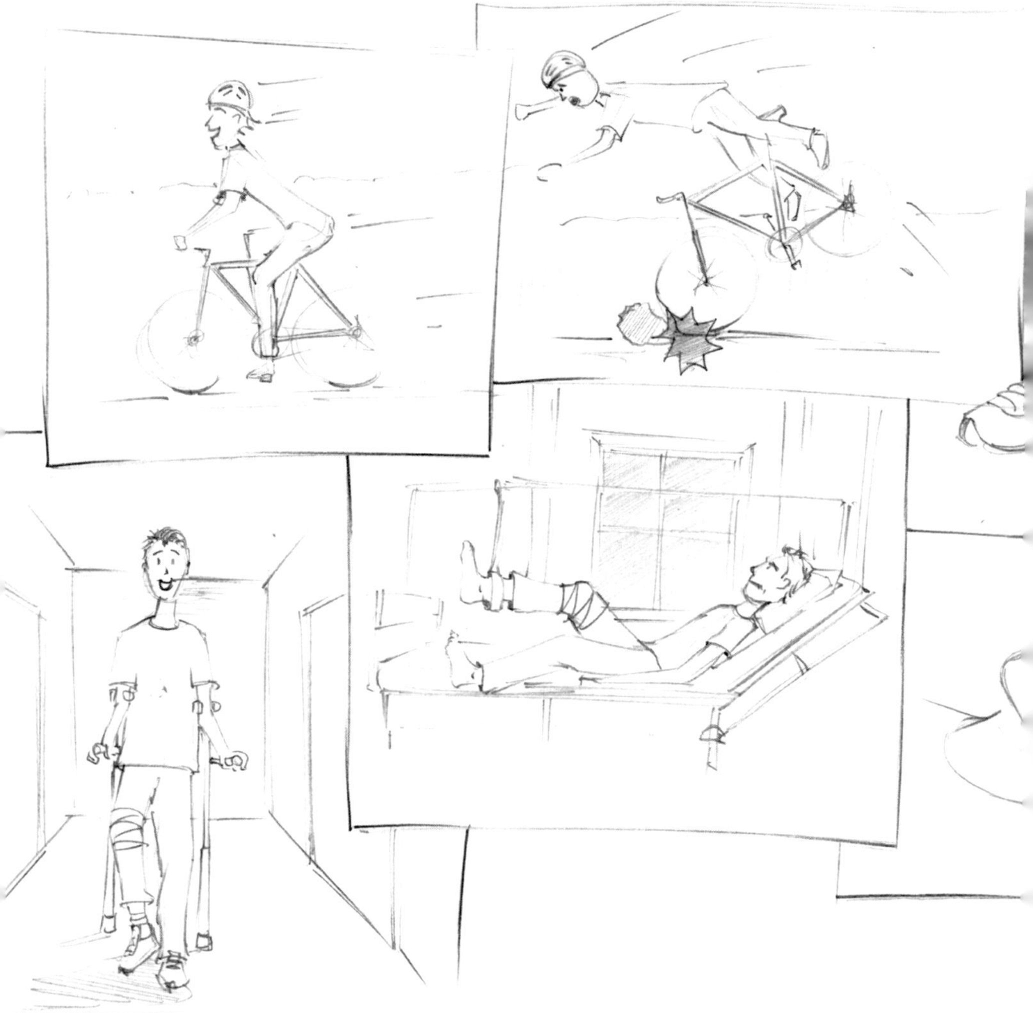

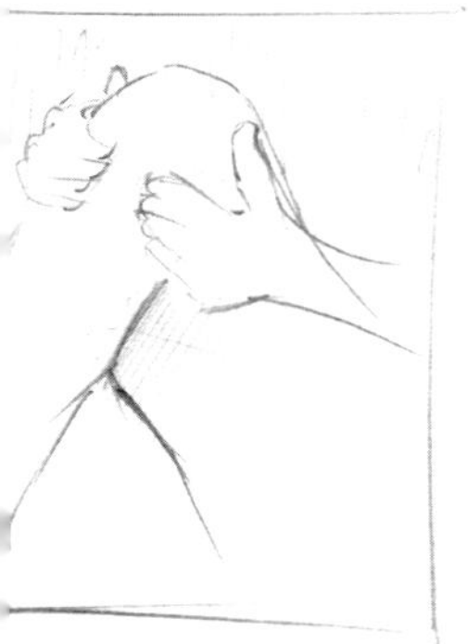

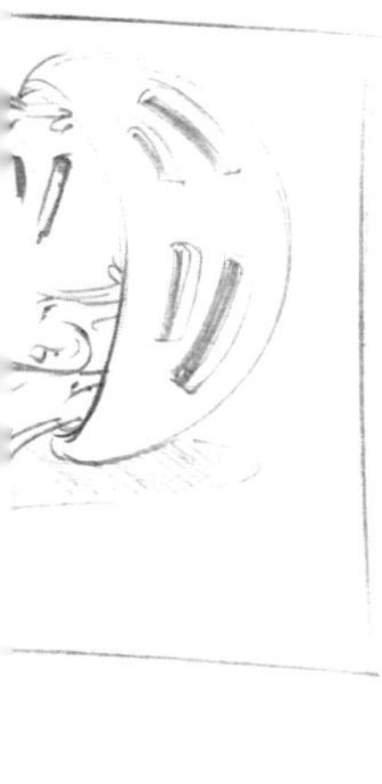

#67 SZENARIEN & SZENERIE

Will man den Kontext eines Produktes, einer Situation oder die Verwendung eines Objektes zusätzlich erläutern, so empfielt es sich, die Szenerie und den Kontext in einem **Comic** oder einem **Storyboard** darzustellen. Auch kann das durch einen ausgearbeiteten Hintergrund passieren, zu dem das Objekt im Kontext steht.

Wichtig ist dabei, dass die ausschlaggebenden Details gut herausgestellt sind, sodass die Zeichnung für den Betrachter leicht verständlich ist. Hierbei gilt: So viel wie nötig, so wenig wie möglich.

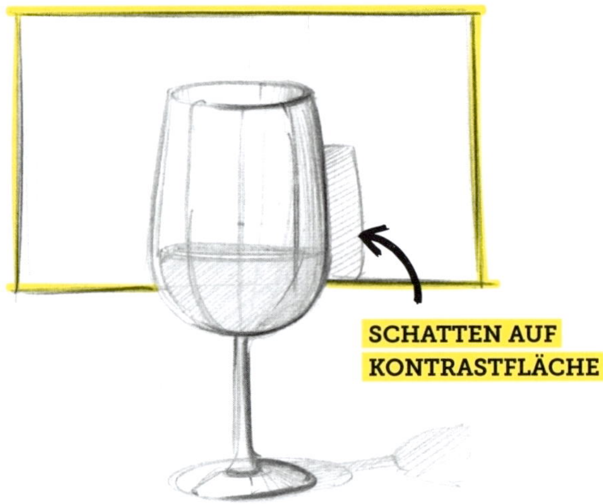
SCHATTEN AUF
KONTRASTFLÄCHE

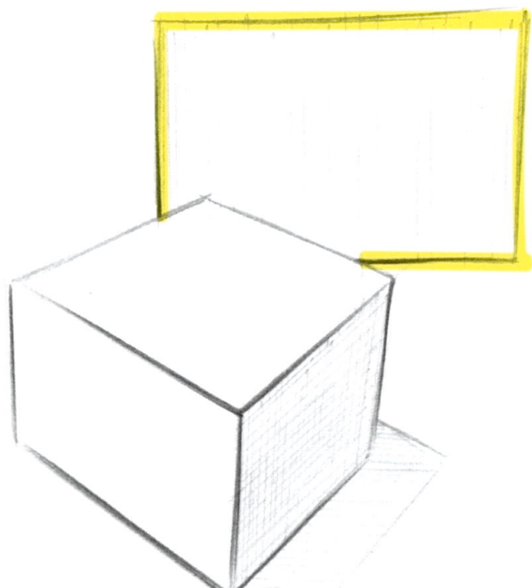

#68

KONTRAST-FLÄCHE

Ein einfaches Mittel, Teile deiner Zeichnung zu betonen und durch Tiefenwirkung hervorzuheben, ist die Kontrastfläche.

Sie sollte möglichst **schlicht** sein und sich dadurch nicht aufdrängen. Außerdem solltest du darauf achten, dass sich die Kontrastfläche mit dem Objekt überschneidet. Erst durch die Überschneidung kommt der Effekt der Tiefenwirkung deutlich zum Tragen!

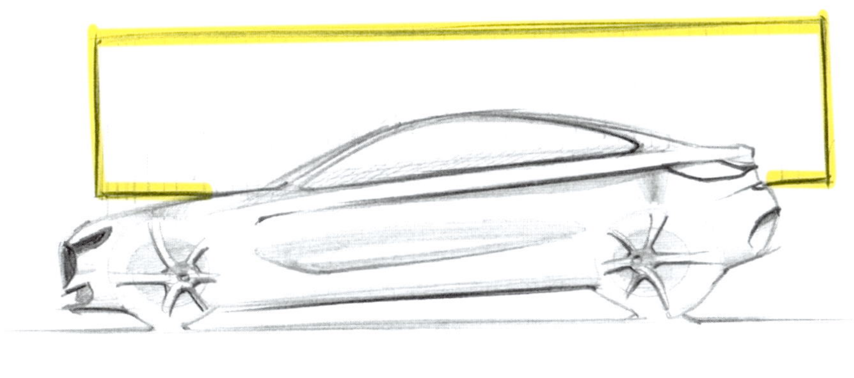

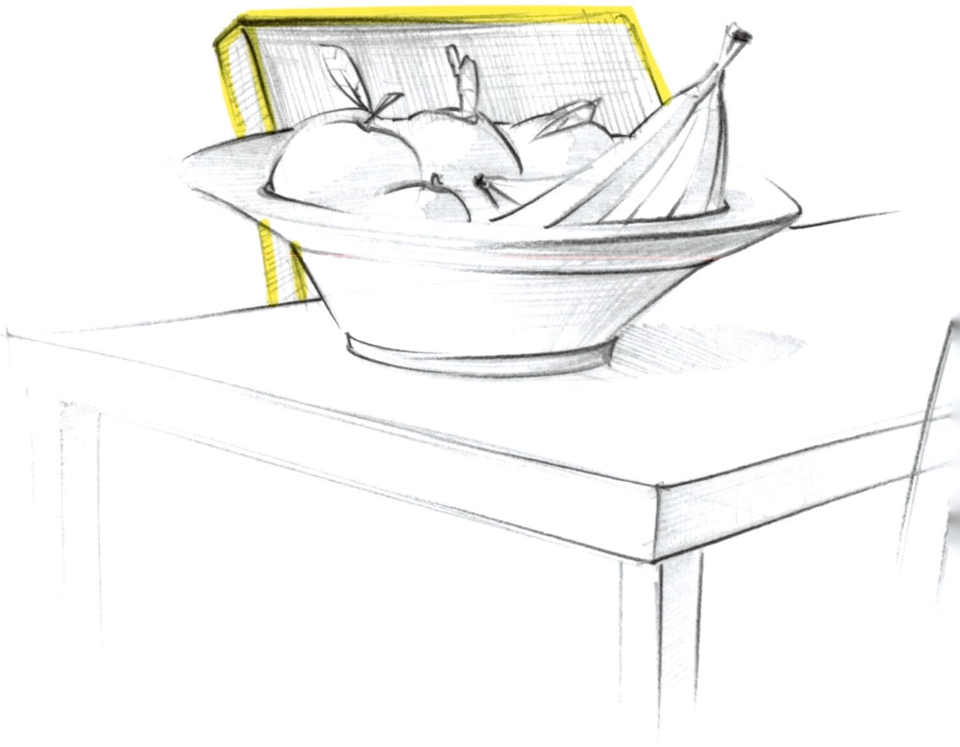

#69 KONTRAST IN FORM

Mit „Kontrast in Form" ist die Wirkung eines Objektes auf ein anderes gemeint.

Hat man z. B. ein Objekt auf einem Tisch liegen, so eignet sich das Objekt im Hintergrund dazu, das im Vordergrund befindliche **Objekt in Szene** zu setzen. Wie in der Beispielzeichnung zu sehen, steht die Obstschale im Vordergrund auf dem Tisch. Im Hintergrund ist ein Stuhl zu sehen, der eine Kontrastfläche für die Obstschale bietet und sie so hervorhebt. Die Obstschale sticht dem Betachter sofort ins Auge.

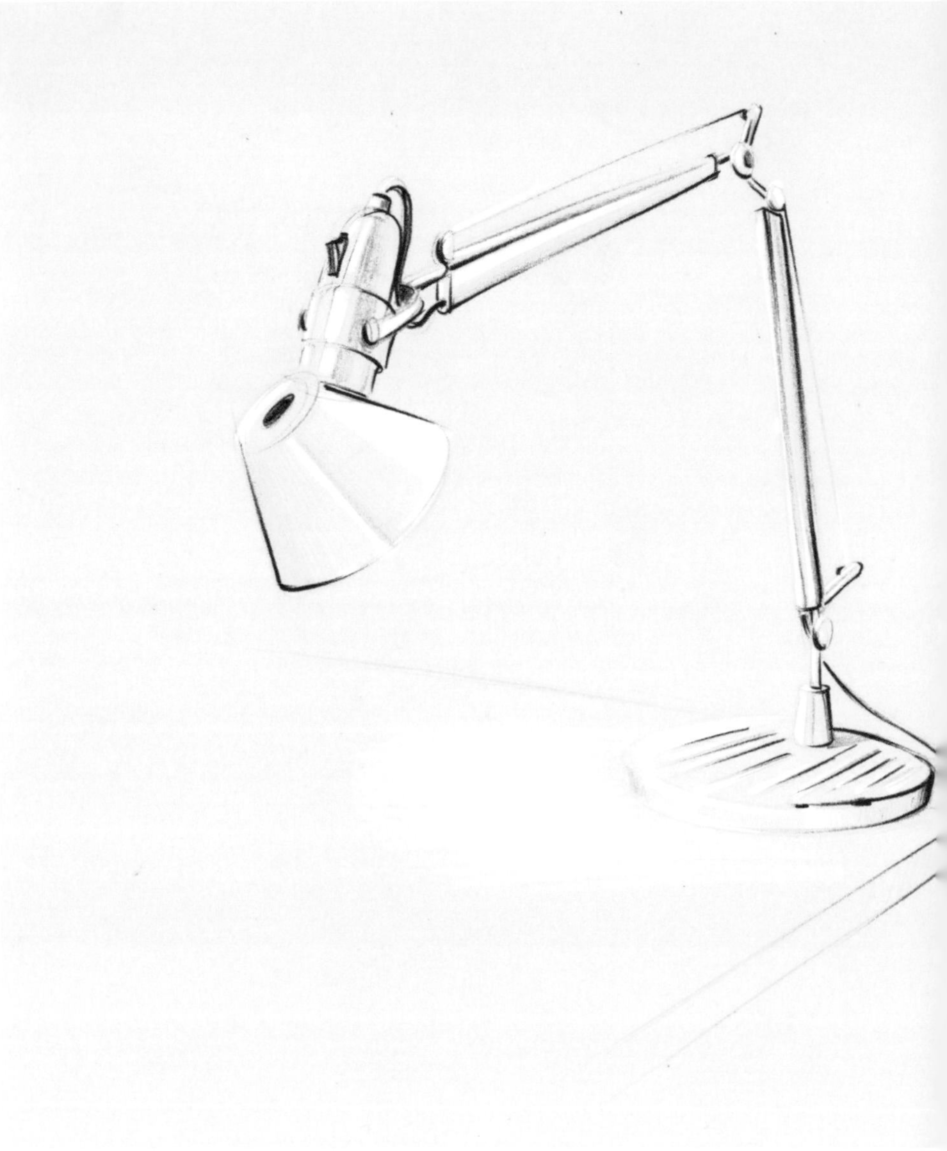

#70
FARBIGES PAPIER

Eine einfache und zugleich abwechslungsreiche und ansprechende Art der Darstellung ist die Verwendung von farbigem Papier und einem weißen Buntstift.

Zunächst zeichnest du leicht mit einem Bleistift oder einem Fineliner vor. Anschließend setzt du **Highlights** bzw. hebst Stellen, auf die das Licht fällt und die heller sind, mit dem weißen Stift hervor. Auch Glanzstellen lassen sich so sehr einfach, aber eindrucksvoll darstellen.

Zusätzlich kannst du durch das Variieren der Strichstärke oder die Verwendung eines weicheren Bleistifts Schatten und Flächen, auf die weniger Licht fällt, ausarbeiten.

WOW EFFEKT!

Anders als auf weißem Papier lassen sich auf dem farbigen Papier nicht nur Schatten, sondern auch helle und Glanzstellen anzeichnen.

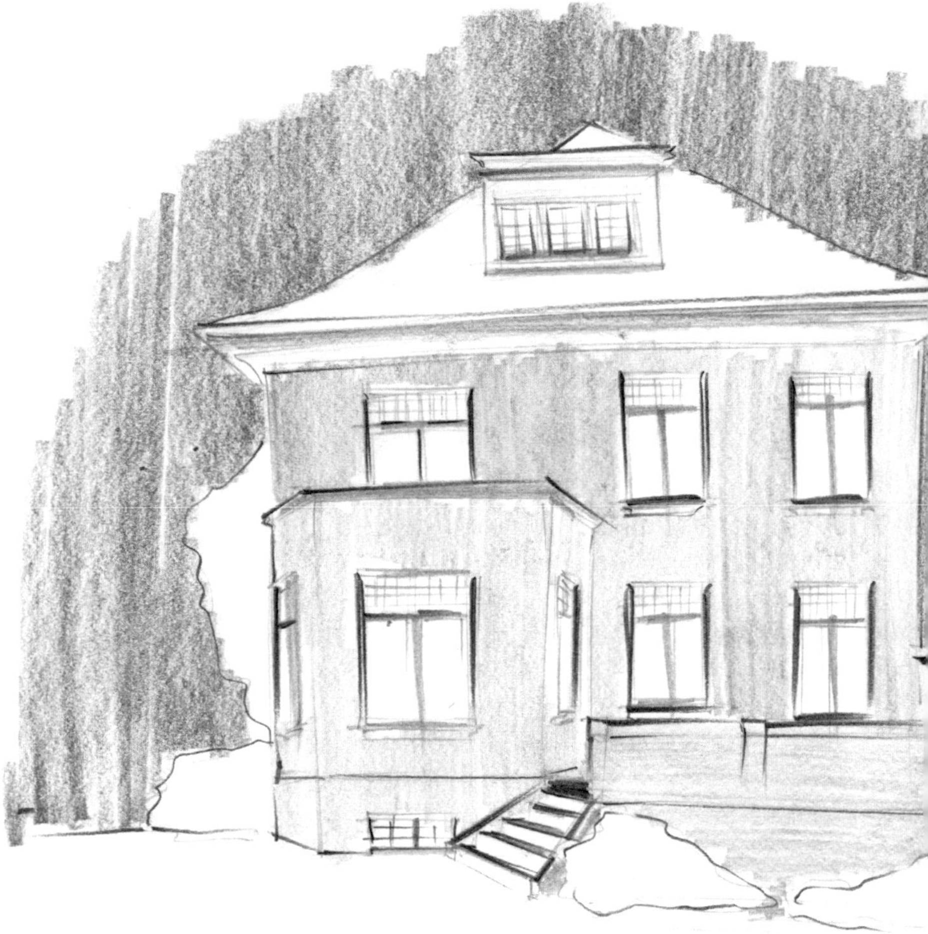

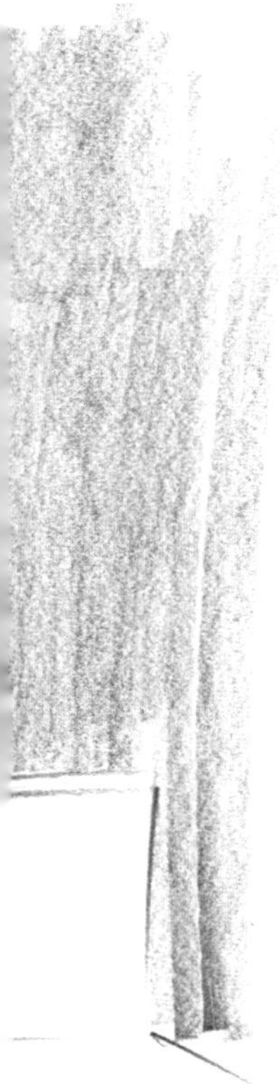

#71 NEGATIV-ZEICHNUNG

Eine abwechslungsreiche Art der Darstellung ist die Negativzeichnung. Dazu benötigst du schwarzes Papier und einen weißen Stift. Da der Untergrund der Zeichnung schwarz ist, schraffierst du nicht wie gewohnt die Schatten, sondern mit dem weißen Stift entsprechend die hellen Stellen und **Glanzpunkte** auf deinem Objekt. Wie der Name sagt, ähnelt diese Art der Darstellung einem Negativbild.

Eine weitere Technik, mit der du einen ähnlichen Effekt erzielen kannst, besteht darin, mit dem Bleistift auf dem weißen Papier zu zeichnen und dabei nicht wie gewohnt die dunklen Stellen zu schraffieren, sondern entsprechend die hellen Stellen dunkel zu schraffieren. Auch kannst du versuchen, dabei ganze Flächen nicht zu schraffieren sondern hell zu lassen statt mit einer Konturlinie zu arbeiten.

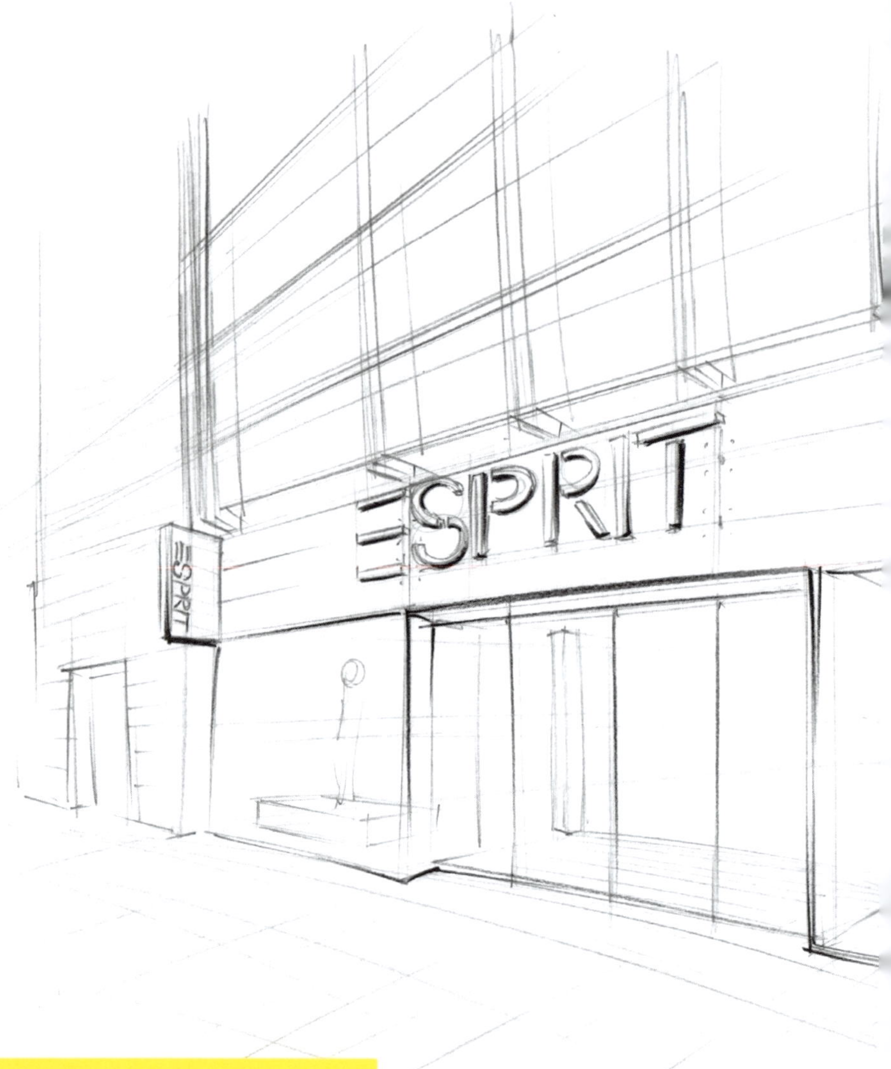

WOWEFFEKT!

Genau diese kleinen Details machen deine Zeichnung individuell und bereichern sie, indem sie Lebendigkeit einbringen.

#72 SCHRIFT & ZAHLEN

Willst du zum Beispiel eine Ansicht einer Straße oder Produkte skizzieren, so kann es vorkommen, dass Straßenschilder, Schriftzüge von Lokalen oder auch Zahlen auf einem Wecker zu zeichnen sind. Dabei ist es völlig ausreichend, die Schrift etwas zu abstrahieren und die Schrift oder die Zahlen somit lediglich anzudeuten.

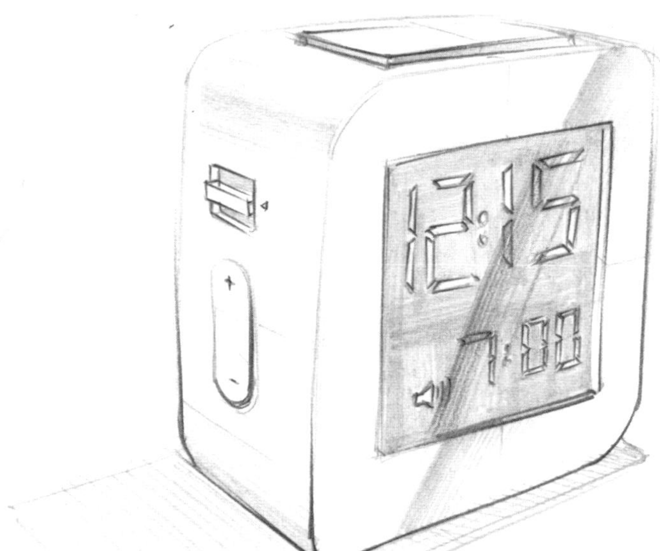

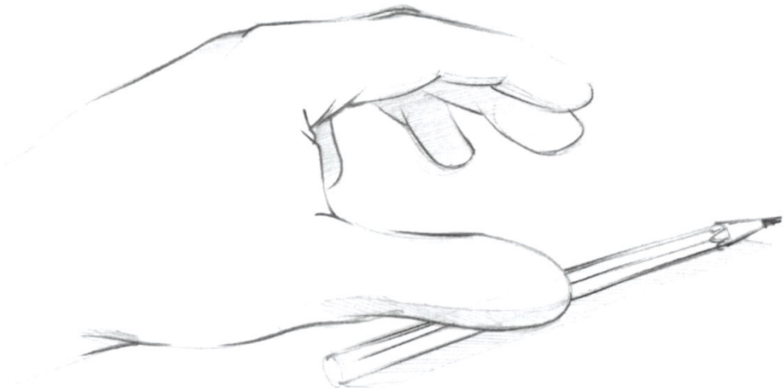

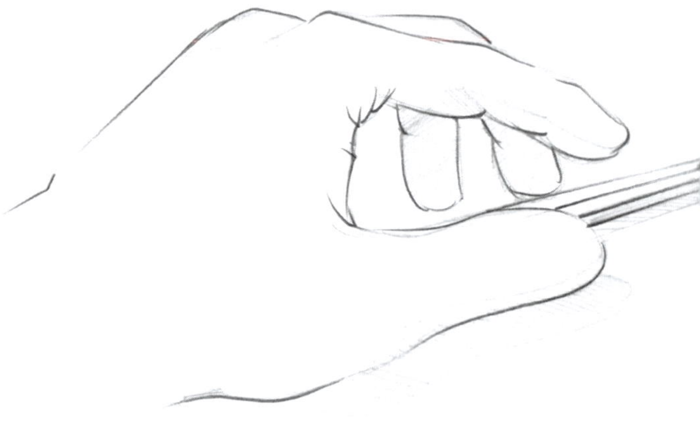

WOWEFFEKT!

Sehr oft findest und entdeckst du beim genauen Beobachten Details oder Funktionsweisen, die du so noch nicht wahrgenommen hast!

#73 BEOBACHTE & ENTDECKE

Die Grundvoraussetzung zum Zeichnen besteht darin, mit offenen Augen durch die Welt zu gehen, genau zu beobachten und zu analysieren, was dich umgibt und was um dich herum passiert.

Diese **aufmerksame Wahrnehmung** hilft dir dabei, Dinge schnell und genau zu erfassen und zu verstehen. Du solltest danach fragen, wie ein Objekt funktioniert und warum es so funktioniert und nicht anders. Besonders spannend wird es, wenn du alltägliche Gegenstände genauer betrachtest und Bewegungsabläufe studierst wie im Beispiel das Greifen nach einem Bleistift.

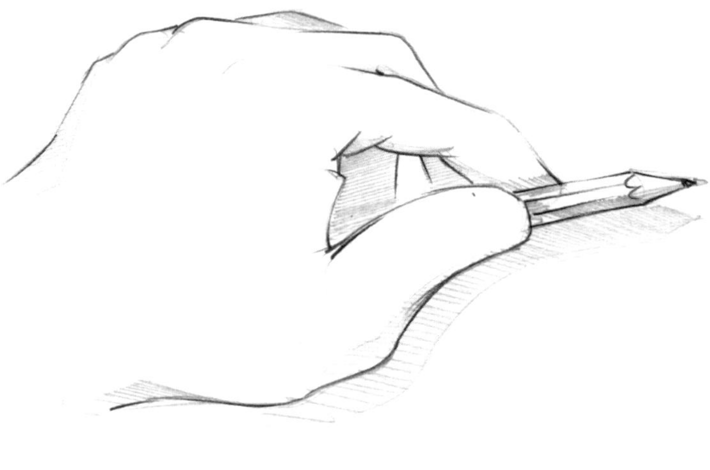

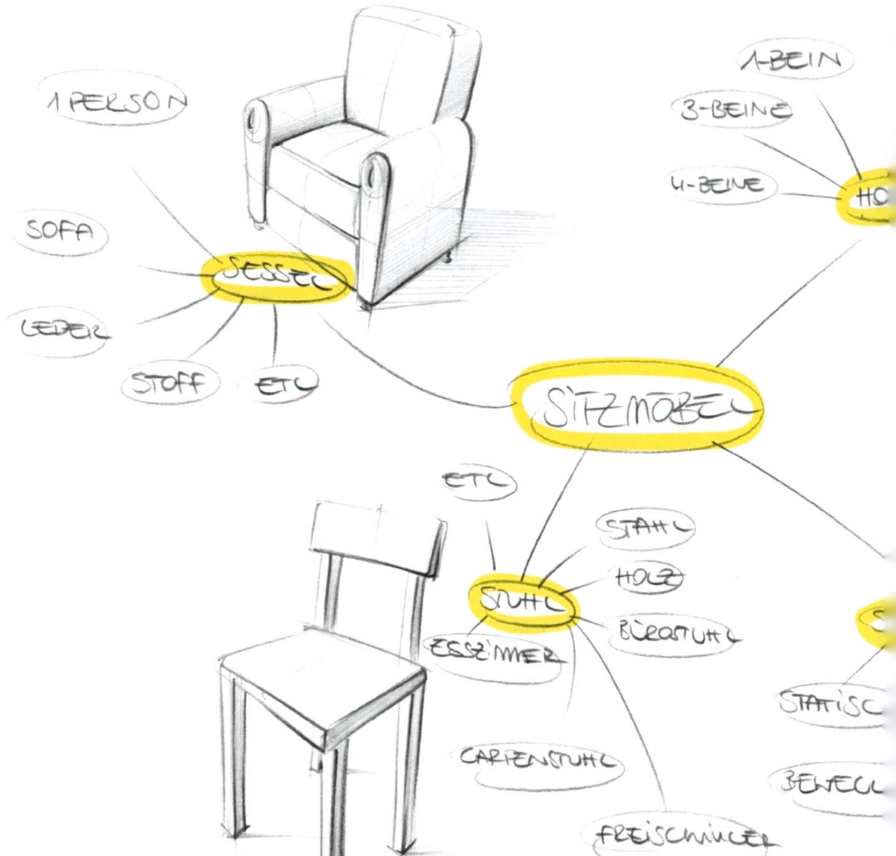
1 PERSON
SOFA
SESSEL
LEDER
STOFF
ETC
1-BEIN
3-BEINE
4-BEINE
SITZMÖBEL
ETC
STAHL
HOLZ
STUHL
BÜROSTUHL
ESSZIMMER
GARTENSTUHL
FREISCHWINGER

#74 MINDMAP

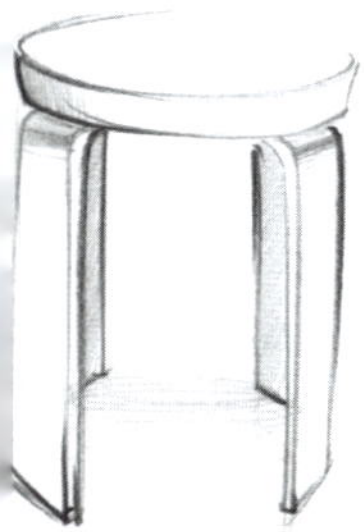

Eine gute Hilfe bei der **Ideenfindung** ist das Erstellen einer Mindmap. Dabei orientierst du dich an allen wichtigen Eigenschaften und Merkmalen, die das ausgearbeitete Objekt haben soll, und entwickelst auf diesem Weg deine Idee.

Die Mindmap hilft dir zudem dabei, dich bei der Ideenfindung selbst etwas einzugrenzen: Willst du beispielsweise ein Sitzmöbel gestalten, so gibt es erstmal sehr viele verschiedene Zielgruppen und ebenso viele Typen von Stühlen. Es gibt Gartenstühle, Esszimmerstühle, Bürostühle, aber auch Hocker, Sessel und Sofas. Die Mindmap kann dir dabei helfen, dich auf eine Zielgruppe und bestimmte Eigenschaften zu konzentrieren.

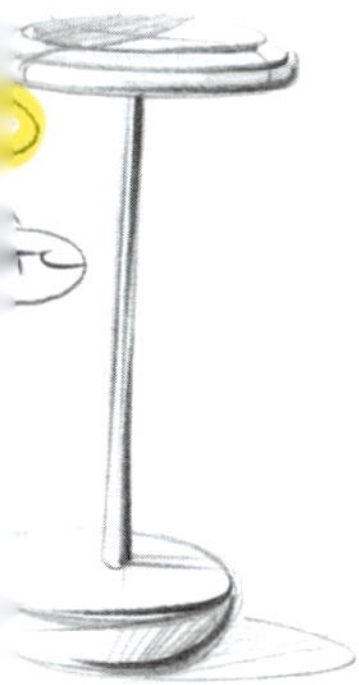

WOW EFFEKT!

Zum einfacheren Verständnis und effizienteren Arbeiten solltest du die Mindmap zusätzlich mit kleinen Skizzen oder Piktogrammen versehen.

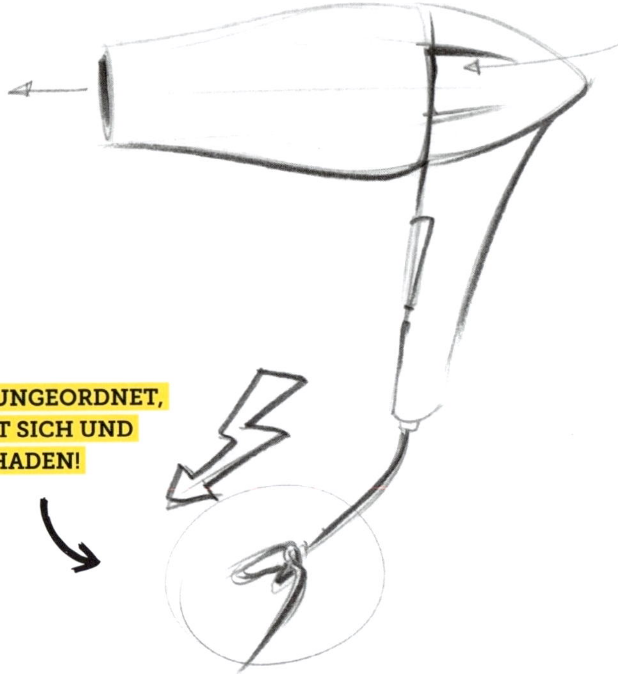
KABEL IST UNGEORDNET,
VERKNOTET SICH UND
NIMMT SCHADEN!

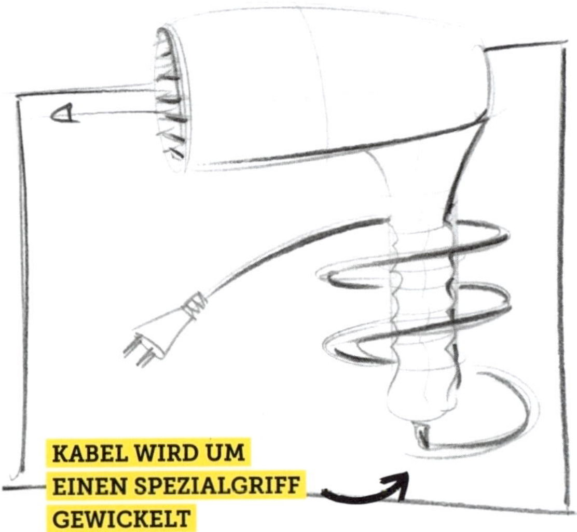
KABEL WIRD UM
EINEN SPEZIALGRIFF
GEWICKELT

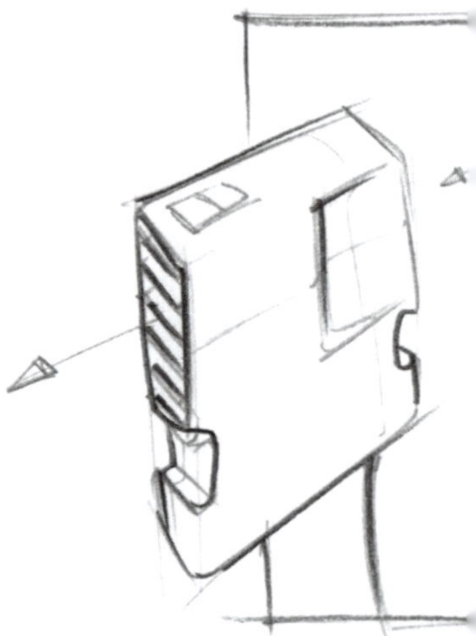

#75 PEN-STORMING

Beim Erarbeiten einer Idee oder der Ausarbeitung eines Entwurfes sollte der Stift als Hilfsmittel für das Gehirn arbeiten: Denkprozesse sollten nicht nur im Kopf, sondern vollständig auch auf dem Papier stattfinden.

Halte also deine Gedankengänge auf dem Papier fest, damit der **Entwicklungsprozess** sichtbar wird und nachvollzogen werden kann. Die dabei entstehenden Skizzen kannst du anschließend mit Notizen und Beschreibungen versehen, um die Verständlichkeit für den Betrachter oder auch für dich selbst zu verbessern.

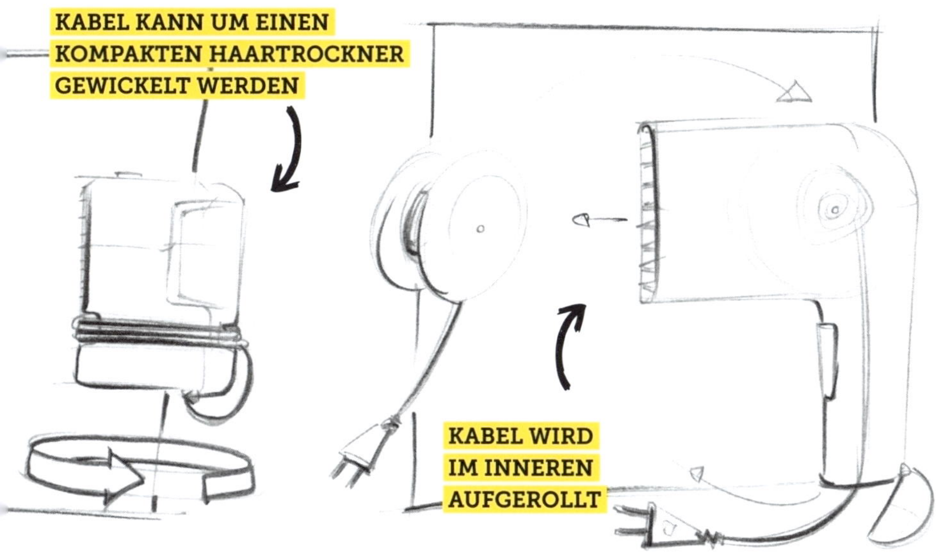

SEITENANSICHT PRODUKT-DESIGN

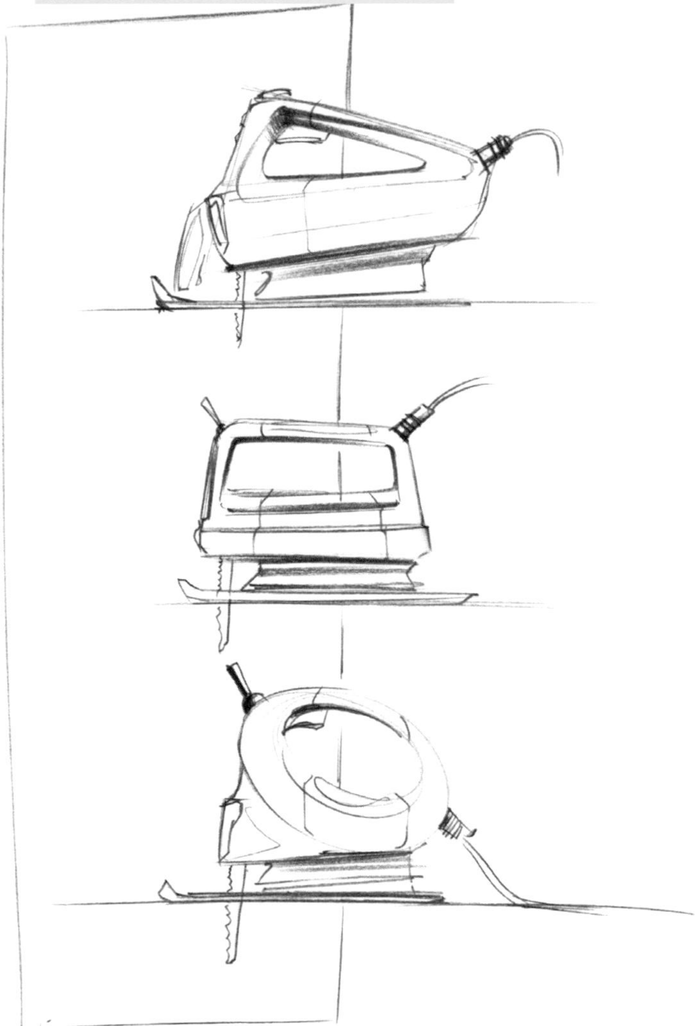

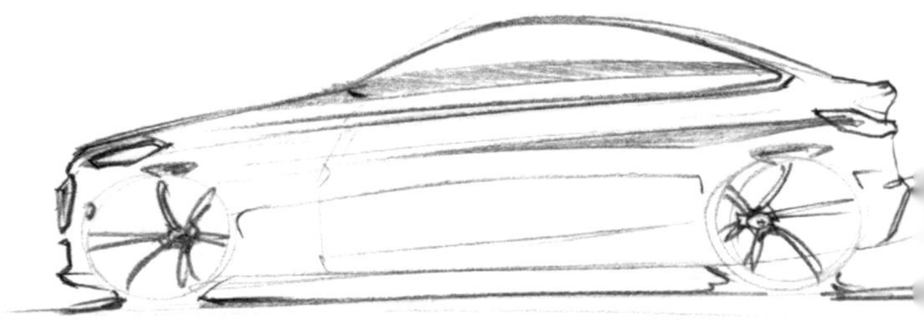

#76 SEITEN-ANSICHT

Seitenansichten eignen sich besonders gut im frühen Entwurfsstadium bzw. bei der Ideenfindung. Das liegt vor allem daran, dass es keiner besonderen Techniken oder Fähigkeiten bedarf, seine Vorstellungen umzusetzen, da es bei der Seitenansicht praktisch keine Perspektive gibt.

Die Seitenansicht ist also eine sehr schnelle und einfache Art, dir einen groben **Überblick** vom Design und den Proportionen zu machen. Bei der finalen Ausarbeitung ist die Seitenansicht jedoch ebenso empfehlenswert, da man an ihr die **Dimensionen** des Objektes sehr gut ablesen kann!

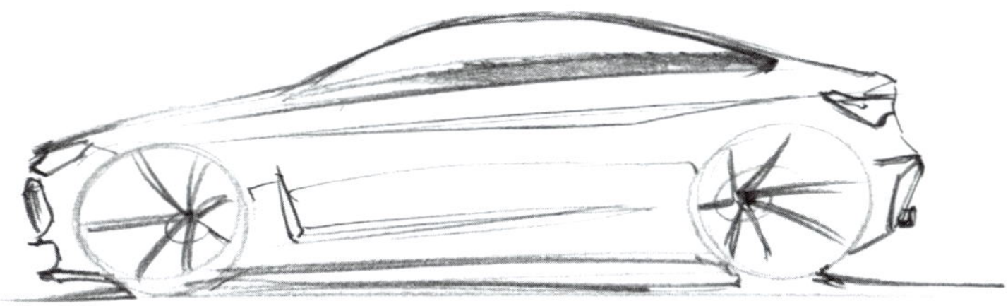

SEITENANSICHT AUTO-DESIGN

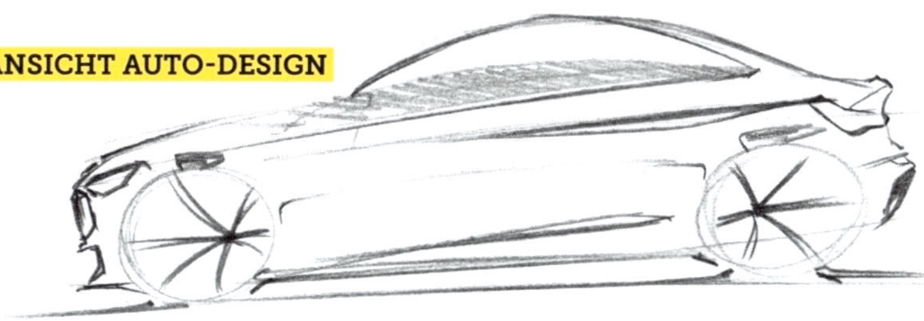

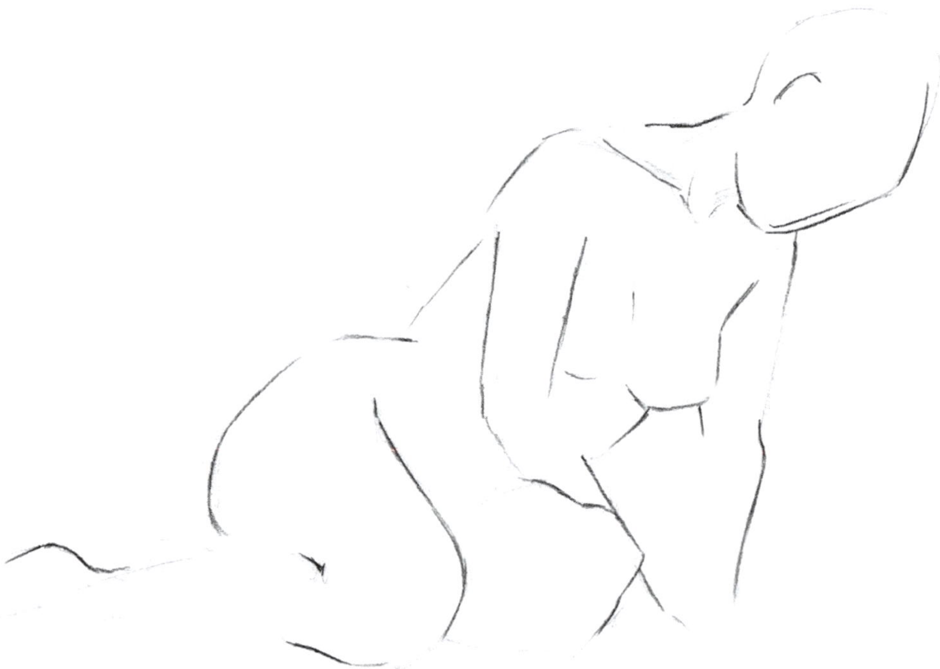

WOWEFFEKT!

Der Schlüssel beim Vereinfachen von Figuren und Formen oder Objekten liegt darin, die Form so weit wie möglich zu vereinfachen, die markanten Merkmale, die das Objekt ausmachen, jedoch beizubehalten.

#77 VEREINFACHTE FORM

Das Vereinfachen von Formen eignet sich besonders, um Ideen auf die Schnelle festzuhalten. Mit vereinfachten Formen kann man besonders effizient und effektiv arbeiten und es hilft zudem dabei, Proportionen einzuhalten. Vor allem in der frühen Phase der Ideenfindung lassen sich so schnell Lösungen für komplexe zeichnerische Aufgaben und Probleme finden.

Beim Vereinfachen einer Form, eines Objektes, einer Figur oder einer Landschaft beginnt man mit den wichtigsten Merkmalen und ergänzt Details zum Schluss. So erkennt man die Frauenfigur allein an ihrer **abstrahierten Form**, ohne jedoch jedes Detail einzuzeichnen zu müssen.

Du kannst dieses Prinzip selbst testen, indem du dir einen Alltagsgegenstand nimmst und diesen skizzierst. Jetzt kannst du Schritt für Schritt Details weglassen und beobachten, ob das gezeichnete Objekt noch als solches zu erkennen ist. Diese Schritte kannst du so oft wiederholen, bis sich das Objekt nicht weiter reduzieren lässt, ohne unkenntlich zu werden.

ÜBUNG

Die Übung auf der vorherigen Seite bedarfnatürlich der Grundlagen des figürlichen Zeichnens. Die folgende Darstellung zeigt dir, wie die menschliche Silhouette vereinfacht werden kann. Los geht's!

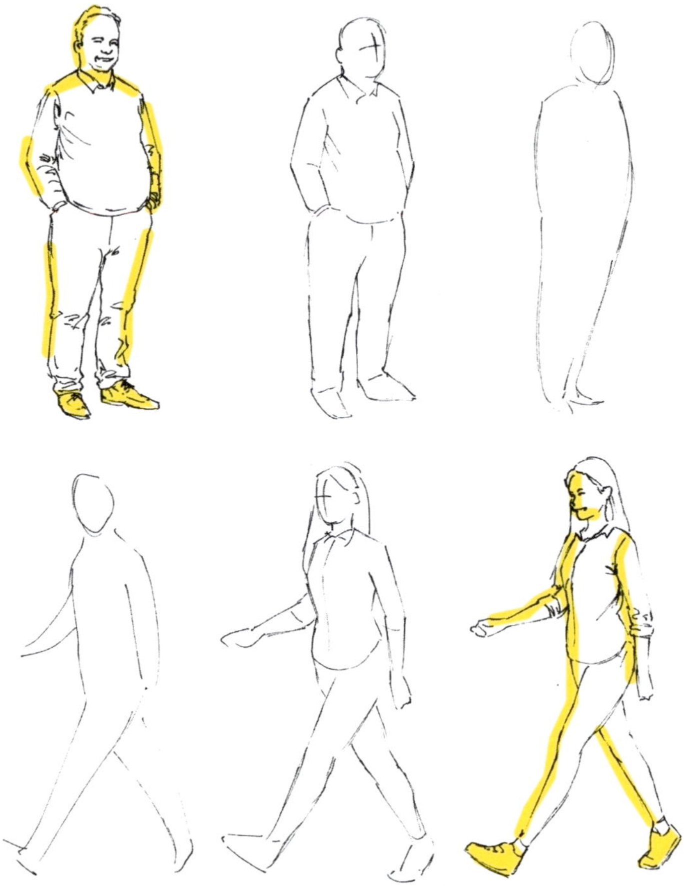

SKIZZIERE HIER

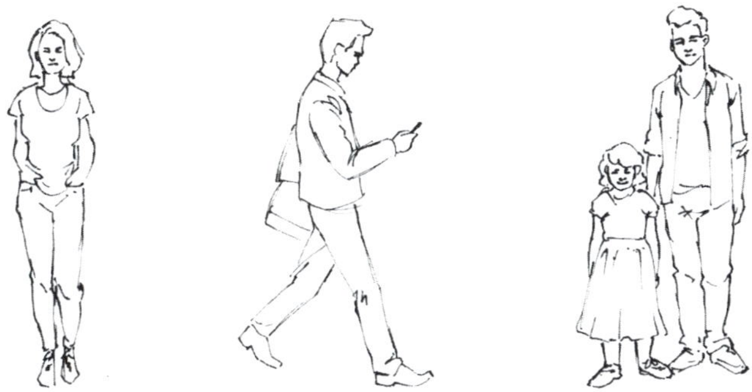

Versuche die drei Skizzen nach dem vorgestellten Prinzip zu vereinfachen. Gerne kannst du auch eigene Vorlagen nutzen. Abbildungen aus Zeitschriften eignen sich auch hervorragend dafür.

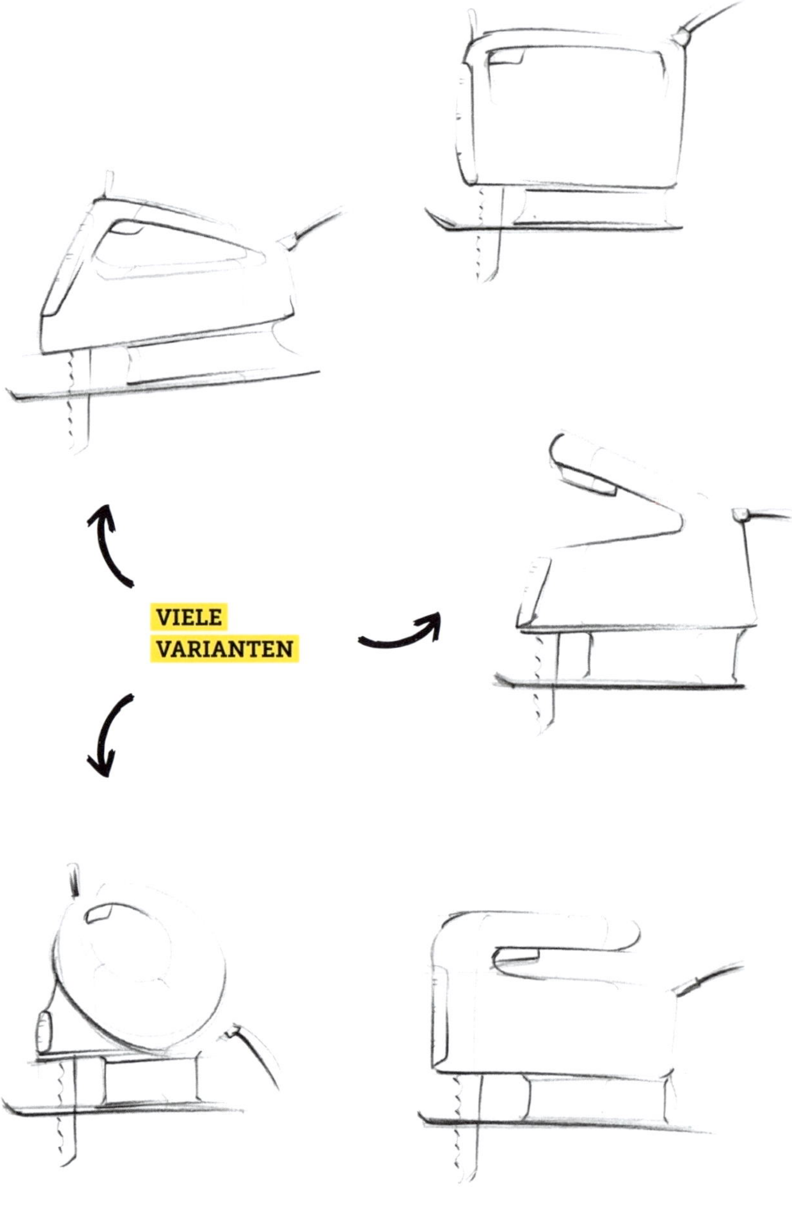
VIELE
VARIANTEN

#78 VERLOREN IM DETAIL

Gerade in der Phase der Ideenfindung und der Findung eines finalen Entwurfs ist es wichtig, sich nicht im Detail zu verlieren. Kostbare Zeit geht so für letztendlich bedeutungslose Entwürfe verloren. Konzentriere dich stattdessen auf die **markantesten Merkmale** und übe dich darin, diese treffend darzustellen. So reichen oft schon sehr einfache und schnelle Skizzen aus, die jedoch all das zum Ausdruck bringt, was deinen Entwurf von anderen unterscheidet!

Hat man sich schließlich auf einen finalen Entwurf festgelegt, so kann man diesen in sämtlichen Perspektiven und mit allen Details zeichnerisch analysieren.

ERST WENN DIE FINALE IDEE STEHT, MEHR DETAILS

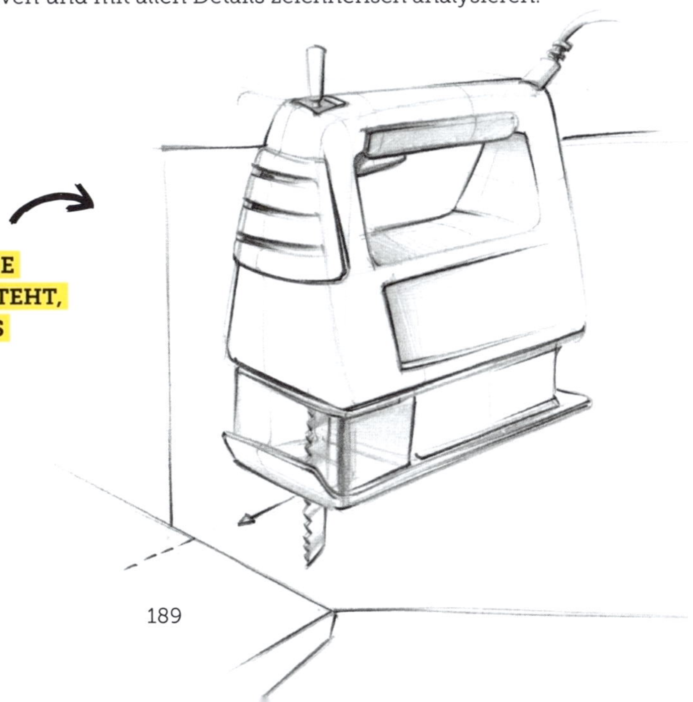

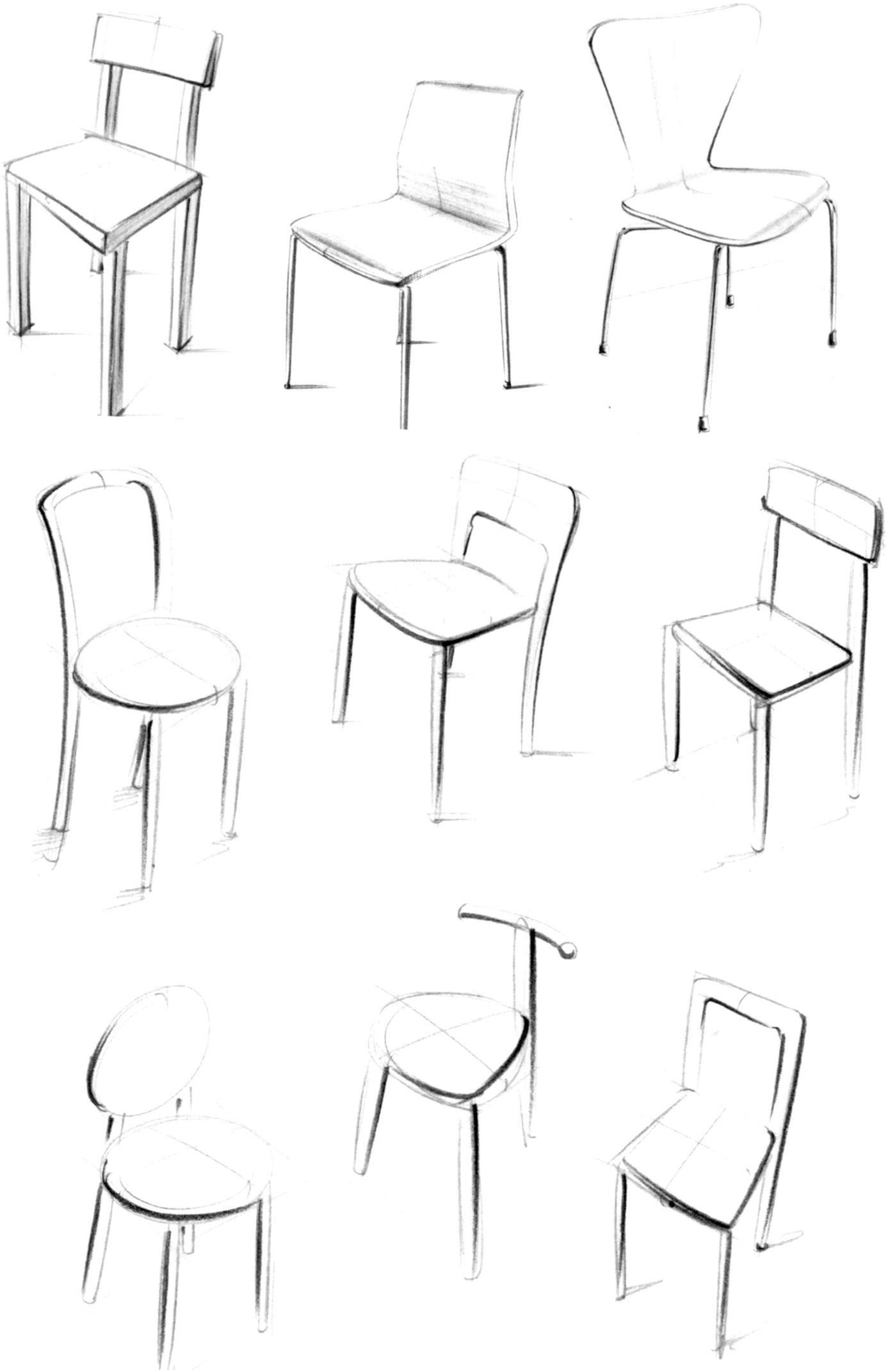

#79

10 STATT 1

Beim Entwickeln einer Idee ist es wichtig, flexibel zu arbeiten. Du solltest dich nicht auf eine konkrete Idee oder Form fixieren, sondern viele einfache Skizzen machen. Dabei ist es wichtig, das Objekt so vereinfacht wie möglich darzustellen, jedoch dabei immer die **Key-Elemente**, jene Bestandteile, die das zu Zeichnende ausmachen, beizubehalten.

Es ist in der Entwicklung einer Idee sehr viel effizienter, viele einfache Skizzen zu machen als eine einzige Skizze perfekt ausarbeiten zu wollen.

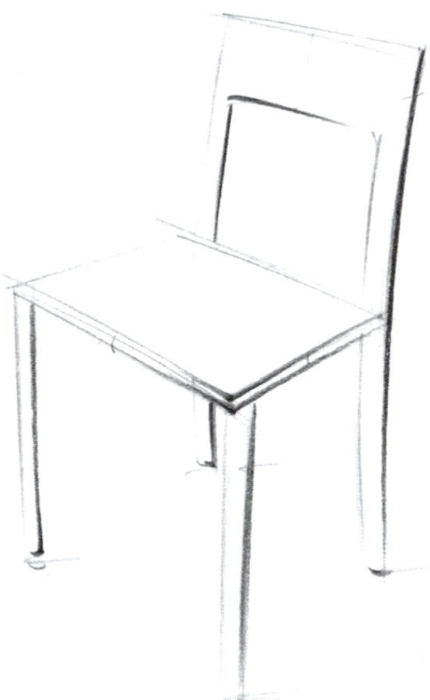

WOWEFFEKT!

Fehler, die sich beim Zeichnen einschleichen, stellen kein Problem dar, sondern verdeutlichen lediglich den Prozess und helfen dir bei der Optimierung deiner Idee!

ÜBUNG

Zeichnen, zeichnen, zeichnen. Oder wie man so schön sagt: Übung macht den Meister. Beim Zeichnen ist es nicht anders. In unseren Kursen und Workshops praktizieren wir das durchgehend. Am Beispiel dieser Couch siehst du, wie unser Prinzip 10 statt 1 funktioniert. So lernst du, Formen optisch zu erfassen. Dein Auge wird so perfekt geschult.

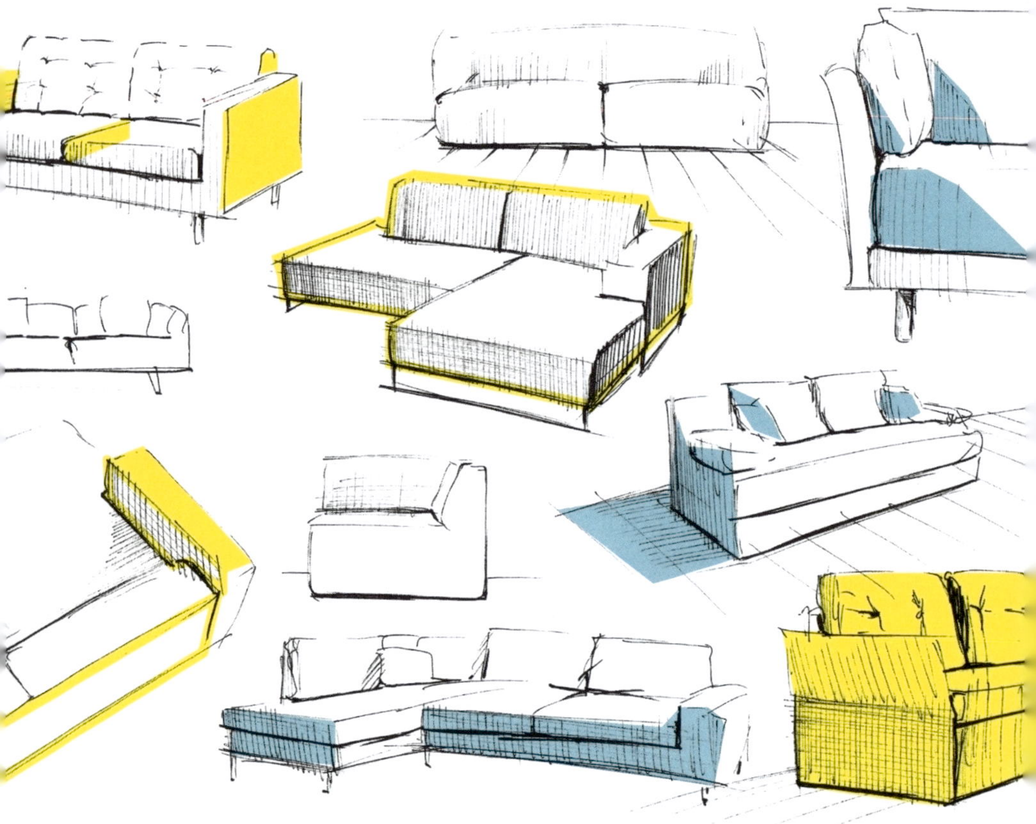

SKIZZIERE HIER

Versuche jetzt die gleiche Übung mit einem Sessel oder einem anderen Objekt nachzuzeichnen. Es kommt gar nicht auf die Details an. Es geht darum, mit diversen Perspektiven und Formen zu spielen. Wie wäre es zudem mit 10 statt 1 und das Ganze in 20 Minuten? Viel Erfolg!

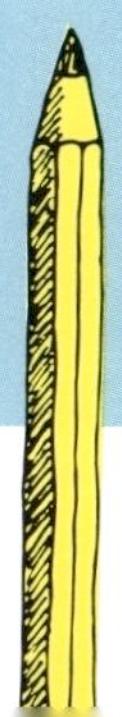

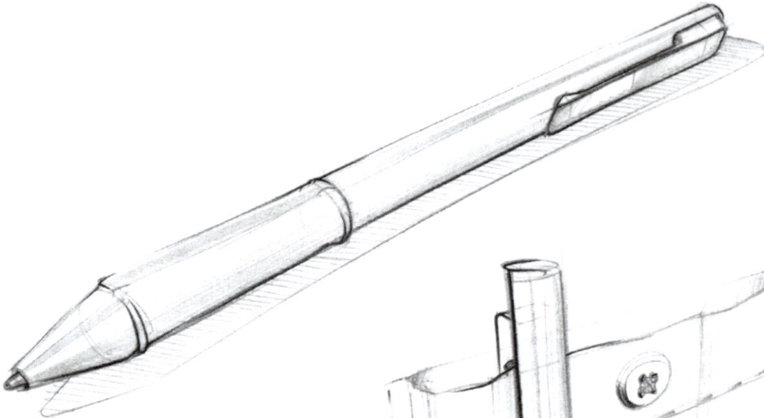

STIFT KANN
MIT EINEM
CLIP AM HEMD
BEFESTIGT
WERDEN

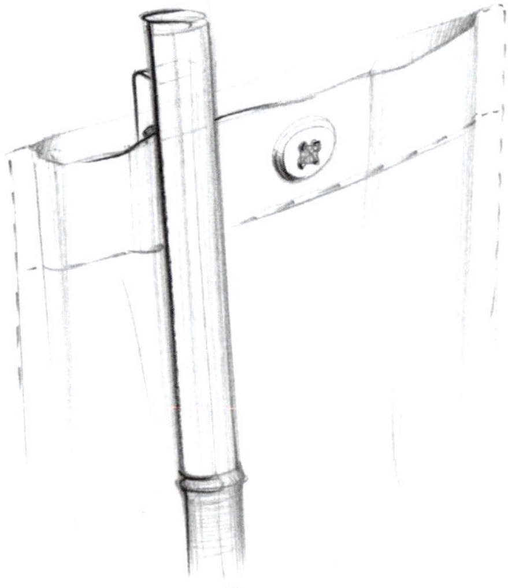

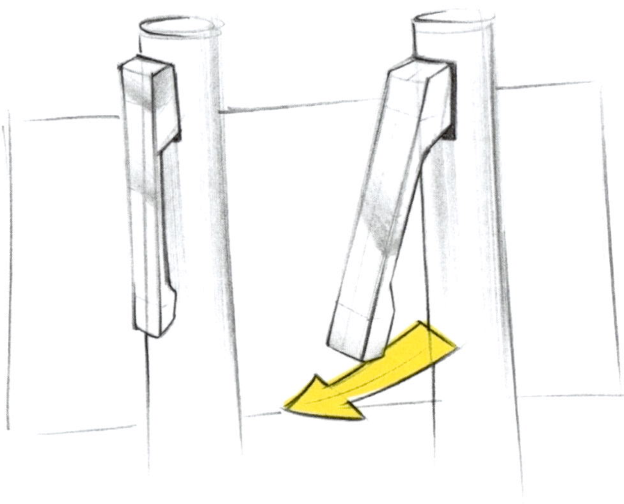

#80 KOMMUNIZIERE

Als Designer muss man sich im Klaren darüber sein, dass die Objekte oder Produkte, die man entwickelt, mit dem Betrachter oder Nutzer kommunizieren.

So muss gewährleistet sein, dass die Funktion und Nutzungsweise aus den Zeichnungen hervorgeht. Mittel dazu sind **Hilfslinien, Beschreibungen, Pfeile oder auch Hände**. Auch für das fertige Objekt gilt: Je weniger dazu erklärt werden muss, umso gelungener ist das Design. Die Zeichnungen und das Produkt sollten also selbsterklärend sein.

Aber auch beim Zeichnen von künstlerischen Motiven oder Architektur kann die Skizze mit dem Betrachter kommunizieren. So können einzelne Details, die dir wichtig sind, durch den Kontrast oder die Farbigkeit hervorgehoben werden und deine Arbeit damit zum Sprechen bringen.

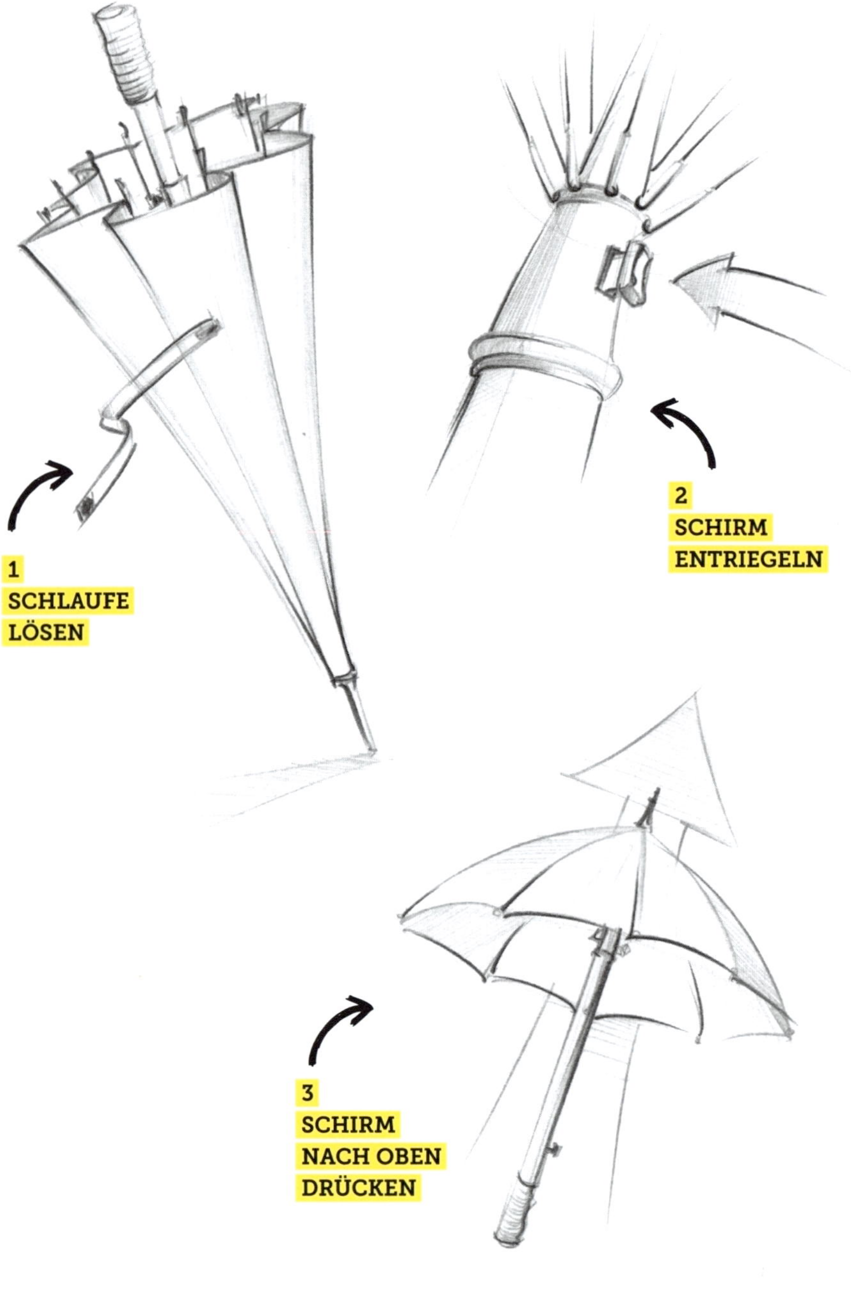
1
SCHLAUFE
LÖSEN
2
SCHIRM
ENTRIEGELN
3
SCHIRM
NACH OBEN
DRÜCKEN

#81 ERLÄUTERE DEINE SKIZZE

Bei besonders komplexen Objekten und Funktionsweisen solltest du diese in deinen Entwürfen möglichst verständlich darstellen. Sollte der Entwurf also bewegliche Teile oder **relevante Funktionen** haben, die man auf den ersten Blick nicht erkennt, so sind diese darzustellen. Auch Beschreibungen, die Anwendungsweisen erklären, können hinzugefügt werden.

Solltest du eine künstlerische Arbeit anfertigen, so ist darauf zu achten, dass deine **Message** durch die Skizze und die zeichnerischen Mittel kommuniziert wird. Wie bei „Kommuniziere" beschrieben kannst du dazu den Kontrast oder die Farbigkeit nutzen, um bestimmte Merkmale hervorzuheben.

4 SCHIRM SCHNAPPT EIN

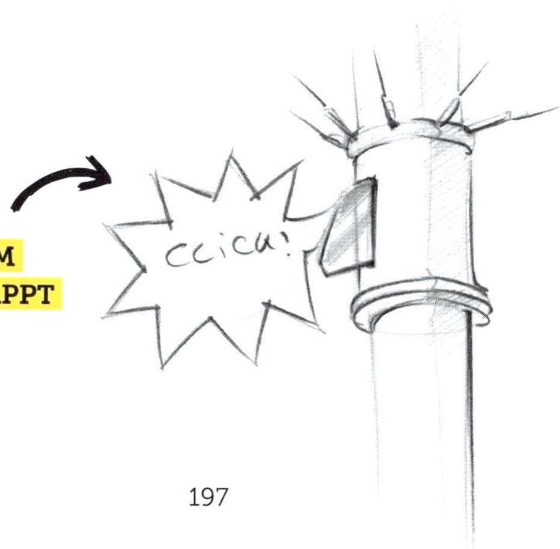

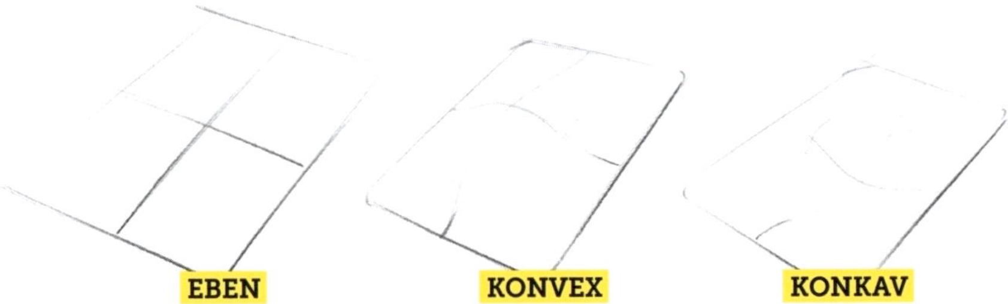
EBEN
KONVEX
KONKAV

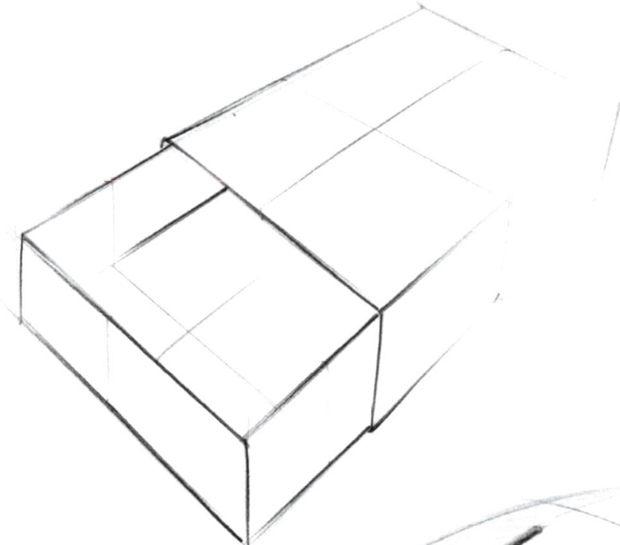

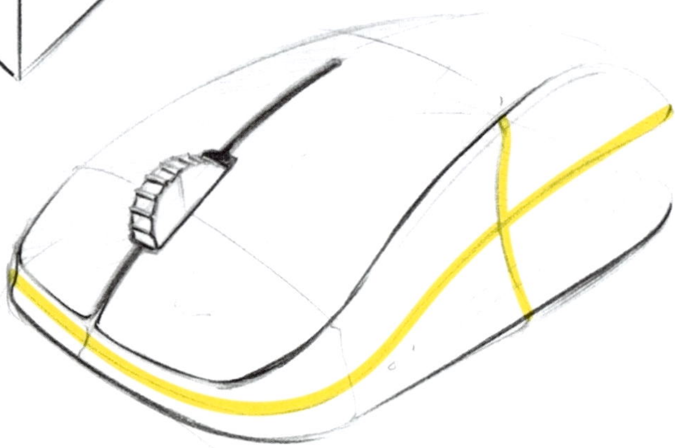

#82 ERKLÄRENDE LINIEN

Gerade beim Zeichnen von komplexen Formen oder Objekten können erklärende Linien eine Zeichnung enorm bereichern. Sie helfen dem Betrachter, die Form zu analysieren und richtig zu verstehen, da sie zusätzliche visuelle Informationen liefern.

Besonders hilfreich sind erklärende Linien bei Formen wie einer **Vertiefung,** einem **Versatz**, einer **Erhebung** oder einer **Kuhle**. Wie in der Beispielskizze zu sehen, kannst du durch erklärende Linien ganz einfach aus einer planen Fläche eine konkav oder konvex geformte Fläche machen.

WOWEFFEKT!

Die erklärenden Linien sorgen für eine dynamische und realistische Wirkung der Zeichnung. Zeichne die Linien jedoch dezenter als die eigentliche Skizze, sodass diese nicht beeinträchtigt wird oder der Betrachter von den Linien abgelenkt wird.

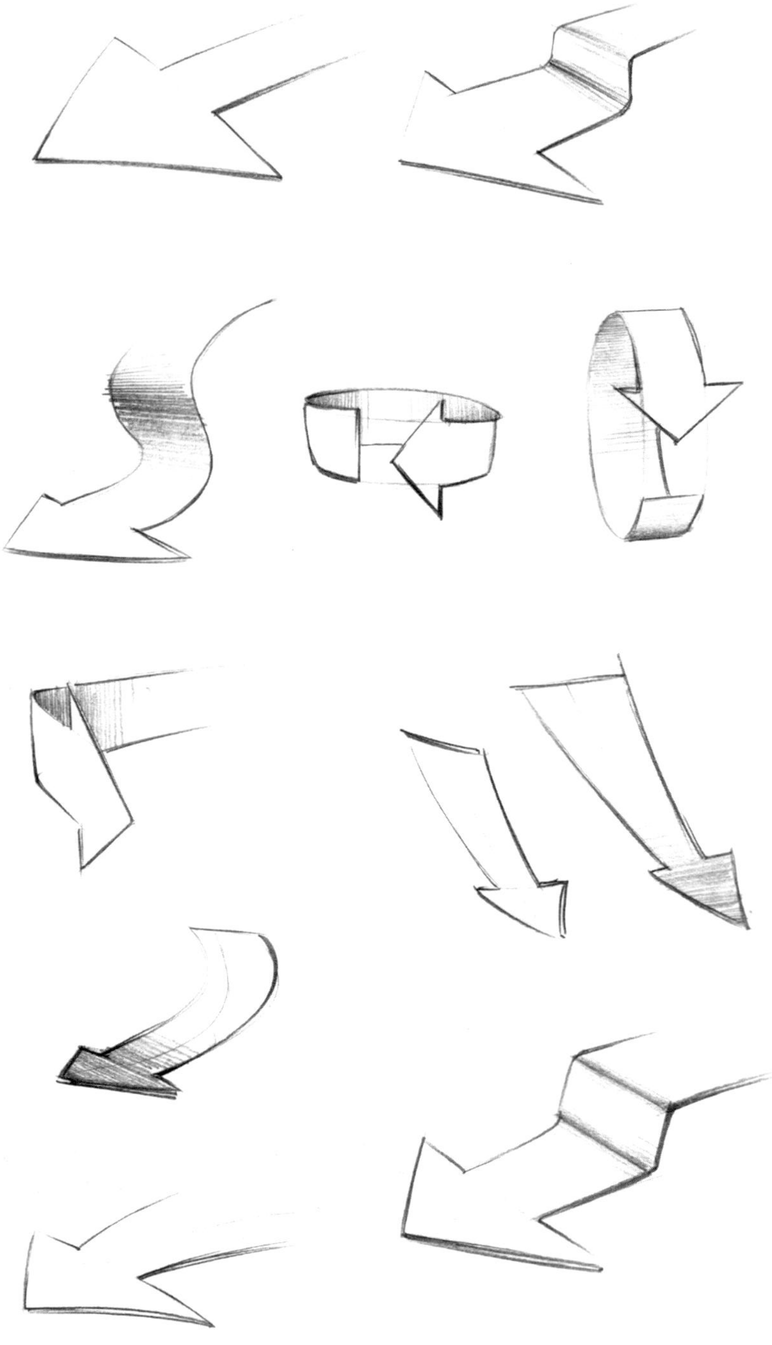

#83 PFEILE

Pfeile sind ein äußerst hilfreiches Mittel, um komplexe und komplizierte **Bewegungsabläufe** an Objekten aufzuzeigen. Entsprechend viele verschiedene Arten von Pfeilen kommen zum Einsatz: Pfeile, die eine Schieb-Bewegung, eine Dreh-Bewegung, eine Rotation u.v.w. anzeigen.

Auch bei der Art und Weise, wie die Pfeile gezeichnet werden, gibt es Unterschiede. Eine besonders schöne Wirkung kann erzielt werden, indem man die Pfeile nicht etwa nur mit feinen Strichen zeichnet, sondern ihnen auch Volumen gibt und sie entsprechend der Perspektive als Körper skizziert.

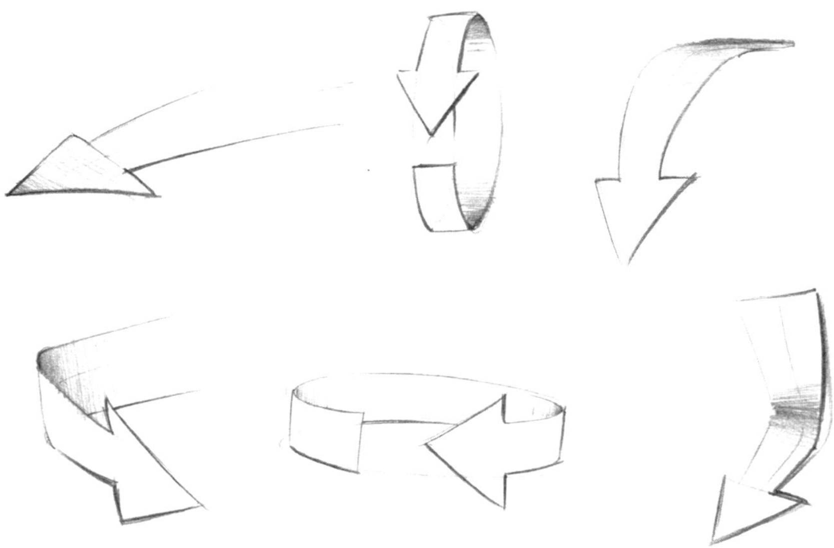

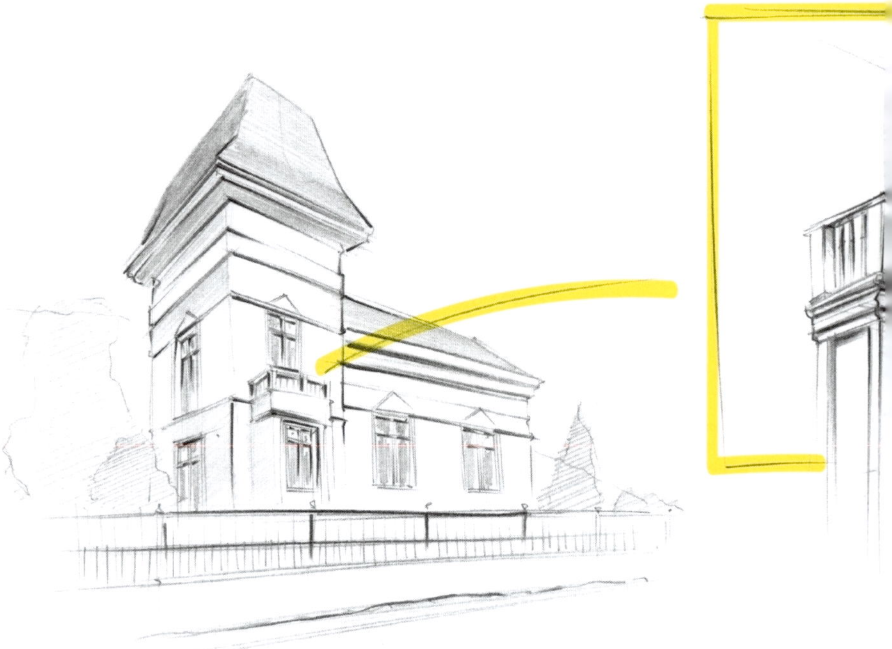

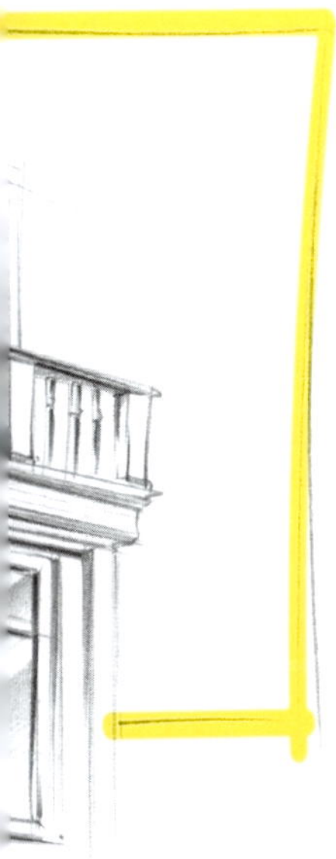

#84

LUPENEFFEKT

Eine effektive Darstellungsmöglichkeit, um komplexe Elemente eines Objektes aufzuzeigen und zu erklären, ist der Lupeneffekt.

Einzelne Elemente eines Objektes werden quasi aus der Gesamtzeichnung herausgezogen und in einer **vergrößerten Ansicht** noch einmal neben dem vollständigen Objekt skizziert, um alle wichtigen Details zu erklären. Hierbei lassen sich schließlich auch wieder Elemente wie Pfeile verwenden, um die Skizze für den Betrachter so verständlich wie möglich zu machen.

Eine Skizze ist schließlich dann eine gute Skizze, wenn sie ohne weitere Erklärungen verständlich ist und das Gezeichnete aus sich heraus hinreichend erklärt!

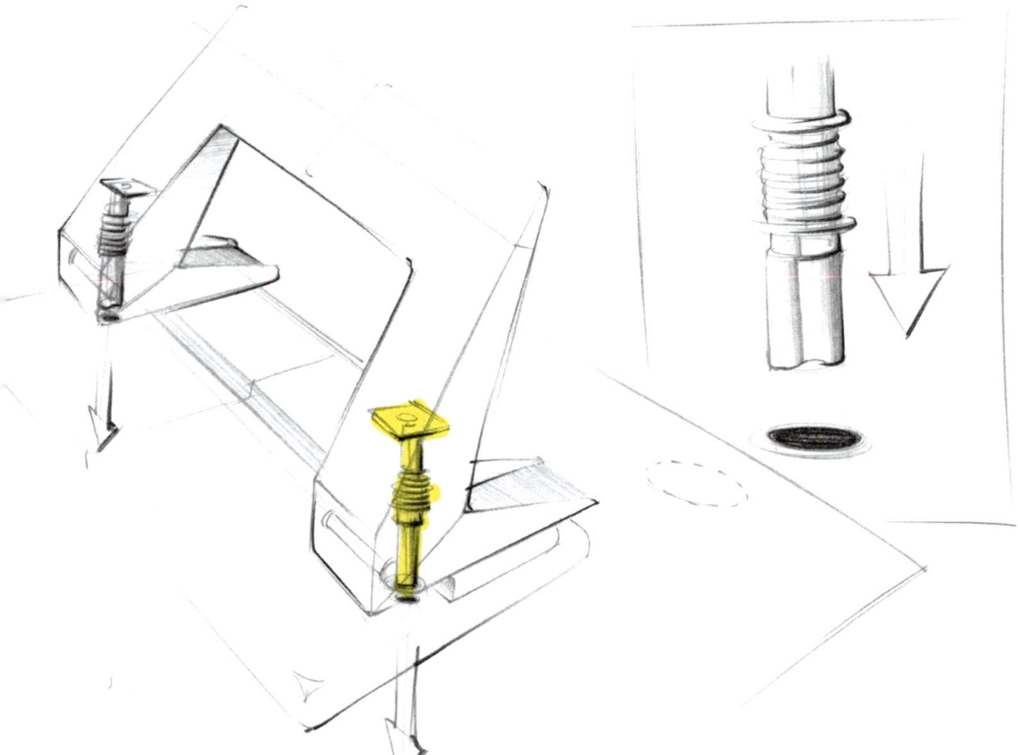

#85 VERSTECKTE TEILE

In manchen Fällen reicht eine Explosionszeichnung oder eine Darstellung in verschiedenen Perspektiven nicht aus, um das Gezeichnete völlig und in allen relevanten Details zu erklären.

In diesem Fall solltest du das Objekt oder Produkt an manchen Stellen **durchsichtig** zeichnen, sodass auch die versteckten Details deutlich sichtbar werden. Zusätzlich kannst du einen bestimmten Ausschnitt oder z. B. ein mechanisches Teil separat zeichnen, um es noch deutlicher zu erklären.

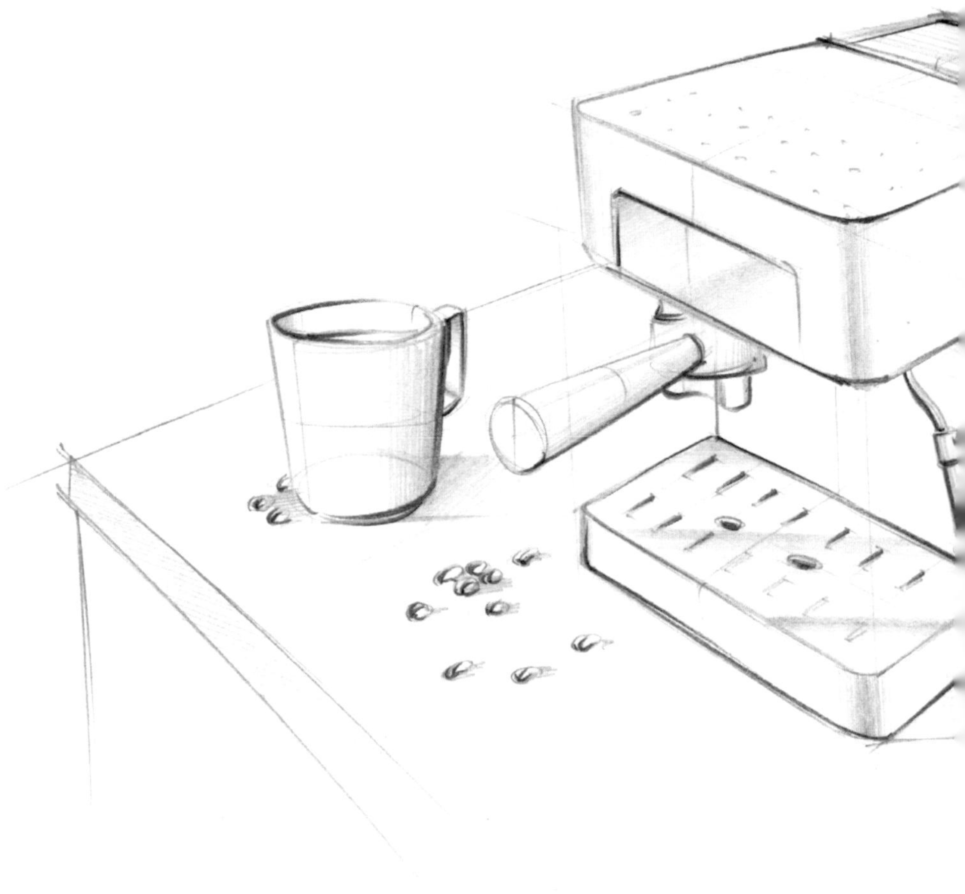

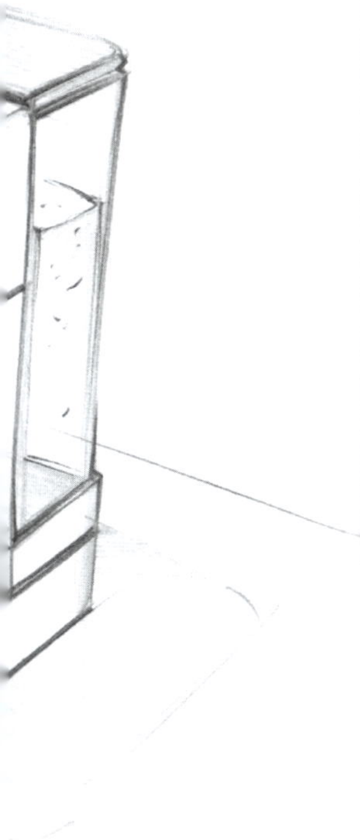

#86

ZEIGE KONTEXT

Insbesondere im Bereich technischer Zeichnungen solltest du den Kontext des Objektes durch hinzugefügte Elemente verdeutlichen.

Baue deine Zeichnung in ein **Szenario** bzw. eine Umwelt ein oder platziere verwandte Objekte oder Produkte dazu. Der Betrachter weiß das Gezeichnete so besser einzuordnen.

WOWEFFEKT!

Je weniger zusätzliche Erklärungen nötig sind, umso besser ist deine Zeichnung.

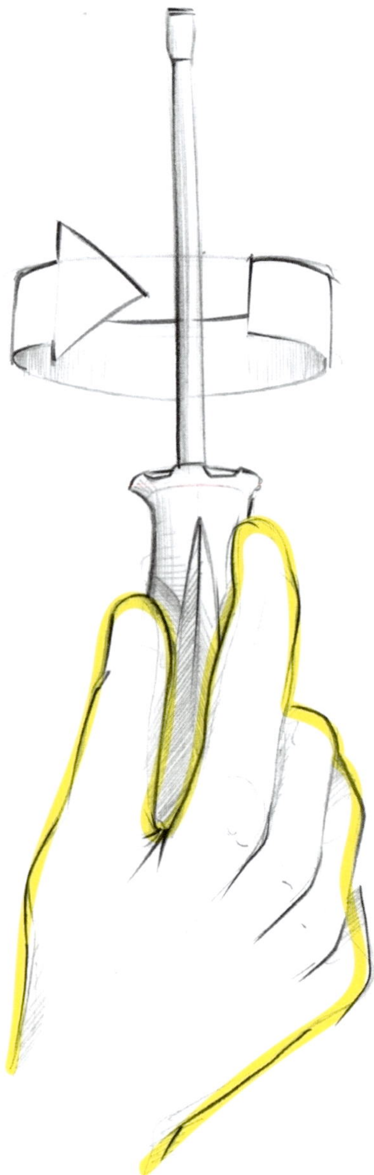

#87

KONTEXT HÄNDE

Entwickelt man ein Objekt zeichnerisch, das von Menschen verwendet oder benutzt wird, eignet sich immer die Darstellung mit Händen.

Diese lassen die Zeichnung zum einen lebendiger und realistischer wirken, machen zum anderen aber auch wichtige Details oder **Funktionsweisen** verständlich. Auch für die Darstellung der **Größenverhältnisse** eignen sich Hände, da sie für den Betrachter eine bekannte Referenz darstellen.

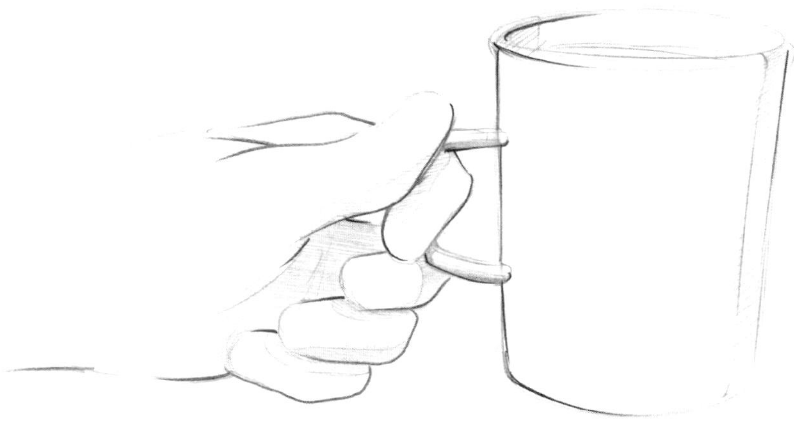

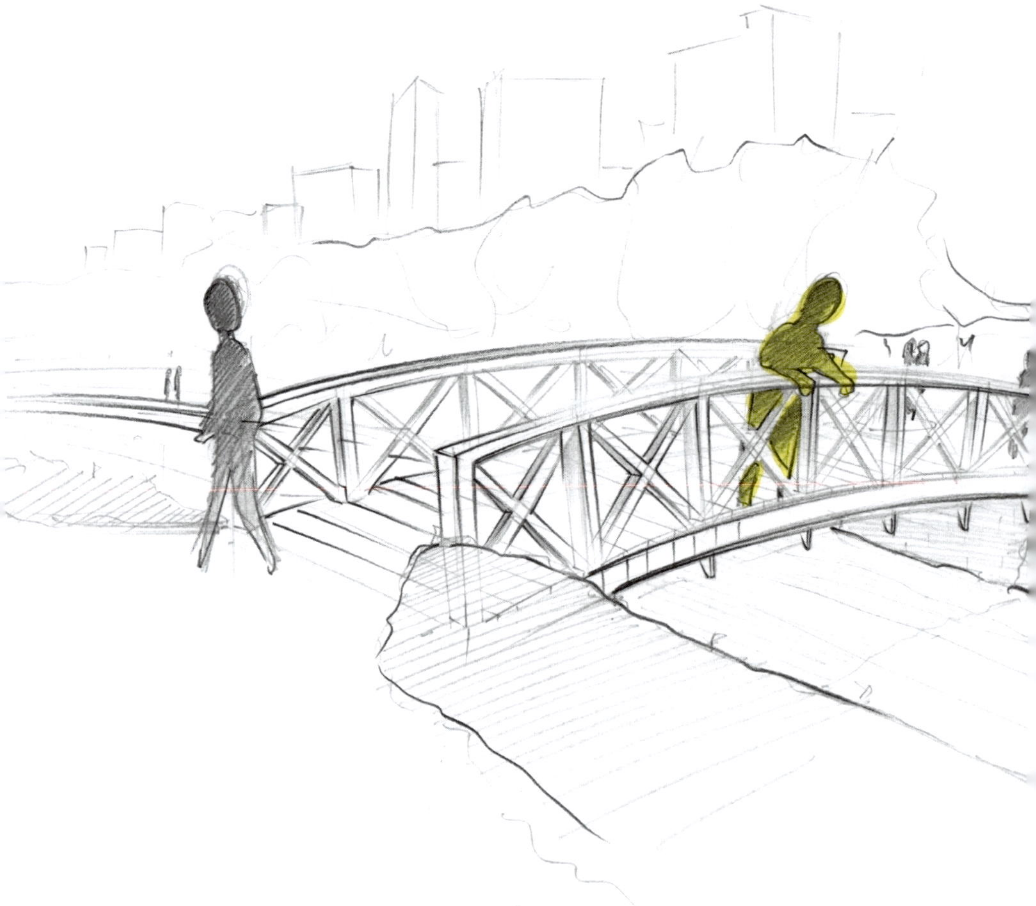

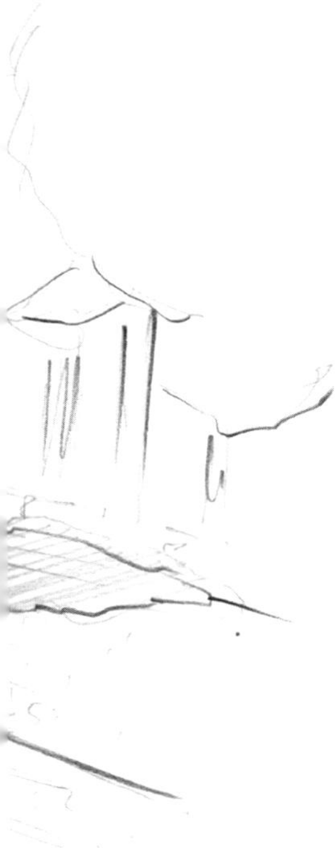

#88

KONTEXT PERSONEN

Handelt es sich um Architektur oder größere Gegenstände, die von Menschen benutzt oder verwendet werden, ist es hilfreich, Menschen im entsprechenden Kontext darzustellen. Oftmals können skizzierte Menschen dabei helfen, die Zeichnung besser zu verstehen. Zudem stellt der Mensch auch eine bekannte **Referenz zum Verständnis der Größenverhältnisse** dar.

Wie im gezeichneten Beispiel zu sehen, helfen die skizzierten Menschen dabei, die Größe der Parkbrücke richtig einzuschätzen. Skizziert man die Menschen nicht, so könnte es sich auch um eine sehr große Brücke handeln, die über einen breiten Kanal führt.

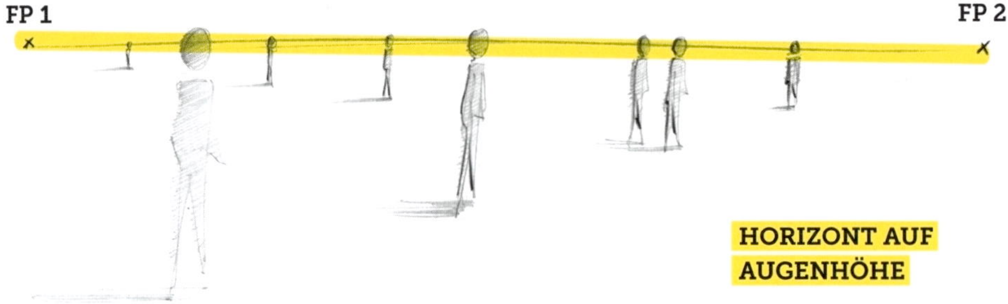

HORIZONT AUF AUGENHÖHE

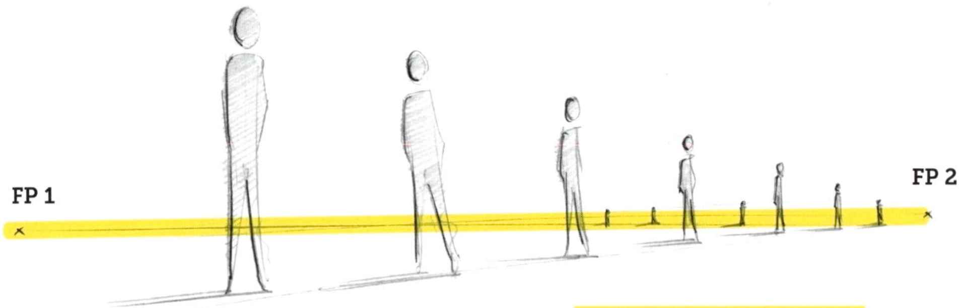

HORIZONT UNTERHALB DER AUGENHÖHE

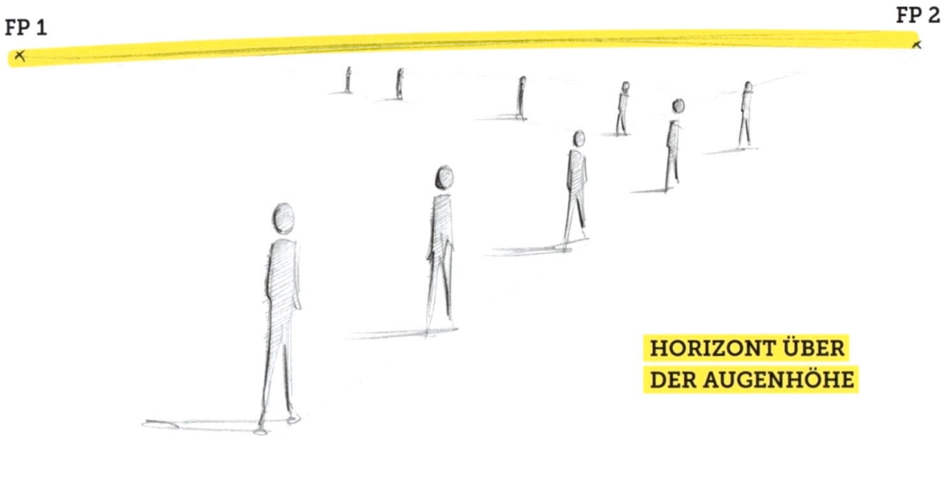

HORIZONT ÜBER DER AUGENHÖHE

#89

MENSCHEN IN PERSPEKTIVE

Beim Zeichnen von Menschen ist unbedingt auf den Horizont bzw. die Höhe zu achten, aus der die Situation skizziert wird.

Wird die Situation aus der **Augenhöhe** einer Person skizziert, so befinden sich die Köpfe der Personen alle auf der Augenhöhe des Betrachters. Die gezeichneten Personen in der Ferne werden anschließend entsprechend kleiner gezeichnet, wobei die Größe lediglich von den Füßen beginnend angepasst wird. Die Körpergröße bei verschiedenen Entfernungen lässt sich durch Hilfslinien zu den Fluchtpunkten ermitteln.

Entsprechend verhält es sich bei der **Froschperspektive.** Hier befinden sich die Köpfe der gezeichneten Personen weit über der Horizontlinie, wobei die Füße nur knapp unter der Horizontlinie gezeichnet werden. Auch hier wird die Größe der Personen in der Ferne durch die Fluchtpunkte ermittelt.

Das gleiche Prinzip lässt sich mit der **Vogelperspektive** anwenden, wobei hier die Personen entsprechend unter der Horizontlinie gezeichnet werden.

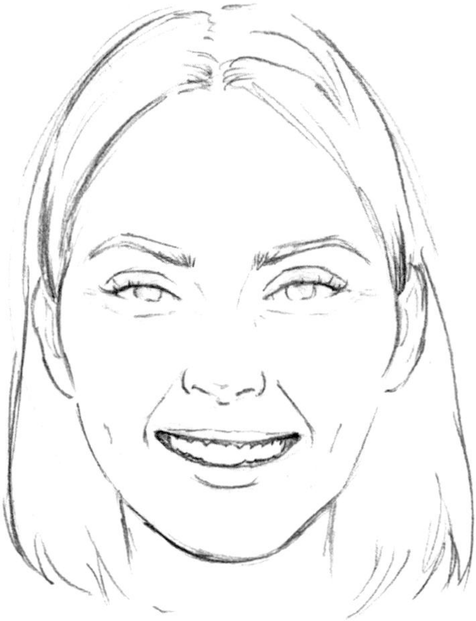

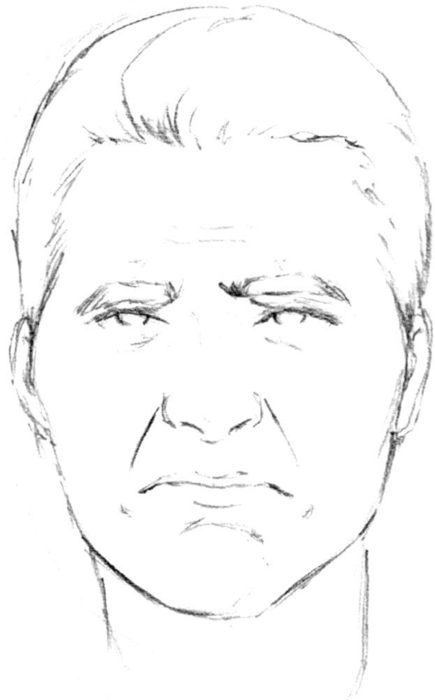

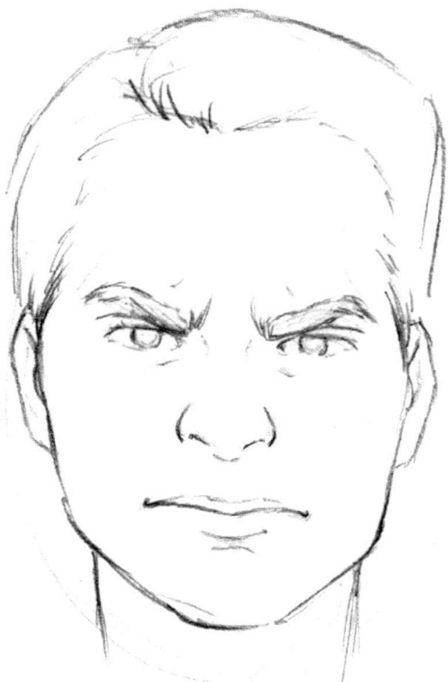

#90 GEMÜTS-ZUSTÄNDE

Gerade für erklärende Zwecke beim Zeichnen von Produkten, aber auch bei Comics oder dem Zeichnen von Momentaufnahmen spielen Gemütszustände eine entscheidende Rolle. So transportieren **Mimiken wie Freude, Trauer oder Wut** die Message der Zeichnung. Je nach Zweck der Zeichnung kann die Mimik auch stark vereinfacht dargestellt werden.

Strahlt ein Mensch Freude aus, so werden die Augen weit aufgerissen, die Augenbrauen nach oben gezogen sowie ein Lächeln gezeichnet. Willst du jedoch einen wütenden Menschen skizzieren, so zeichnest du die Augen etwas weiter geschlossen, die Augenbrauen nach unten gezogen und den Mund geschlossen. Ein trauriger Mensch hat ebenfalls etwas verengte Augen und die Mundwinkel zeigen nach unten.

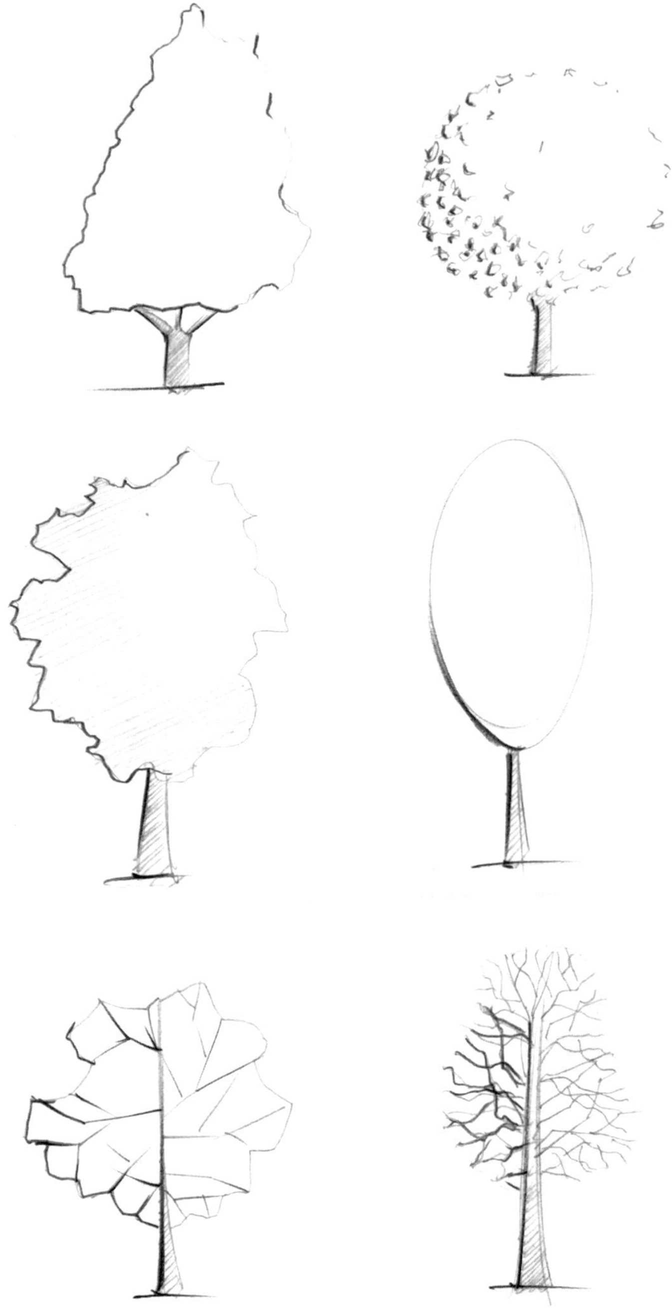

#91 BÄUME

Es gibt verschiedenste Techniken und Varianten, Bäume vereinfacht darzustellen. So können Bäume beispielsweise skizziert werden, indem du lediglich den Stamm und die Silhouette des Baums anzeichnest. Jedoch kann es auch spannend wirken, die Blätter in der Silhouette etwas anzudeuten oder den Baum mit einem einfachen Schatten zu versehen.

In den Beispielskizzen siehst du acht einfache Varianten, wie du Bäume schlicht, aber wirkungsvoll darstellen kannst.

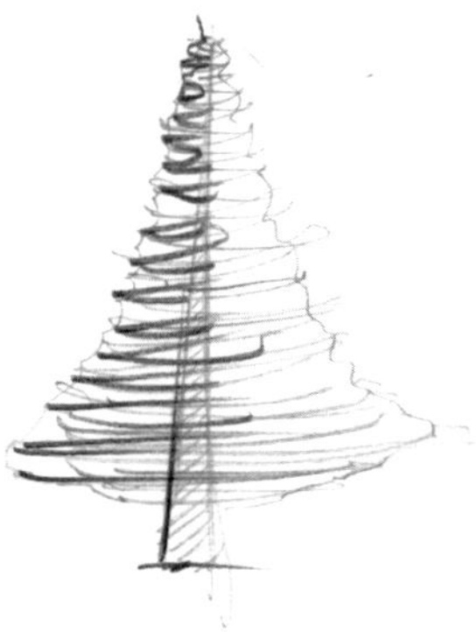

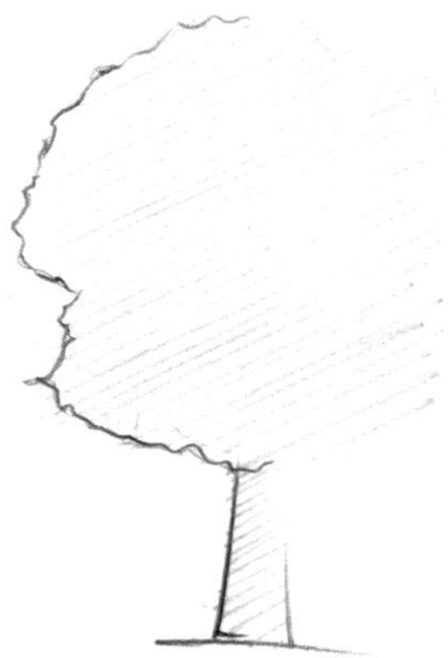

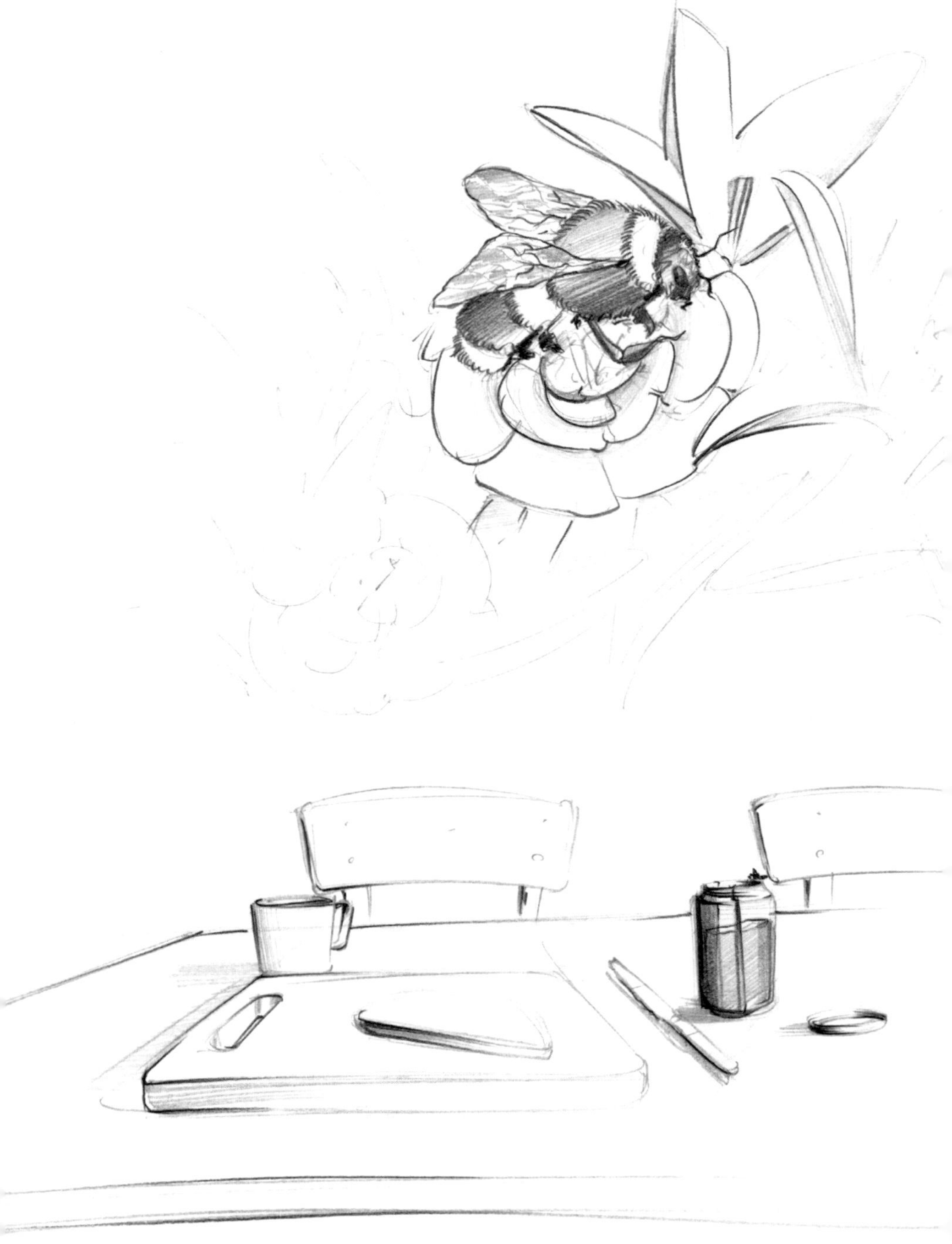

#92
FÜHRE DEN BLICK DES BETRACHTERS

Teile einer Zeichnung, die stärker gezeichnet oder ausgearbeitet sind, rücken in den Vordergrund. Damit kannst du den Fokus des Betrachters gezielt auf bestimmte Stellen deiner Zeichnung und auf Details lenken.

Eine weitere Art, das Auge des Betrachters zu führen, ist das Spielen mit der Größe der gezeichneten Objekte. Größer gezeichnete Objekte rücken ganz automatisch in den Vordergrund und werden vom Betrachter zuerst wahrgenommen.

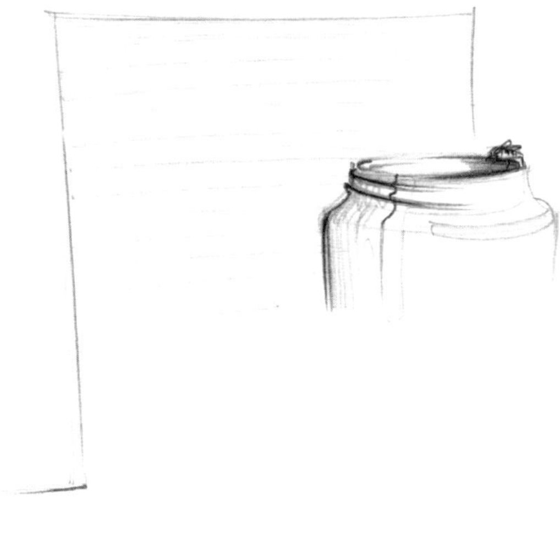

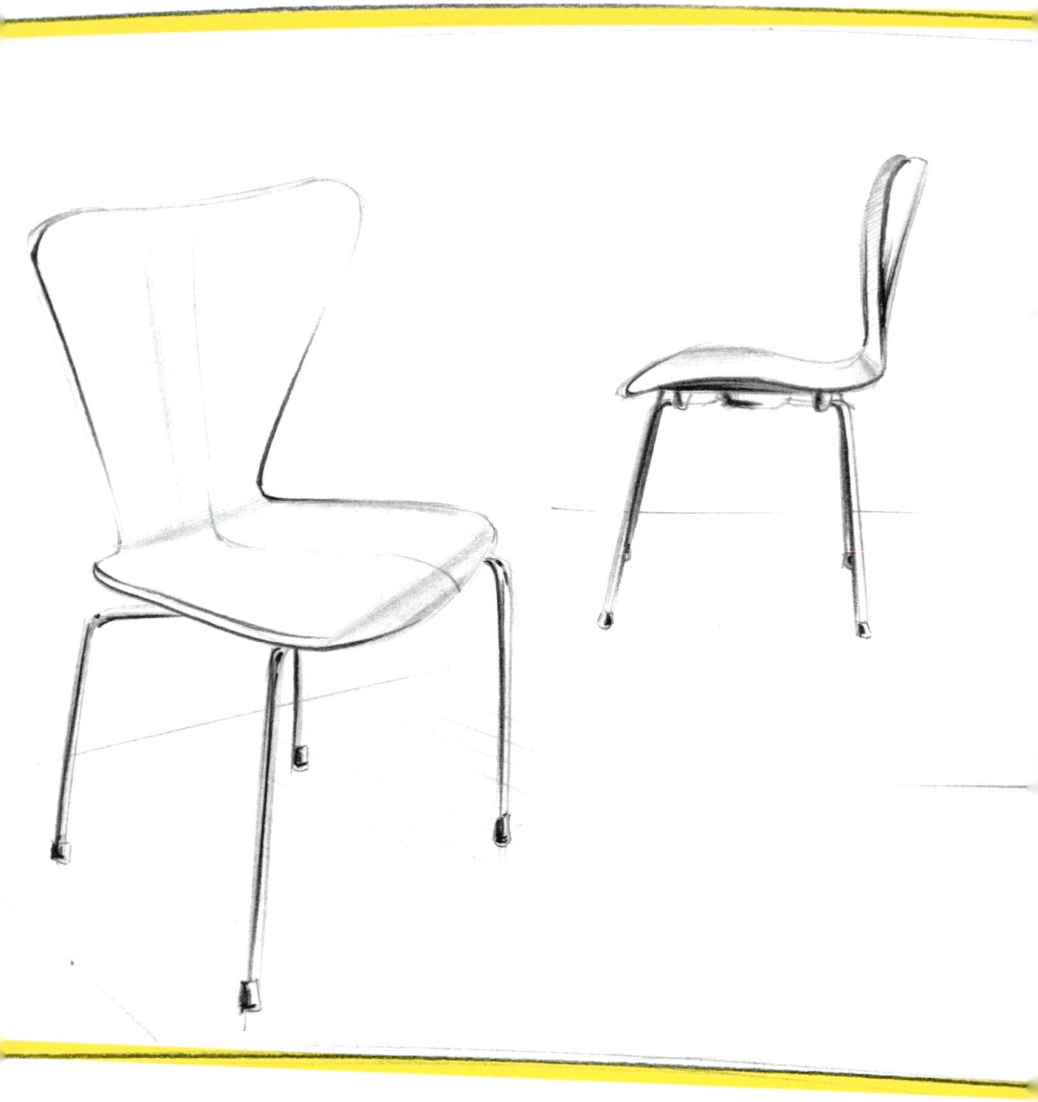

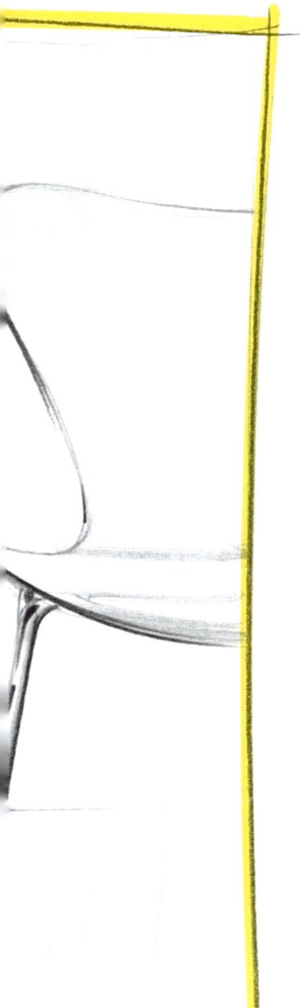

#93 GESTALTE DIE KOMPOSITION

Die Anfertigung einer Kompositionsskizze hilft dir dabei, das ganze Blatt harmonisch zu gestalten und zu füllen.

Dabei ist die Balance zwischen Zeichnungen und dem restlichen, weißen Hintergrund wichtig. So sollte das Verhältnis zwischen Weißraum, also Fläche, auf der nicht skizziert wurde, und der Fläche, die die Skizzen einnehmen, ausgeglichen sein.

WOW EFFEKT!

Durch die verschiedenen Größen der Skizzen und der angeschnittenen Zeichnung bringst du mit einfachen Mitteln zusätzliche Spannung in deine Zeichnung.

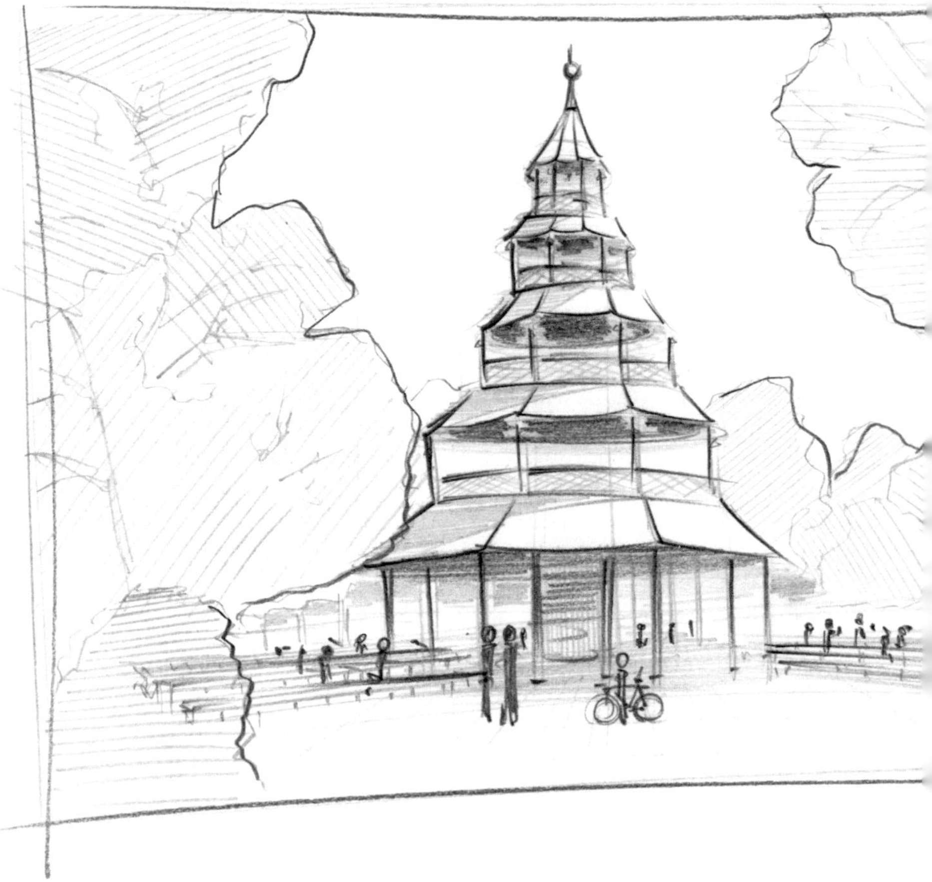

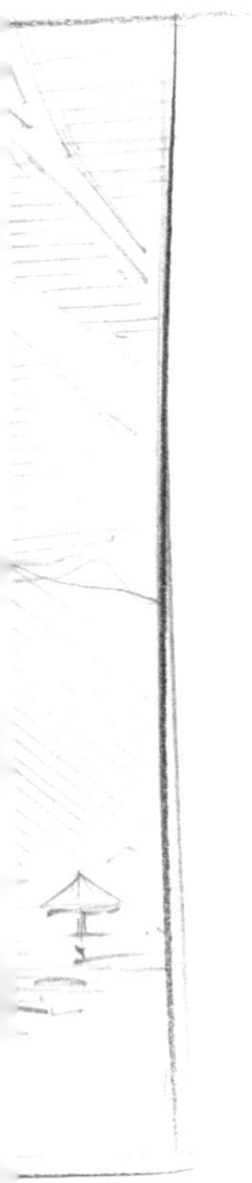

#94 KREIERE EINEN MITTELPUNKT

Durch gezielte **Ausarbeitung** und **Koloration** von Teilen deiner Zeichnung schaffst du einen Mittelpunkt.

Zum einen kannst du das Motiv, das im Mittelpunkt stehen soll, etwas genauer und ausgearbeiteter skizzieren und dort auch mit mehr Kontrast in deiner Strichführung arbeiten als beim Rest deiner Zeichnung. Zum anderen kannst du aber auch die gesamte Zeichnung detailliert anfertigen und anschließend lediglich das zentrale Motiv kolorieren. So schaffst du einen Mittelpunkt für den Betrachter.

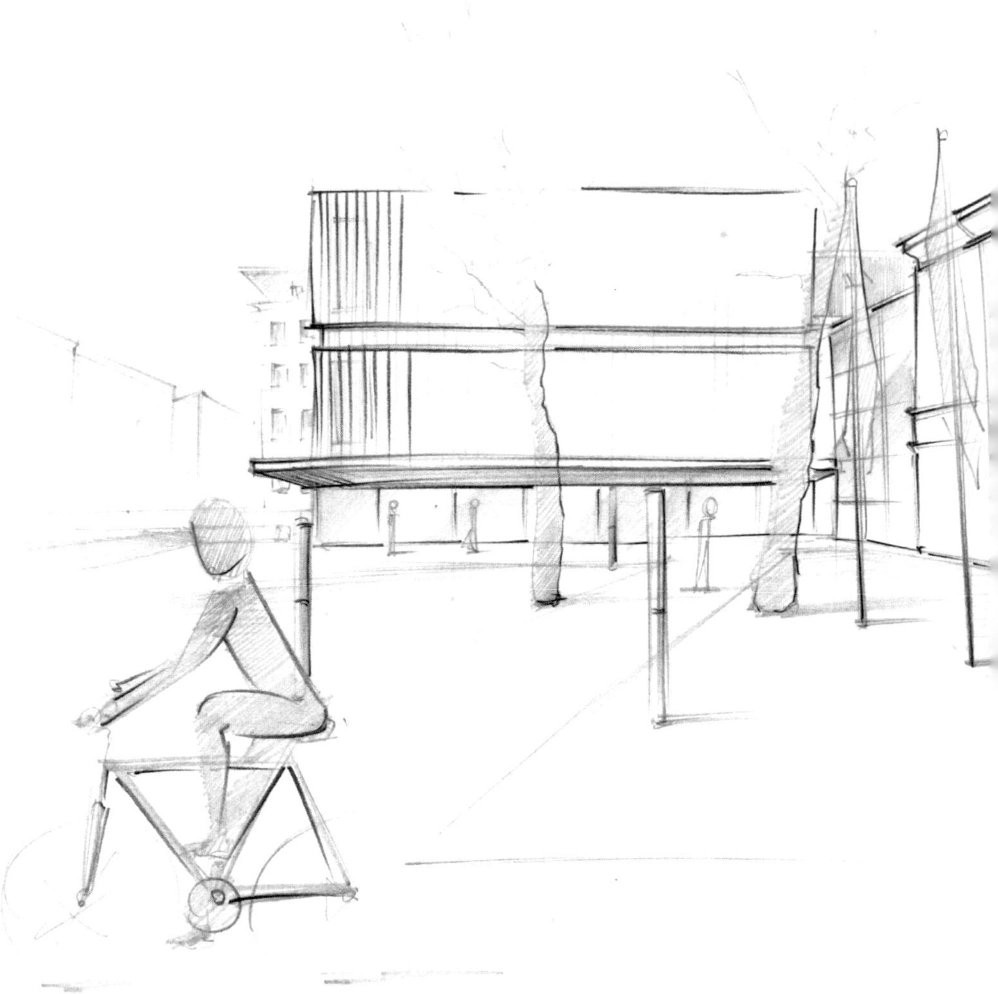

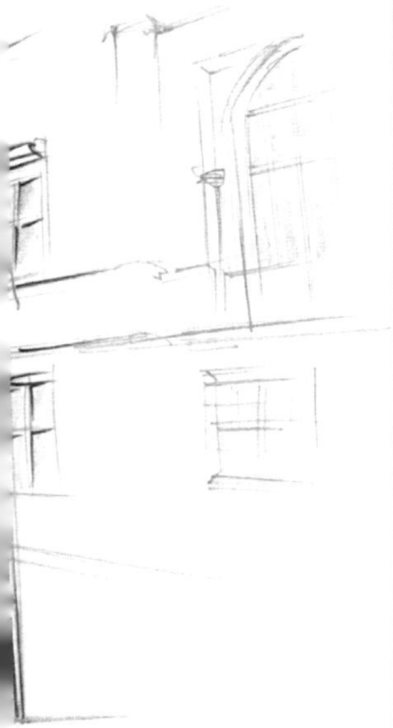

#95

BAUE SPANNUNG AUF

Möchtest du den Betrachter fesseln, solltest du eine Hierarchie in deiner Zeichnung aufbauen: Spiele mit Kontrasten und Überschneidungen.

Durch den gezielten **Kontrast** in deiner Strichführung hebst du zum einen einzelne Elemente hervor, aber erzeugst zum anderen auch viel Tiefe.

Überschneidungen, also Teile des Motivs, die im Vordergrund stehen, wie zum Beispiel Menschen, und wiederum Teile, die sich im Hintergrund befinden, wie zum Beispiel Gebäude, eignen sich ebenfalls besonders gut, um Tiefenwirkung und Raumgefühl zu erzeugen. So wird deine Zeichnung mit diesen beiden Elementen insgesamt dynamisch und lebendig.

ÜBUNG

Die gleiche Situation unterschiedlich fokussiert. Um einer Zeichnung mehr Spannung zu verleihen, versuche wie eine Spiegelreflexkamera zu sehen. Worauf würdest du den Fokus setzen? Auf ein Detail, ein Objekt im Hintergrund oder eines im Vordergrund?

Im Beispiel habe ich unterschiedliche Fokusse gesetzt. Nun bist du dran!

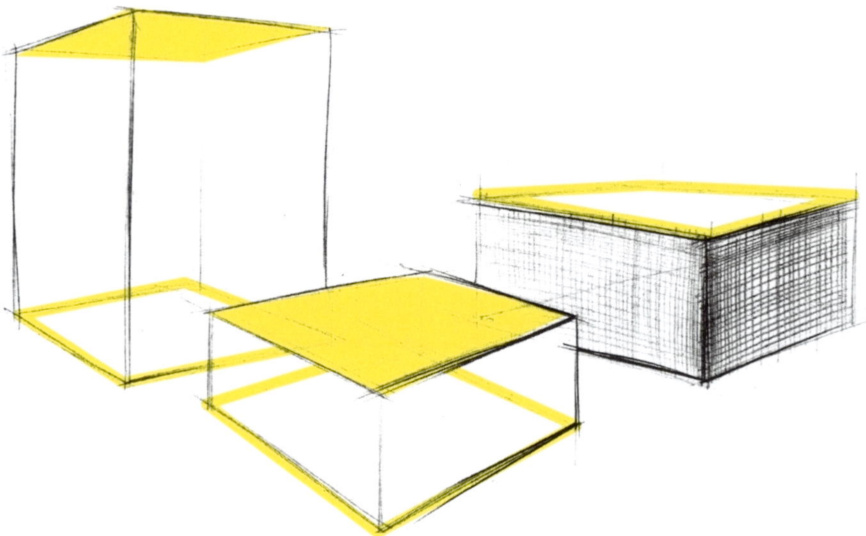

SKIZZIERE HIER

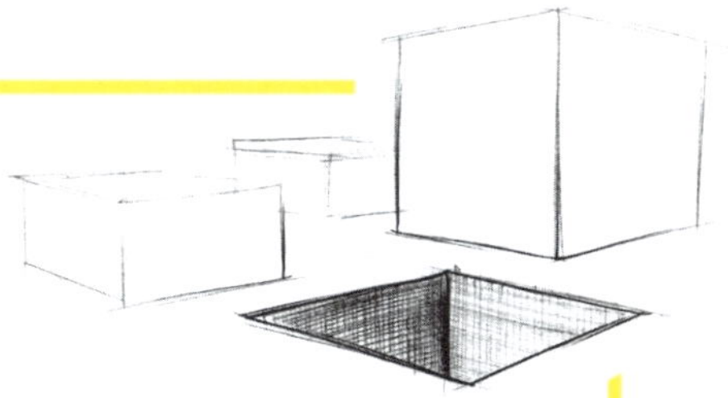

Greife die Situation oben auf und schaffe jeweils zwei weitere Zeichnungen mit unterschiedlichen Fokuspunkten.

Hat es funktioniert? Wende das Prinzip auf deine persönlichen Motive an.

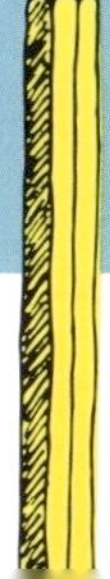

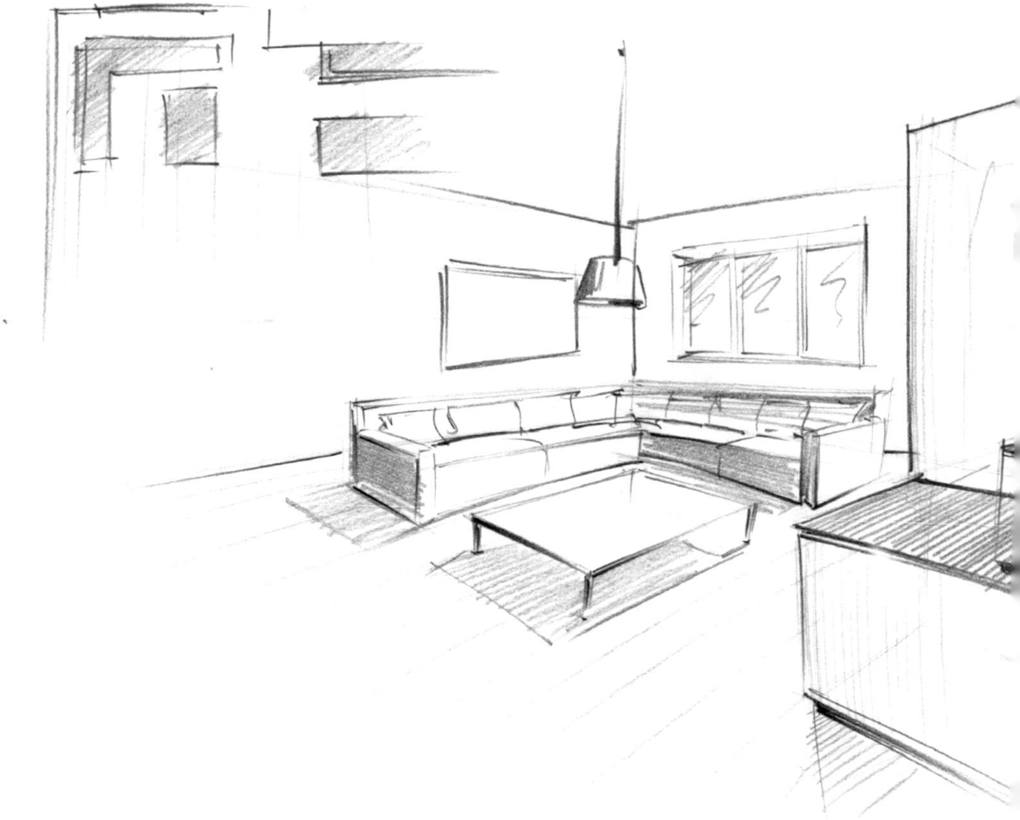

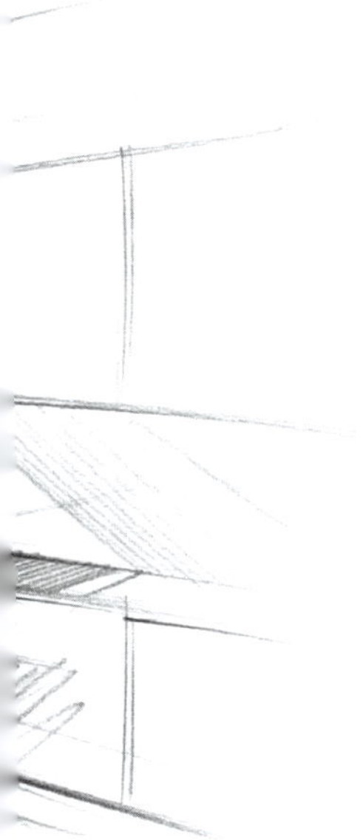

#96 DER CHARME DEINER SKIZZE

Befreie dich von deinem eigenen Perfektionismus. Nicht alles gelingt auf Anhieb, und das muss es auch gar nicht. So beginnt die eigentliche Arbeit im Kopf und nicht auf dem Papier. Eine einfache und schnelle Skizze wirkt oftmals lebendiger und spannender als eine Skizze, die perfekt und makellos angefertigt wurde.

Auch der Prozess deiner Skizze darf nachvollziehbar sein. Hilfslinien, erklärende Linien und Linien, die nicht auf Anhieb korrekt gezeichnet sind, sind dabei kein Makel, sondern vielmehr ein Zeugnis der Authentizität deiner Zeichnung. Versuche also nicht krampfhaft jeden einzelnen Strich perfekt zu ziehen, sondern vertraue auf dein Können und versuche deine Zeichnung mit dynamischen Strichen anzufertigen.

WOWEFFEKT!

Eine Zeichnung, die ohne Anspruch auf Perfektion entstand, wird dynamisch, authentisch und spannend wirken.

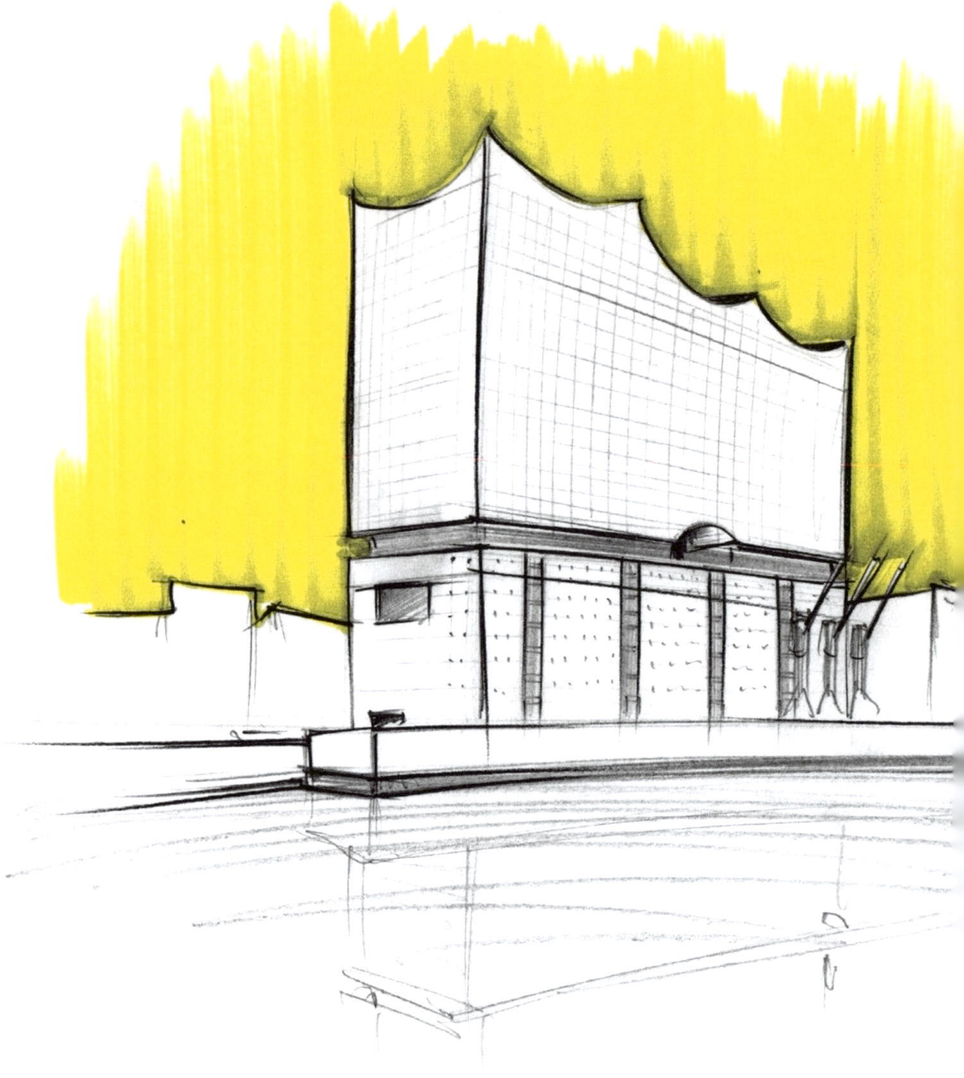

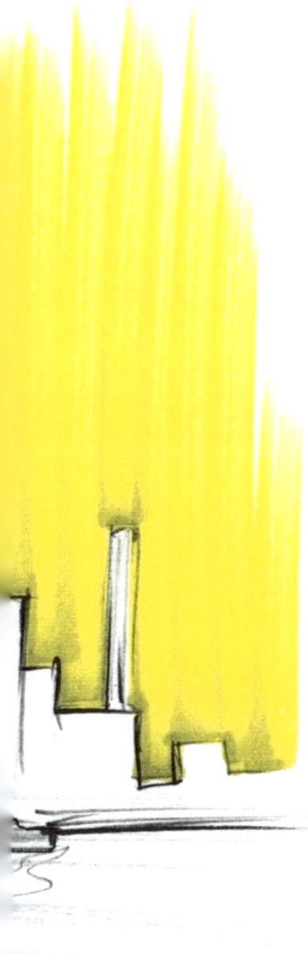

#97 BEKENNE FARBE

Farben eignen sich, um Stimmungen oder Emotionen, die du mit deiner Skizze ausdrücken oder erzeugen möchtest, zu verstärken. So wirkt Rot z. B. um ein Vielfaches aggressiver als Blau.

Jedoch kannst du Farbe in deiner Skizze auch verwenden, um bestimmte Details hervorzuheben, oder um durch den Kontrast der farbigen Fläche die ganze Skizze in den Vordergrund zu stellen.

Auch hierbei ist wichtig zu beachten, dass die Skizze keineswegs akribisch ausgemalt werden muss. Die Skizze ist spannender, wenn die Kolorierung locker ausgeführt und auch mal über die begrenzenden Linien hinaus gemalt wird.

WOWEFFEKT!

Für eine Präsentation deiner Arbeit bei einem Kunden lohnt es sich, auf die Farbgebung des Kunden zu achten und deine Skizzen dementsprechend farblich zu gestalten.

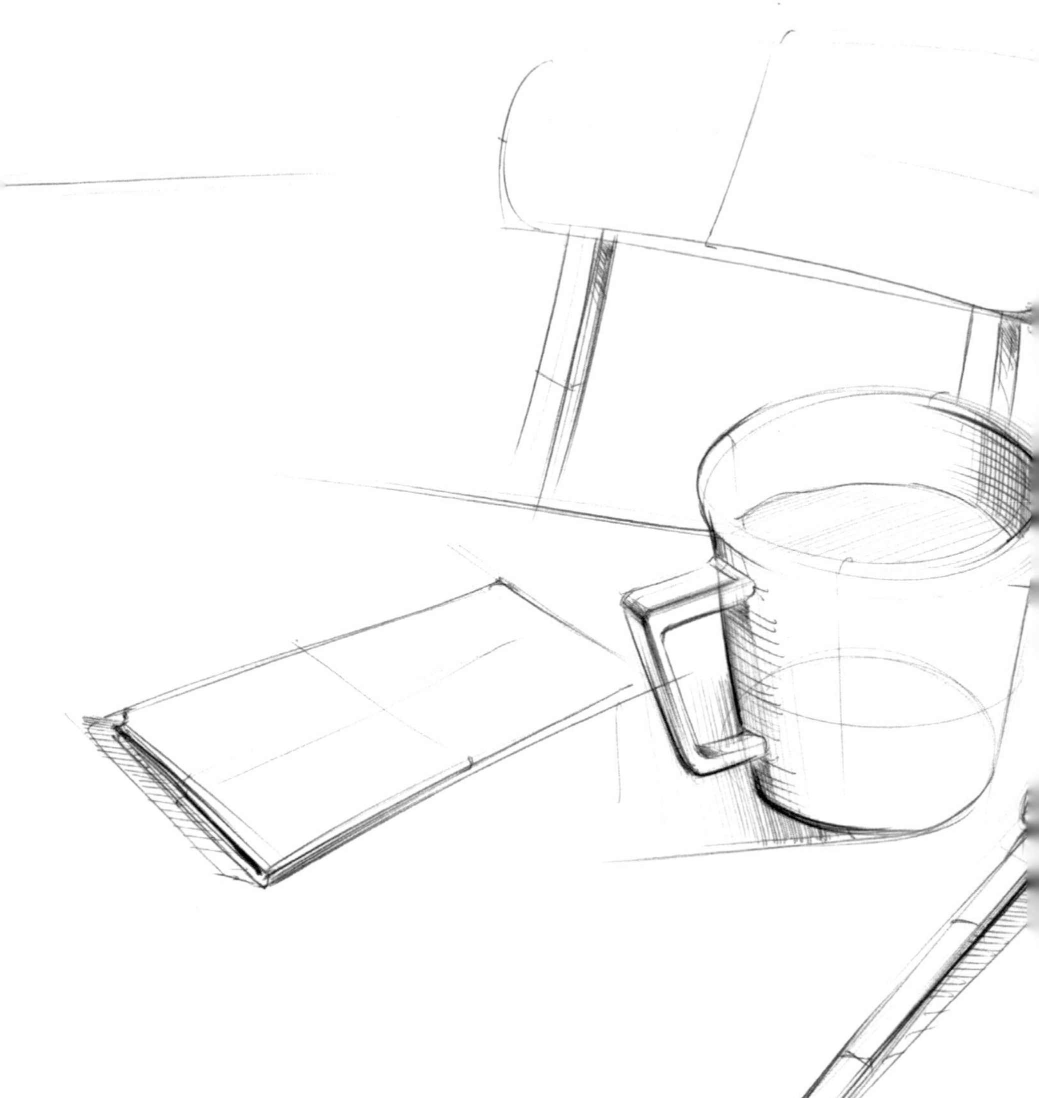

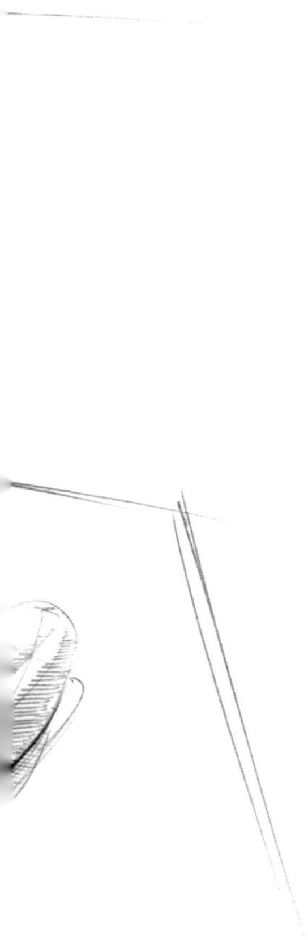

#98

KUGEL-SCHREIBER

Der Kugelschreiber ist nicht das Zeichentool, das einem zum Skizzieren zuerst in den Sinn kommt. Jedoch ist der Kugelschreiber wohl das Schreibwerkzeug, das jeder von uns alltäglich nutzt. Auch mit dem Kugelschreiber lassen sich spannende und authentische Skizzen anfertigen.

Eine Zeichnung mit dem Kugelschreiber wirkt noch lockerer als eine Zeichnung mit dem Bleistift, da die Skizze sofort den Charakter einer Notiz bekommt – und wer kennt schließlich nicht die Situation, in der eine schnelle Notiz oder eine schnelle Skizze für Freunde oder Kollegen auf der Serviette des besuchten Restaurants oder in der Bar angefertigt wird?

ÜBUNG

Mit einem Kugelschreiber lassen sich erstaunlich viele unterschiedliche Strichstärken erzeugen. Er steht dem Bleistift 2B in nichts nach, bis auf die Tatsache, dass die Striche nicht radierbar sind. Stark wirkende Kontraste sind ein klarer Vorteil eines Kugelschreibers. Und ... du hast ihn fast auf jedem Schreibtisch sofort zur Hand.

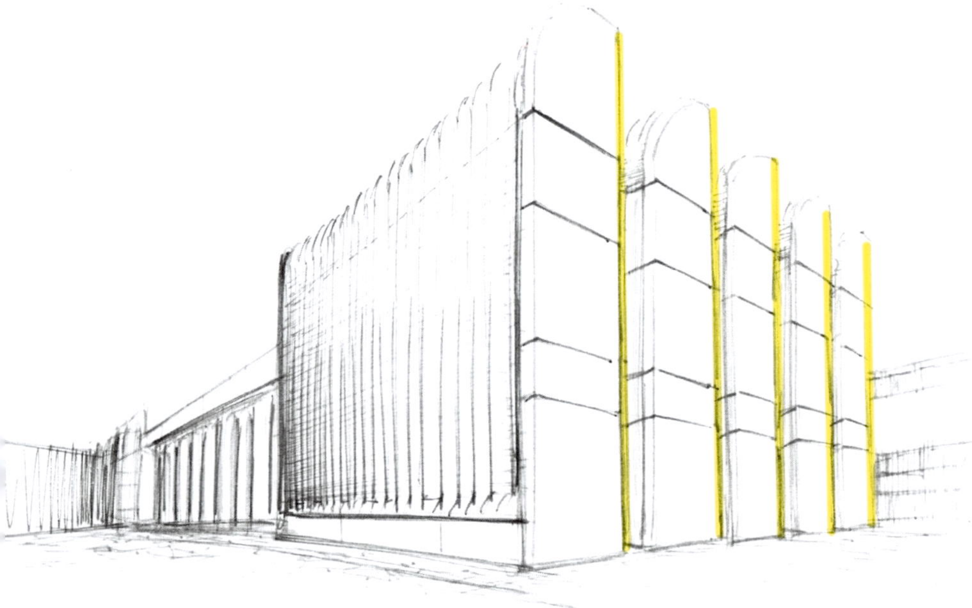

SKIZZIERE HIER

Zeichne die Übung auf der linken Seite nach und achte auf die unterschiedlichen Strichstärken.

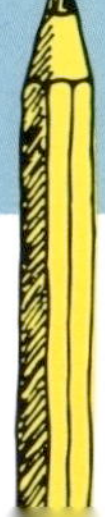

Platz für deine ersten Minuten-Skizzen

#99 MINUTEN-SKIZZEN

Minutenskizzen eignen sich hervorragend zur Vorbereitung komplexerer Arbeiten: Wenn das zu zeichnende Objekt zahlreiche Formen und Strukturen enthält, lernst du in schnellen Skizzen, zu zeichnen und zu verstehen. So bekommst du ein Gefühl für die Form.

Zur Übung: Überlege dir vier Begriffe und versuche, jeden innerhalb von einer Minute darzustellen. Je öfter du diese Übung wiederholst, desto besser gelingt es dir, den Begriff möglichst einfach und treffend darzustellen!

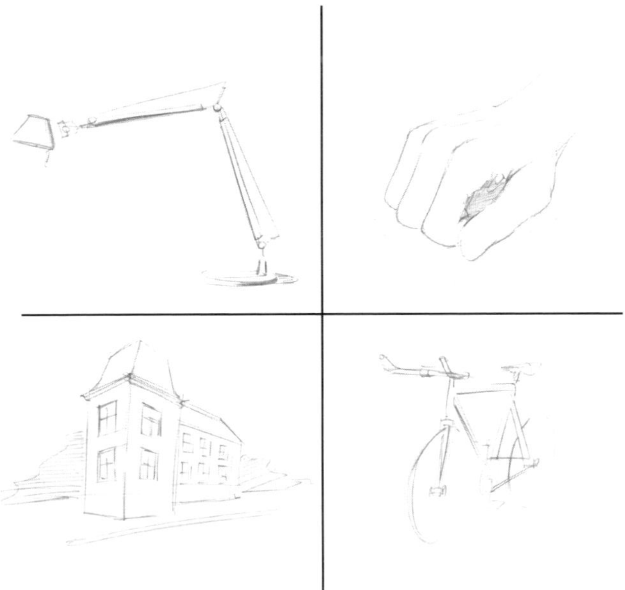

Beginne direkt hier!

#100

DU KANNST ES ÜBERALL

Zum Zeichnen braucht man keine teuren Geräte. Alles, was du benötigst, ist ein Stück Papier und ein einfacher Stift.

Es gibt also keine Ausrede, dich nicht jeden Tag ein paar Minuten mit Skizzen zu beschäftigen. Dabei ist es nicht wichtig, dass perfekte Arbeiten entstehen. Wichtig ist nur, dass du regelmäßig zeichnest. Übung macht den Meister!

Gerade unterwegs kann man seine Gedanken am besten schweifen lassen und hat die besten Einfälle. Leg dir ein kleines Skizzenbuch zu, das du immer in deiner Tasche hast: Sobald du eine freie Minute hast, zeichnest du eine kleine Skizze.

WOWEFFEKT!

Das Schöne an einem Skizzenbuch ist, dass sich darin im Verlauf der Zeit eine einmalige Sammlung deiner Zeichnungen bildet, die deinen Prozess festhält und dir zudem ein Repertoire liefert, auf das du immer wieder zurückgreifen kannst.

DANKSAGUNG

Dieses Buch ist nur durch die Hilfe zahlreicher Freunde/innen und Kollegen/innen möglich geworden. Zunächst einmal ein großes Danke an alle Kurs- und Workshopteilnehmer/innen der letzten 15 Jahre. Ihr wart Inspiration und Ansporn zugleich. Ohne euch und eure hartnäckigen Fragen zu all den Zeichentechniken wäre dieses Buch nicht entstanden.

Danke an meinen Kollegen Fabian, auf den einfach immer Verlass ist. Auch dir, Johanna, ein großes Dankeschön. Du bringst jede meiner Ideen virtuos zu Papier. Danke euch! Dir, Franzi, und deinem Design-Team gilt ein großer Dank für eure tolle Arbeit. Es macht immer wieder Spaß ein Buch mit euch zu entwickeln.

Und natürlich: Danke an meine Freundin Paula, die immer für mich da ist und mir bei all den Projekten mit viel Liebe den Rücken stärkt.

Andreas M. Modzelewski

IMPRESSUM

Bibliografische Information der Deutschen Bibliothek.

Die Deutsche Bibliothek verzeichnet diese Publikation in der Deutschen Nationalbibliografie.

Detaillierte bibliografische Daten sind im Internet über http://www.dnb.de/ abrufbar.

EIN BUCH DER EDITION MICHAEL FISCHER

1. Auflage 2023
© 2023 Edition Michael Fischer GmbH,
Donnersbergstr. 7, 86859 Igling

Covergestaltung: Silvia Keller
Redaktion und Lektorat: Dr. Franziska Klorer
Layout: Silvia Keller & Janine Kühnle

ISBN 978-3-7459-2020-8

Gedruckt bei C&C PRINTING 14/F, C&C Building 36 Ting Lai Road Tai Po New Territories Hong Kong
www.emf-verlag.de